DIE KREUZZÜGE

DIE KREUZZÜGE

Thomas F. Madden
Herausgeber

evergreen

INHALT

Originaltitel: The Crusades. The Illustrated History

Produktion der deutschsprachigen Ausgabe:
Print Company Verlagsges.m.b.H., Wien
Übersetzung für Print Company: Isabelle Fuchs

ISBN 978-3-8365-0763-9

Printed in Thailand

Bildnachweis für Seiten 1 und 2:
Seite 1: Eine islamische Stuck-Kachel (13.-14. Jh.), wahrscheinlich aus Toledo, Spanien. Arabisch-spanische Kunstschmiede gestalteten die Schwerter und Schilde ihrer christlichen Herren. Der Stern in der Mitte trug ein eigenes Emblem. Die kufischen (arabischen) Schriftzeichen bilden einen hufeisenförmigen Bogen.
Seite 2: Ritter mit einem Schwert im venezianisch-byzantinischen Stil, Mosaik (13. Jh.) in der Basilika von San Marco, Venedig.

Die Bildnachweise für die Illustrationen am jeweiligen Kapitelanfang stehen auf Seite 223.

Anmerkung: Die in Klammern angegebenen Jahreszahlen bei Herrschern und Päpsten beziehen sich auf die Regierungszeiten.

EINLEITUNG

In jüngster Zeit ist der Glaubenskrieg, den man einst für ein Phänomen einer weit zurückliegenden Vergangenheit hielt, wieder aufgetaucht. Eine Flut islamistischer Terrorangriffe hat der westlichen Welt vor Augen geführt, dass es immer noch Menschen gibt, die für ihre Religion sterben und töten. Eine schwere Lektion für den Westen, der religiöse Überzeugungen längst mit persönlichen Vorlieben verbindet und Glaubensvielfalt zelebriert. Er muss sich nun in eine mittelalterliche Weltauffassung zurückversetzen, die er für vergangen hielt – jedoch ist sie nicht überall vergangen.

Als Ursache für die heutige Situation nennen viele Kommentatoren die Heiligen Kriege der Christen: die Kreuzzüge. Deren Vermächtnis, so argumentieren manche, habe direkt zu den Anschlägen geführt. Als US-Präsident George W. Bush den Kampf gegen Terrorismus als »Kreuzzug« bezeichnete, kritisierte man seine Annahme, es handle sich um einen Krieg des Christentums gegen den Islam. Seine Sprecher entschuldigten sich, indem sie behaupteten, der Präsident habe den Begriff nur im Sinne eines Feldzuges

Die Einnahme Jerusalems 1099 beim ersten Kreuzzug. Illustration aus Geschichte Jerusalems *von William von Tyre (14. Jh.). 2001, kurz nach den Terroranschlägen in New York und Washington, behauptete der ehemalige US-Präsident Bill Clinton, dass die Muslime der Region die Eroberung und Plünderung Jerusalems nie vergessen hätten; die Nachkommen der Kreuzfahrer müssten sich eben die Last der Schande aufbürden. Auch viele andere Beobachter sahen die eigentlichen Wurzeln der Anschläge in den Kreuzzügen des Mittelalters.*

gebraucht, doch im Nahen Osten fasste man seine Äußerung als Bestätigung einer weitverbreiteten Einschätzung auf: Amerikaner und Europäer sind »Kreuzfahrer«.

Aber was ist ein Kreuzzug, und wer waren die Kreuzfahrer? Jahrzehntelange intensive Forschungen von Historikern über das Mittelalter erlauben uns heute genauere Antworten. Ein Großteil dieser Erkenntnisse verbirgt sich jedoch in Fachpublikationen, die nicht für den historischen Laien bestimmt sind. Gleichzeitig verbreiten Bücher für die breite Masse uralte Irrtümer und Missverständnisse, die bereits vor Jahren richtiggestellt wurden. Daher werden die Kreuzzüge von vielen nach wie vor falsch verstanden.

Die Kreuzzüge bietet die wichtigsten Informationen über die Hintergründe der Kreuzzüge und liefert gleichzeitig die Früchte jahrelanger sorgfältiger Geschichtsforschung. Die hier versammelten Beiträge sind von Historikern verfasst, und jeder von ihnen hat zu unserem Verständnis der Kreuzzüge bedeutend beigetragen. Ihre spannend geschriebenen Berichte vermitteln den neuesten Stand der modernen Wissenschaft.

Im Mittelalter waren praktisch alle westlichen Christen davon überzeugt, dass die Kreuzzüge gen Osten göttlich sanktionierte Kriege gegen die Feinde Christi und der Kirche waren. Selbst nach dem Untergang der Kreuzfahrerstaaten 1291 blieb die Wiedereroberung des Heiligen Landes ein wichtiges Anliegen. Die Expansion des Osmanischen Reichs (siehe Kapitel 8) zwang die Europäer, den Gedanken an einen Anspruch auf Jerusalem aufzugeben und stattdessen Europa zu verteidigen. Im 16. Jahrhundert, als der Westen Europas einer Eroberung durch die Muslime am stärksten ausgesetzt war, kamen die Kreuzzüge als Institution völlig zum Erliegen. Mit der fortschreitenden Säkularisierung zerfiel die religiöse Einheit. Die Reformation stellte die Kreuzzüge ernsthaft in Frage, denn sie widersprach einer Glaubenslehre, die für die Kreuzfahrer ausschlaggebend war – vor allem die säkulare Autorität des Papstes und die Ablasslehre. Martin Luther behauptete, die Kreuzzüge seien das Werk eines korrupten Papsttums. Doch selbst Luther erkannte die Bedrohung, die die Macht der islamischen Türken für das christliche Europa darstellte, und das alte Ideal eines geeinten Christentums, das sich der muslimischen Bedrohung entgegenstellt, starb niemals völlig aus – 1571 wurde der Sieg eines katholischen Admirals über die Türken in Lepanto von Protestanten und Katholiken gleichermaßen gefeiert. Über 100 Jahre später schlossen sich Protestanten einer Heiligen Liga des Papstes an, die im letzten aller Kreuzzüge die Grenzen des Osmanischen Reichs zurückdrängte (siehe Seiten 198–199).

Gegenüber oben: *Überreste der Zitadelle von Antiochia, einer der ältesten Städte des Christentums und Patriarchensitz. Sie wurde 1085 von seldschukischen Türken erobert. 1098 fiel die Stadt beim ersten Kreuzzug wieder in christliche Hand. Sultan Baibars zerstörte sie 1268 und ließ alle Einwohner massakrieren.*

Gegenüber unten: *Illustration aus* Chirurgia *von Roger von Salerno (12. Jh.): Ein Arzt entfernt einen Pfeil aus dem Rücken eines Mannes. Die europäische Chirurgie entwickelte sich durch die Praxis beim Behandeln von Schlachtwunden weiter. Den Fortschritt auf diesem Gebiet begründeten jedoch die Muslime, einerseits durch hervorragende Nachschlagewerke aus der Feder von Albucasis, einem bedeutenden Arzt aus Córdoba, andererseits weil die Araber das medizinische Wissen der alten Griechen zugänglich machten.*

Die Geschichtsschreibung

Zu jener Zeit erschienen Werke über die frühen Kreuzzüge, darunter die berühmte *Historie der Heiligen Kriege* (1639) des Engländers Thomas Fuller, der Sinn und Zweck der mittelalterlichen Kreuzzüge anzweifelte, da sie seiner Meinung nach Leben und Reichtümer Europas vergeudet hatten – und zwar für nichts weiter als ein fernes Stück Land und ein paar Reliquien. Diese Auffassung teilten auch andere protestantische Autoren. Dagegen pries der französische Jesuiten-Historiker Louis Maimbourg das Unterfangen in *Histoire des croisades* (*Geschichte der Kreuzzüge*, 1675).

Im 18. Jahrhundert änderte sich die westliche Sichtweise. Die osmanische Bedrohung war abgewehrt worden, und Europa dehnte nun seine Grenzen weltweit aus. Da die muslimische Gefahr gebannt war, wurde sie von vielen Europäern verharmlost und im Nachhinein als übertrieben eingestuft. Man befand sich im Zeitalter der Aufklärung; rationales Denken, religiöse Toleranz und Antiklerikalismus wurden großgeschrieben – in dieser geistigen Atmosphäre hatten die Kreuzzüge einen schweren Stand und wurden von Voltaire, Hume und anderen als blutige Manifestation mittelalterlicher Barbarei, Ignoranz und des Aberglaubens angeprangert, bei der Tausende Irregeleiteter ausgezogen waren, um kläglich zu versuchen, ihre Seelen zu retten. In *Über Völkerwanderung, Kreuzzüge und Mittelalter* (1791) schlug Friedrich Schiller gar vor, man solle die Kreuzzüge als Fortsetzung der Völkerwanderung und Invasionen auffassen, die zum Untergang Roms geführt hatten.

In der Romantik des späten 18. und 19. Jahrhunderts wurde die ritterliche Frömmigkeit der mittelalterlichen Edelmänner hingegen verehrt. In *Geschichte der Kreuzzüge* (1820) kritisierte der britische Historiker Charles Mills die Aussagen aufklärerischer Gelehrter. Er beschrieb die Kreuzfahrer als heldenhaft, selbstlos und mutig. Auch aufkommender Nationalismus beeinflusste die Geschichtsschreibung, vor allem in Frankreich, wo man die Kreuzzüge als wichtigen Bestandteil des nationalen Erbes begriff.

Kolonialismus und Rassismus spielten bei der Beurteilung der Kreuzzüge ebenfalls eine Rolle. Im 19. Jahrhundert war der Nahe Osten keine Bedrohung mehr und wirkte auf viele Europäer rückständig, kurios, exotisch oder schlicht barbarisch. Deshalb wurden die Kreuzzüge häufig als erster kolonialer Vorstoß gefeiert. In den Kriegen des späten 19. und frühen 20. Jahrhunderts, darunter dem Ersten Weltkrieg (siehe Seite 204), wurde der ritterliche Kreuzfahrer, der loszieht, um eine fremde Nemesis zu bekämpfen, als romantisches Vorbild bemüht. Selbst nach dem Gemetzel des Ersten Weltkriegs bezeichnete man ihn weiterhin als edlen »Kreuzzug«.

Die Kreuzzüge im 20. Jahrhundert

Neue Forschungsmethoden und Quellen ermöglichten es den Historikern im 20. Jahrhundert, viele Geheimnisse der Kreuzzüge zu entschlüsseln. Ausgangspunkt für einen Neuansatz bei den grundsätzlichen Fragen nach Beweggründen ist das bahnbrechende Werk von Carl Erdmann: *Die Entstehung des Kreuzzugsgedankens* (1935). Er argumentiert, die Kreuzzüge seien nicht durch die Vorfälle im Osten verursacht worden, sondern lägen in den europäischen Reformbewegungen des 11. Jahrhunderts begründet. Die Kirche habe das christliche Ideal von der Abkehr von der Welt aufgegeben und sich stattdessen der säkularen Militärkultur zugewandt, um diese zu läutern und als Instrument zur Läuterung zu benutzen. Deshalb seien die Kreuzzüge keine spontane Reaktion oder ein Irrweg gewesen, sondern eine natürliche Entwicklung in der mittelalterlichen Welt.

Selbstverständlich änderte die Entstehung von Nazi-Deutschland und der darauffolgende Weltkrieg die historische Interpretation der Kreuzzüge. Viele Historiker hatten beobachtet, wie ein totalitärer Herrscher seine Vernichtungskriege als glorreiche moralische Kreuzzüge ausgab. In diesem Licht betrachtet, konnten die vorge-

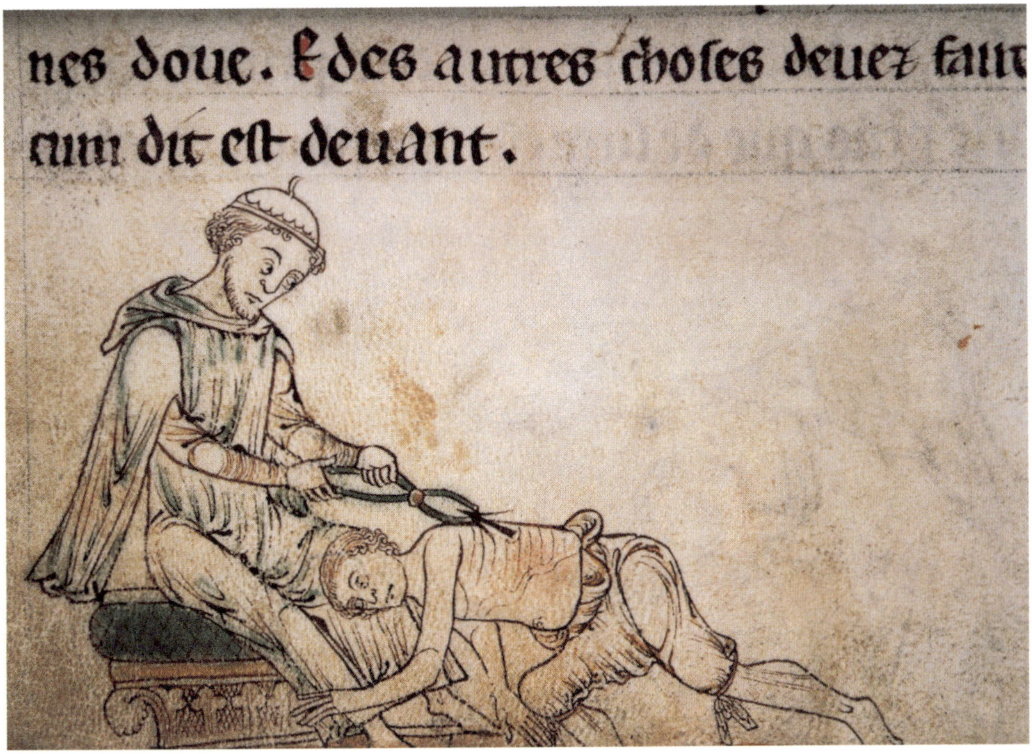

gebenen Ziele und Motivationen der mittelalterlichen Könige, Päpste und Kreuzfahrer nur noch zynisch kommentiert werden. Die Kreuzfahrer waren nicht länger Helden, sondern opportunistische Eroberer, die ihre wahren Absichten hinter einem Schleier aus frommen Plattitüden verbargen.

Der einflussreichste Vertreter dieser Sichtweise war Sir Steven Runciman. In seinem dreibändigen Werk *Geschichte der Kreuzzüge* (1951–1954) spielt Runciman den Stellenwert der Frömmigkeit herunter und betont die seiner Meinung nach eigentlichen Motive der habgierigen Ritter. Runcimans elegant formuliertes Werk gewann rasch eine breite Leserschaft und zählt unter den Geschichtsbüchern über die Kreuzzüge nach wie vor zu den Bestsellern. Die Behauptung, er habe das moderne Bild über die Kreuzzüge nahezu im Alleingang geprägt, ist nicht übertrieben. Die meisten Radio- oder Fernsehsendungen, die über die Kreuzzüge berichten, geben die Einschätzung von Runciman wieder.

Doch Runciman hat hier nicht das letzte Wort gesprochen. Ab den 1960er-Jahren erfolgte ein wahrer Forschungsboom. Die Gesellschaft zur Erforschung der Kreuzzüge und des lateinischen Ostens hat derzeit fast 500 Mitglieder in 30 Ländern und veröf-

Die Stadtmauern von Konstantinopel, mächtige Befestigungsanlagen, die die Hauptstadt des Byzantinischen Reichs über viele Jahrhunderte schützten. Steven Runciman, Historiker für Byzanz, hegte Sympathien für diese Region und warf den Kreuzfahrern vor, dass sie das Reich, das sie erhalten sollten, geschwächt hätten. Er tadelte nicht die Türken, die Konstantinopel und ihre Gebiete letztlich eroberten, sondern die Kreuzfahrer für den Fall der Stadt.

fentlicht jährlich Hunderte wissenschaftliche Studien. Aufgrund dieser Ergebnisse lehnen moderne Historiker Runcimans Interpretation weitgehend ab und meinen, dass man die Menschen des Mittelalters eher aus ihrer Sicht anstatt aus unserer begreifen sollte.

Die Kreuzzüge aus heutiger Sicht

Herauszufinden, wer die Kreuzfahrer genau waren, was sie antrieb und wie sie vorgingen, zählt mit zu den spannendsten Aufgaben der aktuellen Forschung. Unzureichendes Material erlaubte in der Vergangenheit nur Mutmaßungen über die Menschen, die keiner höheren Schicht angehörten. Es ist heute noch schwierig, etwas über die ärmsten Kreuzfahrer zu erfahren. Die Sichtung Tausender mittelalterlicher Urkunden, die in den Archiven lagern, gewährt jedoch Einblicke in die Lebensumstände der Abertausenden in Vergessenheit geratenen ritterlichen Kreuzfahrer. Diese Urkunden werden seit Langem geprüft, doch die Anwendung moderner Computertechniken erleichert heutzutage ihre Erschließung. Jonathan Riley-Smith hat zum Beispiel den Mythos untersucht, Kreuzfahrer seien stets Zweitgeborene gewesen, besitzlose Männer, die ihr Heim verließen, um anderswo reich zu werden, und sei es durch Plünderung. Heute wissen wir, dass Kreuzzüge ein sehr kostspieliges Unterfangen waren. Daraus schlossen viele Historiker, dass frommer Idealismus, nicht Habgier, vordergründiges Motiv für den Aufbruch gen Osten war. Die Kreuzfahrer glaubten tatsächlich, die Vertreibung der muslimischen Eroberer aus dem ehemals christlichen Land geschehe in Gottes Wille. Sie begriffen den Kreuzzug als Akt der Nächstenliebe, bei dem sie ihre Sünden verbüßen und somit ewiges Seelenheil erwerben konnten. Keine sonderlich moderne Ansicht, doch sie entsprach dem damaligen Weltbild.

Sind die Kreuzzüge Auslöser für den heutigen anti-westlichen Terrorismus? Der Umstand, dass die muslimischen Eroberer nicht nur das Königreich der Kreuzfahrer zerstörten, sondern auch weite Teile Europas besetzten, spricht dagegen. Das Thema lässt sich schwerlich frei von Ideologien diskutieren. Indem man die Kreuzzüge in ein nationalistisch, kolonialistisch oder rassistisch gefärbtes Schema presst, verkennt man aber ihren ursprünglichen Sinn. Aus diesem Grund zählen sie zu den am häufigsten missverstandenen Geschichtsphänomen. Dieses Buch will dazu beitragen, dieses Missverständnis aufzuklären.

Thomas F. Madden
Professor für Mittelalterliche Geschichte
Saint Louis University

Kreuzfahrer auf einem Mosaik (13. Jh.) in der Johannes-Basilika in Ravenna. Ritter schlossen sich den Kreuzzügen oft in Gruppen an – sie stammten aus derselben Familie, demselben Ort oder derselben Grafschaft, reisten gemeinsam und halfen einander. Kreuzzüge waren ein gefährliches Unterfangen: Fast die Hälfte jener, die Europa verließen, kehrte nie zurück.

HIEROSOLIMA
TEPLVM · SALOMOIS ·

1

CHRISTENTUM UND UMMA

ALFRED J. ANDREA

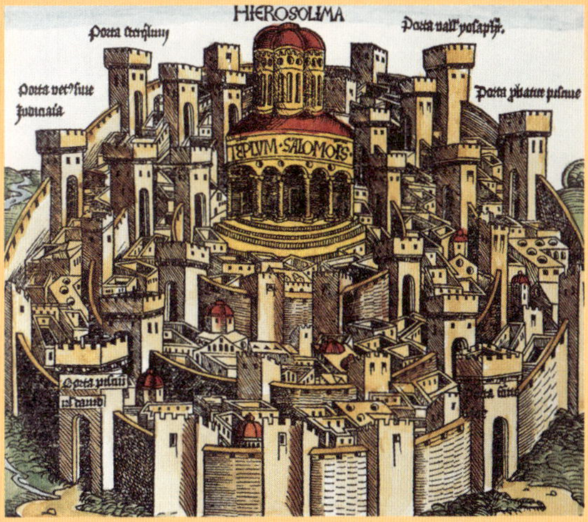

CHRISTLICHE EINHEIT UND SPALTUNG

Ein geeinter Glaube war von Beginn an ein christliches Ideal, entsprach jedoch nicht der Realität. Im Frühjahr 51 rügte Paulus die Christen von Korinth für ihre internen Querelen und Unstimmigkeiten. Im 4. Jahrhundert war die Einheit der Kirche erneut bedroht: Viele Christen Nordafrikas weigerten sich, die Autorität von Priestern anzuerkennen, die sich der Verfolgung durch Rom gefügt hatten, und gründeten die Sonderkirche der Donatisten, benannt nach dem Bischof Donatus von Karthago (starb 355).

Inmitten dieser Krise erklärte Kaiser Konstantin I. (»der Große«, 306–337) das Christentum zu seiner bevorzugten Religion. 325 berief er das Konzil von Nicäa in Kleinasien (heute Iznik) ein, um den Arianischen Streit zu schlichten: Arius, ein Priester aus Alexandria in Ägypten, hatte behauptet, Jesus sei nicht gottgleich und nehme zwischen Gott und Welt nur eine Vermittlerrolle ein. Das Konzil verkündete daraufhin das Nicäische Glaubensbekenntnis, das bestätigte, dass Christus gottgleich sei, und verdammte die Arianer als Ketzer.

330 verlegte Konstantin den Kaisersitz von Rom nach Konstantinopel (heute Istanbul). Obwohl er davon überzeugt war, dem Reich neue Impulse verschafft zu haben, blieb die kaiserliche Kirche zutiefst gespalten. Das Konzil von Nicäa hatte den Arianismus nicht ausmerzen können, und in den folgenden Jahrhunderten entstanden neue theologische Kontroversen. Zwischen 381 and 787 wurden sechs weitere ökumenische Konzilien einberufen, um die

DAS CHRISTENTUM IM OSTEN

Laut Überlieferung war der erste Staat, der das Christentum zur offiziellen Religion erhob, nicht Rom, sondern Armenien, ein Königreich südlich des Kaukasus, das den Glauben ca. 314 annahm. Um 333 erklärte der König von Äthopien das Christentum zur Staatsreligion. Etwas später bekannten sich auch die Georgier im Südkaukasus zum Christentum, möglicherweise unter dem Einfluss Armeniens.

Einige östliche Kirchen entstanden durch den orthodoxen Glauben, der in den sieben Konzilien (siehe Haupttext) festgelegt worden war. Beim Konzil von Chalkedon wurde 451 etwa erklärt, in Christus vereinten sich untrennbar zwei vollkommene Wesen – ein göttliches und ein menschliches. Die koptische Kirche in Ägypten sowie die Kirchen in Äthopien und Nubien (Sudan) lehnten diese Auffassung ab und bevorzugten den Monophysitismus. Demgemäß gibt es in Jesus nur eine göttliche (Fleisch gewordene) Natur.

Die Monophysiten wurden von der Kirche Konstantinopels häufig verfolgt und empfanden die Ankunft der Heere der muslimischen Eroberer im 7. Jahrhundert eher als Befreiung.

Streitigkeiten beizulegen. Dabei wurde die orthodoxe (rechtgläubige) Religion formuliert, die festlegte, woran man glauben sollte, und die jegliche Abweichung zur Häresie erklärte. Die Lehrmeinung wurde jedoch nicht von allen Disputanten akzeptiert, sodass die Konzilien die Christen auch spalteten.

In jenen Jahrhunderten kristallierten sich zwei Machtzentren der Kirche heraus, die untereinander konkurrierten: Konstantinopel, dessen Patriarch vorgab, ein *Isapostolos*, ein ebenbürtiger Apostel zu sein, und Rom, wo der Bischof den Papsttitel (lat. *papa*, Vater) für sich beanspruchte, der ihm kraft der Macht von Petrus, dem angeblichen Apostelfürsten und erstem Bischof von Rom, zustand.

Papst Leo I. (»der Große«, 440–461) sorgte für die Vormachtstellung des römischen Papsttums. Er ernannte sich selbst zum Oberhaupt der Bischöfe und setzte sich gegen die kirchliche Gleichstellung Konstantinopels mit Rom durch. Als die Macht des Kaisers durch den Einfall der Germanen und anderer »Barbaren« geschwächt wurde, sahen sich die Kirchenführer gezwungen, für die Sicherheit ihres Volkes zu sorgen. 452 gelang es Leo, Attila, den Anführer der Hunnen, von einem Überfall auf Rom abzuhalten. Drei Jahre später konnte er zwar die Plünderung Roms durch die Vandalen nicht verhindern, doch zumindest die Brandschatzung abwenden. Das Papsttum gewann zunehmend an Selbstsicherheit, und bereits 494 ermahnte Papst Gelasius I. den Kaiser, sich nicht in kirchliche Angelegenheiten zu mischen.

Dieser Ausschnitt einer russischen Ikone (18. Jh.) zeigt das erste ökumenische Konzil von Nicäa (325), das fünfte (553) sowie das sechste (680), die beide in Konstantinopel abgehalten wurden. Ökumenische Konzilien (Versammlungen von kirchlichen Repräsentanten, die theoretisch die gesamte Kirche vertreten) und andere kirchliche Einberufungen dienten dazu, den »rechten« oder orthodoxen Glauben zu definieren.

PAPST UND KAISER: EINE FRAGE DER MACHT

494 schrieb Papst Gelasius I. an Kaiser Anastasios, um die Hoheit der Kirche über die weltliche Macht zu bekräftigen. Hier ein Auszug:

»Zwei Dinge sind es, durch die grundsätzlich die Welt gelenkt wird: die geheiligte Autorität der Priester und die königliche Gewalt. Von ihnen ist das Ansehen der Priester um so gewichtiger, als sie auch für die Könige der Menschen im göttlichen Gericht Rechenschaft abzulegen haben ... Keine Menschenseele kann jemals den Platz und die Macht einnehmen, die die Stimme Christi vor alle anderen gesetzt hat.«

In einem Brief an Papst Leo III. formulierte Karl der Große 795 das Gegenteil:

»Es ist unsere königliche Pflicht, die christliche Kirche gegen Angriffe der Heiden und Ungläubigen zu verteidigen ... und innerhalb der Kirche den katholischen Glauben durchzusetzen. Ihre Pflicht, Heiliger Vater, ist es, uns bei diesem gerechten Kampf zu unterstützen, indem Sie Ihre Hände zu Gott erheben ... damit durch Ihre Einwirkung das Volk der Christen stets und überall siegreich sei ... Halten Sie sich bei allen Dingen an die Gesetze der Kirche, und gehorchen Sie immer den Lehren der Heiligen Väter, damit Ihr Leben jedermann als heiliges Vorbild diene und Ihre heiligen Ermahnungen in der ganzen Welt gehört werden mögen.«

Das Barberini-Diptychon aus Elfenbein (6. Jh., im Louvre) verdeutlicht, dass sich die byzantinischen Kaiser als Weltenherrscher empfanden. Es zeigt Anastasios I. (491–518) oder Justinian (527–565) beim triumphalen Einzug als Christus, der seinen Segen gibt (oben). Ein General (links) überreicht eine geflügelte Siegesstatue. Im unteren Bereich bringen Skythen und Inder Tribute, darunter einen Elefantenstoßzahn.

Im östlichen Römischen Reich stellte sich die Situation gänzlich anders dar. Dort konnten die Herrscher die Kirchenführer effektiv kontrollieren, und das Oberhaupt der östlichen Kirche, der Patriarch von Konstantinopel, wurde üblicherweise vom Kaiser ernannt. Kaiser Justinian I. (»der Große«, 527–565) war beispielsweise davon überzeugt, dass er als Vizekönig Gottes auf Erden für das Wohlergehen des Christentums sowie für den Glauben allein verantwortlich sei, und wachte streng über das Patriarchat. Bei einem Streit über die christliche Lehre zwang er selbst Papst Vigilius seinen Willen auf.

Das 6. Jahrhundert war für das römisch-kaiserliche Christentum entscheidend. Im Osten entwickelte sich eine neue christliche Kultur: die byzantinische. Ihr Schwerpunkt lag in Konstantinopel (die altgriechische Stadt Byzanz) und am dortigen kaiserlichen Hof. Im Byzantinischen Reich verschmolzen spätrömische Selbstherrschaft, östliches Christentum und hellenistische Kultur. Die Byzantiner empfanden sich zwar als Römer, lebten aber in einem Reich, in dem Griechisch Amtssprache war und das bis 1453 existierte.

Im »lateinischen Christentum« verband sich lateinisch-römische Kultur mit Einflüssen der Westgoten und mit einer Christenheit, deren Mittelpunkt zunehmend in Rom und beim Papst lag. Papst Gregor I. (»der Große«, 590–604) verkörperte diese Veränderung. Er war treuer Untertan des Kaisers von Konstantinopel, leitete aber gleichzeitig eine westliche Kirche, die sich dem kaiserlichen Einfluss mehr und mehr entzog. Seinen Schriften und Taten ist es zu verdanken, dass sich das römische Papsttum als moralische und geistliche Führungsinstanz des Westens etablierte.

In Konstantinopel war der Kaiser »gottgewollter« Stellvertreter Christi und zugleich Auserwählter seines Volkes. Dieses Herrschaftsmodell strebte im Westen vor allem Karl der Große, der Frankenkönig (768–814), an, der das erste mittelalterliche Reich Europas schuf. Doch sein absoluter Herrschaftsanspruch blieb nie unangefochten. Als er sich am 25. Dezember 800 in Rom von Papst Leo III. zum »Römischen Kaiser« krönen ließ, hoffte er vielleicht, von Volk und Kirche gleichermaßen verehrt zu werden. Doch das Ritual der Krönung blieb dem Papst vorbehalten, ein Fingerzeig auf das Spannungsfeld zwischen Kirche und Staat, das sich durch das gesamte Mittelalter zog – der Kampf zwischen Päpsten und Kaisern um die Vorherrschaft über das Christentum.

Die Byzantiner waren außer sich, dass ein deutscher Barbar den Kaisertitel für sich beanspruchte. 812, nach langem Ringen, erklärte sich der byzantinische Kaiser Michael I. bereit, Karl den Titel »Kaiser« zuzugestehen, allerdings nicht »römischer Kaiser«.

843 war das Imperium Karls in drei Königreiche zerfallen, und noch vor Ende des 9. Jahrhunderts existierte es nicht mehr. 962 wurden Reich und Titel wiederhergestellt, als Papst Johannes XII. es für angebracht hielt, den deutschen König Otto I. zum römischen Kaiser zu krönen. Damit legte er den Grundstein für das spätere Heilige Römische Reich. Johannes sollte die Krönung bereuen. Als er gewahr wurde, dass Otto plante, mit voller kaiserlicher Macht über Italien zu herrschen, wandte er sich gegen ihn. Daraufhin sorgte Otto für seine Absetzung.

Otto und seine Nachfolger sahen sich als Erben der Caesaren und Karls des Großen, gleichzeitig war ihnen bewusst, dass im Osten ein größeres, reicheres und prachtvolleres »römisches« Reich lag. Sie wussten auch, dass diese Römer eigentlich Griechen waren – Christen mit verdächtig fremden Riten. Wahrscheinlich betrachteten sie das Byzantinische Reich mit einer Mischung aus Neid, Misstrauen und einer Spur von Verachtung.

Zur Jahrtausendwende waren Päpste und Kaiser nicht die einzigen Herrscher. Ein Großteil des Abendlandes, das sich damals von Grönland bis Kroatien erstreckte, war in unzählige Königreiche und feudale Herrschaftsgebiete zersplittert. Dieser politische Pluralismus, der im starken Gegensatz zur zentralen Autokratie von Byzanz stand, sollte sich zum Zündstoff entwickeln.

Eine Reliquie aus Gold, Silber und Edelsteinen in Form einer Büste Karls des Großen. Sie wurde 1349 von Kaiser Karl IV. dem Domschatz von Aachen zugefügt. Die Kaiser des Heiligen Römischen Reichs empfanden sich als Nachfolger Karls des Großen, der den Urtypus eines christlichen Königs und Kaisers verkörperte, da er die Kirche und ihr Volk schützte, als Schutzheiliger der Gelehrsamkeit und der Künste sowie als Gotteskrieger gegen die Heiden galt.

AUFSTIEG DES ISLAM

Erzengel Gabriel überbringt Mohammed das Wort Gottes. Mohammeds Antlitz ist verhüllt, da das Gesicht des Propheten laut islamischen Vorschriften nicht gezeigt werden darf. Türkisches Gemälde aus dem 16. Jh.

Das arabische Wort »Islam« bedeutet »Ergebung« (an Gott) und bezeichnet einen Glauben, eine Kultur und eine Gemeinde, deren Mitglieder Muslime (jene, die ergeben sind) genannt werden. Theoretisch sind alle Muslime geeint, da der Willen Allahs (arabisch *al-Ilah, »der* Gott«) unveränderlich, eindeutig und allumfassend ist. Soweit die Theorie, die historische Wirklichkeit sieht anders aus.

Die Abstammungslinie des Islam geht bis auf Adam, Abraham und eine Reihe anderer Propheten zurück, darunter Jesus. Die Religion beansprucht die einzig gültige göttliche Offenbarung durch Mohammed (um 570–632), das »Siegel der Propheten«, den letzten und bedeutendsten der Gottesgesandten. Um 610 hatte Mohammed Ibn Abd Allah, ein wohlhabender Kaufmann aus Mekka, ein Visionserlebnis, das ihn veranlasste, die Einheit und Einzigartigkeit Gottes zu verkünden; die unmittelbar bevorstehende Auferstehung der Toten; das Nahen des Tags des Gerichts; ein Höllenfeuer nach dem Tode, dem Ungläubige und Ungerechte ausgesetzt sind; und ein Paradies der Glückseligkeit für all jene, die gläubig waren und ein rechtschaffenes Leben gemäß den strikten Verhaltensregeln führten.

Mohammeds Appelle stießen bei den Mekkanern auf Widerstand, und 622 wanderte der Prophet mit seinen Anhängern nach Yathrib (das spätere Medina) aus, einer Oasenstadt, wo er als Schiedsrichter zwischen den rivalisierenden Fraktionen und letztlich als deren Gebieter lebte. Die Auswanderung (*Hidjra,* »Durchbrechen der Fesseln«) bedeutete, dass diese islamische Frühgemeinde ihre Stammesverbundenheit aufgab und eine neue Gemeinschaft bildete, die *Umma,* die sich durch ihren gemeinsamen Glauben und nicht durch Blutsverwandtschaft definierte. Für die Muslime stellt die *Hidjra* ein derart einschneidendes Ereignis dar, dass mit ihr die islamische Zeitrechnung einsetzt.

In Medina wandelte sich der Staatsmann und Prophet Mohammed zum Krieger. Nach einem mehr als sieben Jahre währenden Krieg (*Dschihad,* siehe Seiten 26–27) gegen die Mekkaner und andere, die seine Botschaft ablehnten, gelang es Mohammed und seinen etwa 10000 Anhängern im Jahr 630, triumphierend in Mekka einzuziehen. Mekka wurde die erste heilige Stadt des Islam,

Medina blieb hingegen politisches Zentrum der Umma. Aufgrund seines Siegeszuges unterwarfen sich viele arabische Stämme dem »Gesandten Gottes«.

Als Mohammed 632 starb, lösten viele Araber ihre Bindung zur Umma, da ihre Loyalität direkt von der Person Mohammed abhängig war. Ein enger Vertrauter Mohammeds, Abu Bakr, wurde »Gebieter der Gläubigen«, ein Titel, der später in *Kalif* oder Nachfolger des Propheten geändert wurde. Abu Bakr hatte dieses Amt von 632 bis 634 inne. Er sah sich nicht als Prophet, sondern schlicht als Vorsteher einer unteilbaren islamischen Gemeinde. Er verkündete Krieg gegen alle, die dieses Band zerschneiden wollten, und gegen die »ungläubigen« arabischen Stämme. Als Abu Bakr zwei Jahre nach Mohammed starb, hinterließ er eine starke Glaubensgemeinschaft, die über die gesamte arabische Halbinsel verbreitet war. Außerdem hatte er eine islamische Armee aufgestellt, die bereit war, gegen das Byzantinische und das Persische Reich zu ziehen.

Der zweite Kalif Umar (634–644) organisierte Überfälle auf Ungläubige außerhalb der arabischen Halbinsel, die sich rasch in Eroberungskriege verwandelten. Die Byzantinischen und Persischen Reiche waren auf diese Angriffe nicht vorbereitet, zudem waren sie nach mehr als 100 Jahren währenden Kriegen und erbitterten inneren Konflikten zermürbt. Noch bevor Umar 644 starb, hatten die

DIE FÜNF SÄULEN DES ISLAM

Der *Hadith von Gabriel* stammt von einem Freund des Propheten, dem Kalifen Umar. Sie enthält das Kernstück des islamischen Gesetzes, die »fünf Säulen«, an die sich jeder Muslim halten muss:

1. Schahada (Glaubensbekenntnis): »Es gibt keinen Gott außer Allah, und Mohammed ist der Prophet Allahs.«

2. Salat (Gebet). Das tägliche fünfmalige Gebet gen Mekka: frühmorgens, mittags, am Nachmittag, nach Sonnenuntergang und abends.

3. Zakat (Läuterung). Eine jährliche Abgabe, 2,5 Prozent des Einkommens, um die Armen und andere gute Zwecke zu unterstützen – darunter den *Dschihad* (siehe Seiten 26–27).

4. Saum Ramadan (Ramadan-Fasten). Kein Essen, Trinken oder Sex vom Morgengrauen bis Sonnenuntergang im Fastenmonat.

5. Hadjdj (Pilgerfahrt). Möglichst einmal im Leben die Pilgerfahrt nach Mekka machen, wenn möglich während der ersten zehn Tage von Dhu l-hidjja, dem zwölften islamischen Monat (siehe Seiten 22–23).

KORAN UND HADITH

Der *Koran* (Lesung), das heilige Buch des Islam, enthält die Offenbarungen, die Mohammed von Allah zwischen 610 und 632 in Mekka und Medina empfing. Die Offenbarungen wurden dem Propheten durch den Erzengel Gabriel zuteil, und Mohammed gab sie an die Umma weiter. Die 114 Abschnitte (*Suren*) sind in Reimprosa abgefasst. Als Wort Gottes ist der *Koran* vollkommen und Grundlage des islamischen Rechts (*Scharia*).

Ergänzend zum *Koran* gibt es den *Hadith* (Mitteilung), eine Sammlung von Erzählungen und Aussprüchen, die Mohammed und seinen Gefährten (den ersten Muslimen) zugeschrieben werden. Die einzelnen *Hadiths* (Geschichten) beziehen sich auf den Propheten und sind daher von göttlicher Inspiration erfüllt, werden aber nicht als Wort Gottes begriffen. Sunniten and Schiiten verehren den gleichen *Koran*, aber unterschiedliche *Hadith*-Sammlungen. Schiiten rufen auch ihre Imame an, um göttlich inspiriert zu werden.

Eine frühe Koranhandschrift aus dem 8. bis 9. Jh.

VÖLKER DES BUCHES

Muslime betrachteten den Islam als vorrangig arabischen Glauben, Christen und Juden waren jedoch »Angehörige der Buch-Religionen« (d. h. Gott hatte ihnen ihre eigenen Bücher der göttlichen Offenbarung zuteil werden lassen). Deshalb garantierten ihnen die Eroberer als Schutzgenossen (*Dimmi*) gegen die Zahlung einer vertraglich vereinbarten Kopfsteuer (*Gizya*) die volle Religionsfreiheit. Selbst vielen persischen Zoroastriern wurde der Status eines *Dimmi* angeboten. Trotz dieser religiösen Toleranz zogen es viele Nicht-Muslime vor, zum Islam zu konvertieren.

Byzantiner Syrien, Palästina und Ägypten – die ältesten und heiligsten Länder der Christenheit – verloren, und die muslimische Eroberung des Sassanidenreichs war fast abgeschlossen. Mit erstaunlicher Geschwindigkeit wurden weitere Gebiete unterworfen. Als 751 islamische Streitkräfte eine chinesische Armee am Talas-Fluss (heutiges Kasachstan) besiegten, erstreckte sich das muslimische Herrschaftsgebiet von Spanien im Westen (siehe Seite 120) bis ins heutige Pakistan und nach Zentralasien. Auch Nordafrika mussten die Byzantiner aufgeben.

Mitte des 8. Jahrhunderts bestand die islamische Gemeinschaft aus einem riesigen Vielvölkerreich. Obwohl die Zahl der nicht arabischen Konvertiten zunahm, behielten viele Christen und Juden ihre ursprüngliche Religion bei. Als sich die Kreuzzüge um 1095 auf ihrem Höhepunkt befanden, war der Anteil der christlichen und muslimischen Bevölkerung in Palästina in etwa gleich groß. In Süd- und Ost-Anatolien sowie in Nordsyrien, die unter islamischer Herrschaft standen, gab es mehr Christen als Muslime.

Eine wichtige Zäsur in der islamischen Geschichte geschah im 7. Jahrhundert. Die Familienmitglieder des Propheten warfen dem dritten Kalifen Uthman (644–656) vor, seine eigene Sippe, die Umayyaden, zu begünstigen. Es folgten Aufstände, die Ermordung Uthmans, Bürgerkrieg und zwei verfeindete Parteien: Eine war auf Seiten von Uthmans Nachfolger Ali als Kalifen, den Vetter und Schwiegersohn Mohammeds, die andere auf Seiten Muawiyas, eines Verwandten Uthmans. Die Ermordung Alis im Jahr 661 verschaffte Muawiya zwar das Kalifenamt, führte aber zur Aufspaltung der islamischen Gemeinde in die Glaubensrichtungen der Sunniten und Schiiten. Die Schiiten (Partei Alis) wollten nur einen direkten

DIE IMAME DER SCHIITEN

Die Schiiten begreifen eine Reihe von Imamen als rechtmäßige Nachfolger von Mohammed und Ali. Der Imam ist Gesamtleiter der islamischen Gemeinschaft und gehört der Sippe Alis an. Schiiten glauben auch an einen verborgenen Imam, der am Ende der Zeit wie ein Messias als Mahdi (»Rechtgeleiteter«) wiederkommen wird. Laut schiitischer Vorstellung waren die Imame aus der Familie Mohammeds unfehlbare Instanzen, die bei ihrer Geburt von Gott auserwählt wurden und die die gleiche Autorität wie der Prophet innehatten. Da diese Imame aber von Feinden getötet wurden, starb ihre irdische Linie aus. Innerhalb der schiitischen Untergruppen herrscht Uneinigkeit, wer der letzte legitime Imam war.

Das Imamwesen bestand jedoch weiter. Durch Gottes Macht und Gnade gelang es dem letzten sichtbaren Imam, Mohammed ibn Hasan, im Jahr 940 entrückt zu werden und spirituell weiter zu existieren. Damit lebt er im Verborgenen und ist vor Feinden geschützt. Eines Tages wird er als Mahdi wiederkommen, seine treuen, verfolgten Anhänger um sich versammeln, ein heiliges islamisches Zeitalter einläuten und das Jüngste Gericht verkünden.

Blutsverwandten Mohammeds oder Alis als Kalifen anerkennen. Die Sunniten akzeptierten Muawiya, für sie reichte die Bestätigung durch die Umma als Legitimation aus. Der Name Sunniten leitet sich vom arabischen *sunna* (Regel, Brauch) ab und bezieht sich auf das normsetzende Beispiel Mohammeds, das neben dem *Koran* als Richtschnur für die Gläubigen galt und heute noch gilt. Als Kalif und Begründer der Dynastie der Umayyaden (bis 750) erhob Muawiya Damaskus zu seiner Residenz.

Als Muawiya 680 starb, brach der Konflikt erneut aus. Die Schiiten wollten Alis Sohn als Kalifen einsetzen, doch dieser wurde zusammen mit einem Großteil seiner Familie am 10. Oktober 680 in Karbala im Irak ermordet – ein Ereignis, dessen die Schiiten noch heute gedenken. Mit Unterstützung der Schiiten und nicht arabischer Konvertiten kam 750 die Dynastie der Abbasiden an die Macht, eine Familie, die auf einen Onkel des Propheten zurückging. Sie verursachte ein Blutbad unter den Umayyaden und begründete das abbasidische Kalifat (750–1258).

Die Abbasiden verlegten ihre Hauptstadt von Damaskus in das 760 gegründete Bagdad, das sich zum strahlenden Mittelpunkt des islamischen Geisteslebens und des arabischen Großreichs entwickelte. Das muslimische Spanien (al-Andalus) blieb außerhalb der Machtsphäre der Abbasiden. Abd al-Rahman, ein Prinz aus dem Geschlecht der Umayyaden, der dem blutigen Anschlag von 750 entkommen war, bezwang den Gouverneur von Córdoba und errichtete 756 dort ein unabhängiges umayyadisches Emirat, das Andalusien bis 1031 regierte (siehe Seiten 120–123).

Oben: *Die rasche Ausbreitung des Islam erfolgte in drei Phasen. In etwas mehr als 100 Jahren eroberten die arabischen Armeen Teile Westeuropas und Zentralasiens.*

Unten: *Der Innenhof der Großen Moschee von Damaskus. Sie wurde im frühen 8. Jh. von al-Walid I., einem umayyadischen Kalifen, errichtet, der durch den Bau den Herrschaftsanspruch seiner Dynastie auf das Kalifat betonte.*

PILGERFAHRTEN

Gegenüber oben: *Das Südportal (11. Jh.) der Kathedrale von Santiago de Compostela im Nordwesten Spaniens. Das Giebelfeld erinnert an die Schlacht von Clavijo 844, als Apostel Jakobus (Santiago) angeblich half, die muslimische Armee zu besiegen. Der Heilige wird zu Pferde gezeigt, mit Schwert und Fahne, umgeben von sechs Frauen, die ein Erntedankgebet verrichten (s. a. Seite 120.)*

Gegenüber unten: *Eine Urkunde von 1193 aus der heutigen Osttürkei. Sie bestätigt, dass der Besitzer den Hadjdj, die Wallfahrt nach Mekka, erfolgreich absolviert hat.*

Alle Weltreligionen praktizieren das Ritual, an einen als heilig verehrten Ort zu pilgern. Wallfahrten sollen den Pilger läutern und verstärken seine Zugehörigkeit zu einer Glaubensgemeinschaft. Durch die mühevolle Reise werden auch Sünden gesühnt. Das Pilgern in das Heilige Land – in die Region, in der Jesus, die ersten Christen und die biblischen Propheten gewirkt haben – geht auf das 4. Jahrhundert zurück. Heiligster Ort der dort zahlreich vorhandenen heiligen Stätten ist Jerusalem, und innerhalb der Stadt wiederum ist es ein kleines Areal, dem am meisten Verehrung entgegengebracht wird: die Stelle, an der Jesus gekreuzigt und beerdigt wurde. Die Grabstätte Jesu wurde mit einer Höhle identifiziert, über der Konstantin der Große 335 die Jerusalemer Grabeskirche errichten ließ. Weitere wichtige frühe Pilgerstätten für die westlichen Christen sind Rom, wo sich angeblich die Gräber von Petrus und Paulus befinden, sowie Santiago de Compostela in Spanien.

Nachdem die Araber Jerusalem 638 von den Byzantinern erobert hatten, pilgerten die Christen trotzdem weiterhin in die Stadt. Die muslimischen Besatzer ließen die Christen meist unbehelligt gewähren, die Grabeskirche und viele andere christliche Heiligtümer blieben unangetastet. 1009 ordnete der fatimidische Kalif al-Hakim allerdings die Zerstörung der Grabeskirche an. Unter seinen

DIE URSPRÜNGE DES HADJDJ

Geschickt verband Mohammed das altarabische Pilgertum der Polytheisten in das Heiligtum der Kaaba mit der monotheistischen Religion Abrahams und dessen Sohn Ismael, dem Vater der Araber. Mekka wurde die erste heilige Stätte des Islam. In der zweiundzwanzigsten *Sure*, Vers 27–30, im *Koran* spricht Allah zu Ibrahim (Abraham):

»Und rufe die Menschen zur Pilgerfahrt auf. Sie werden zu Fuß und auf jedem mageren Kamel aus allen entfernten Gegenden zu dir kommen, auf dass sie allerlei Vorteile wahrnehmen und während einer bestimmten Anzahl von Tagen des Namens Allahs für das gedenken mögen, was Er ihnen an Vieh gegeben hat. Darum esset davon und speist den Notleidenden, den Bedürftigen.

Dann sollen sie ihre persönliche Reinigung vollziehen und ihre Gelübde erfüllen und um das Altehrwürdige Haus [die Kaaba] wandeln. Somit wird es für den, der die Gebote Allahs ehrt, gut vor seinem Herrn sein.«

Drei Monate vor seinem Tod, am 8. Juni 632, unternahm Mohammed eine Abschiedspilgerfahrt nach Mekka. Am Berg Arafat hielt er eine Ansprache und ermahnte die Pilger, dass »jeder Muslim ein muslimischer Bruder ist«. Diese Aussage wird in den zahlreichen Ritualen des Hadjdj bekräftigt, die betonen, dass alle Muslime ohne Ansehen der Person oder Volkszugehörigkeit gleichwertige Mitglieder der Familie Allahs sind. Wenn irgend möglich, sollte jeder Muslim einmal in seinem Leben nach Mekka pilgern (siehe Seite 19).

toleranteren Nachfolgern wurde sie wieder aufgebaut, und mit byzantinischer Unterstützung war sie um 1040 wiederhergestellt.

Im 11. Jahrhundert erfuhr Westeuropa einen wirtschaftlichen Aufschwung und einen dramatischen Bevölkerungszuwachs, was dazu führte, dass die Pilger in Massen nach Jerusalem strömten. Um so manchen Herrscher rankten sich Legenden über seine Pilgerfahrt nach Jerusalem, etwa um Karl den Großen. Dieser ist nie aus Europa hinausgekommen, aber der Umstand, dass dieser mächtige Gotteskrieger mit der Wallfahrt verknüpft wurde, deutet auf die wachsende Bereitschaft des Abendlandes hin, sich für den Kreuzzug zu erwärmen, einer Kombination aus Pilgerfahrt ins Heilige Land und Heiligem Krieg.

Im Islam waren Pilgerschaft und Heiliger Krieg seit jeher eng mit Mekka verbunden, der heiligen muslimischen Stadt. 629 handelte Mohammed im Lauf des Dschihad mit den ungläubigen Herrschern Mekkas einen Waffenstillstand aus, der es ihm und seinen etwa 2600 Anhängern erlaubte, die Stadt zu betreten, um dem Pilgerschrein Kaaba zu huldigen, der damals 360 Götzenfiguren enthielt. Die Kaaba beherbergte auch einen schwarzen Altar, von dem die Muslime glaubten, er sei vom Propheten Abraham und seinem Sohn Ismael errichtet worden. Ein Jahr später eroberte Mohammed Mekka und reinigte die Kaaba, das Haus Gottes, von heidnischen Statuen und Malereien. Seither ist die Kaaba die heiligste Stätte des Islam und Mittelpunkt der muslimischen Wallfahrt (siehe Kasten).

DAS GEMEINSAME HEILIGE LAND

»Gepriesen sei Der, der bei Nacht Seinen Diener von der heiligen Moschee zu der fernen Moschee, deren Umgebung Wir gesegnet haben, hinführte, auf dass Wir ihm einige Unserer Zeichen zeigten.« (*Koran, Sure* 17,1) Laut Überlieferung bezieht sich diese Stelle auf eine geheimnisvolle Nachtwanderung, bei der Mohammed von der Kaaba (dem Heiligtum) in Mekka zum Tempelberg in Jerusalem (dem fernen Heiligtum) gebracht wurde. Auf dem Tempelberg standen einst der erste und der zweite Tempel des Judentums, die Muslime bezeichnen ihn als *al-Haram es-Sharif* (das Edle Heiligtum). Hier erfolgte die Himmelfahrt des Propheten, bei der er auf Abraham, Moses sowie Jesus traf und Offenbarungen erhielt. 621, kurz nach diesem mystischen Erlebnis, wies Mohammed seine Anhänger an, täglich gen Jerusalem zu beten. Eine weitere Offenbarung, die ihm 624 zuteil wurde, hieß ihn, die Gebete nach Mekka auszurichten. Doch Jerusalem ist für Muslime stets *al-Quds* (der Heilige Ort) geblieben, die drittheiligste Stadt und ein Ort, den man vor der Entweihung durch Ungläubige bewahren musste, selbst

Oben: *Ein römisches Elfenbeinrelief aus dem 4. Jh. Es zeigt das Grab Jesu und die Rotunde, die darüber errichtet wurde.*
Gegenüber oben: *Ein byzantinisches Mosaik (6. Jh.) aus Madaba, Jordanien. Es stellt Jerusalem und die heiligen Stätten des Heiligen Landes dar.*
Gegenüber unten: *Der Felsendom. Der Felsen markiert den Ort, an dem laut jüdischer Tradition Abraham Isaak opfern sollte, im Islam ist es die Stelle, an der sich Mohammed gen Himmel erhob (siehe Haupttext).*

durch Christen und Juden, den »Angehörigen der Buch-Religionen«. Als die Armee des Kalifen Umar 638 Jerusalem einnahm, stieß sie auf dem Tempelberg auf erbitterten Widerstand. Der Kalif ließ den Ort räumen und errichtete dort eine kleine Moschee. Zwischen 688 und 691 erbauten die umayyadischen Kalifen auf dem Tempelberg das für viele schönste Heiligtum des Islam: den Felsendom. Der oktogonale Kuppelbau ist keine Moschee oder öffentlicher Gebetsort, sondern eine Pilgerstätte, an der jeder Muslim für sich ein Gebet im Gedenken an den Propheten verrichtet. Er wurde auf der Spitze des Bergs Moriah errichtet, wo der Bibel zufolge der Tempel Salomons stand, der heiligste Ort des Judentums. Der Felsendom zollt dem Anteil Abrahams am Islam Tribut, illustriert aber auch die Überlegenheit des Islam über Juden- und Christentum. Juden und Muslime halten den Felsen für den Nabel der Welt, und die darüber errichtete Kuppel hat exakt die gleichen Maße wie die Rotunde, die damals die Grabstätte Jesu überwölbte, ihre Herrlichkeit übertrifft den christlichen Schrein jedoch bei Weitem. Zu Beginn des 8. Jahrhunderts erbauten die Umayyaden auf dem Tempelberg eine weitere heilige Stätte: die al-Aksa-Moschee. Ihre Konstruktion folgt dem Vorbild der Grabeskirche, die Moschee hat aber erheblich größere Ausmaße.

Auch außerhalb Jerusalems befinden sich Stätten, die für Juden, Christen und Muslime gleichermaßen als heilig gelten: etwa die Höhle von Machpela (Erzvätergrab) in Hebron. Dort sollen Abraham, Isaak und Jakob mitsamt ihren Frauen begraben sein. Eine steinerne Einfassung, die 65 v. Chr. von König Herodes angelegt wurde, lässt vermuten, dass die Juden in vorchristlicher Zeit die Gräber als Pilgerstätte verehrten. Später wurden die Gräber christlicher Pilgerort, und im 4. Jahrhundert wurde in Machpela eine Kirche errichtet. Historische Quellen belegen, dass im 6. Jahrhundert auch Juden in ihr beteten.

Im frühen 7. Jahrhundert gestatteten die muslimischen Eroberer Juden und Christen, weiterhin dort zu beten. Gegen Mitte des 10. Jahrhunderts errichteten die Araber in Machpela ihre eigene Moschee, die *Haram al-Khalil* (Heiligtum des Freundes). Sie ist Ibrahim (Abraham) geweiht, dem Freund Allahs. Ein persischer Muslim berichtete im 11. Jahrhundert, dass täglich bis zu 500 Menschen nach Machpela pilgerten: Vermutlich vertraten sie alle drei Glaubensrichtungen.

Auch die Himmelfahrtskapelle auf dem Ölberg, östlich der Altstadt Jerusalems, wird von Christen und Muslimen verehrt. Die Kreuzfahrer errichteten die Kapelle etwa 1152 über dem Stein mit dem »Fußabdruck des Herrn«, der von da zum Himmel aufgefahren sein soll, doch hier stand bereits im 4. Jahrhundert eine Kirche. Auch die Muslime glauben, dass Jesus, der islamische Prophet Isa, zum Himmel auffuhr (selbst wenn der *Koran* es nicht ausdrücklich erwähnt), und als Saladin Jerusalem 1187 eroberte, wurde die Himmelfahrtskapelle eine islamische Pilgerstätte. Heute feiern Katholiken in der Kapelle Christi Himmelfahrt, während die Muslime in ihr Isa verehren.

Das heutige Israel ist voller heiliger Stätten, die von Christen und Muslimen verehrt werden: etwa die Grabeskirche oder das Obergemach in der Apostelkirche auf dem Berg Zion (Südwesthügel Jerusalems), in dem Jesus und seine Jünger das letzte Abendmahl abhielten. In der Hauptmoschee von Akkon befand sich das Grab des islamischen Propheten Salih (*Koran, Sure* 7,73ff.). Als die Stadt von Christen besetzt war (1104–1187; 1191–1291), wurde aus der Moschee eine Kirche – den Muslimen wurde jedoch erlaubt, in dem kleinen Bereich, der das Grab enthielt, zu beten.

HEILIGER KRIEG UND DSCHIHAD

Alle monotheistischen Religionen, die im Nahen Osten entstanden sind – Judentum, Christentum und Islam –, kennen eine Form des Heiligen Kriegs: Die Gläubigen sind von Gott berufen, einen himmlischen Kampf gegen das Böse zu führen. »Heiliger Krieg« kann metaphorisch gemeint sein, z. B. wenn christliche Asketen genannt werden, aber auch als tatsächlicher Kampf. Im Alten Testament befiehlt Gott den Israeliten mehrmals, die Ungläubigen zu bekämpfen.

Augustinus (354–430), ein bedeutender lateinischer Kirchenlehrer und Theologe des Abendlandes, sprach von einem christlichen gerechten Krieg als Werkzeug gegen die Sünde. Für ihn war Krieg eine Folge von Sünde und Heilmittel in einem. Moralisch betrachtet dient ein Krieg nicht nur der Verteidigung, er ist auch ein positiver moralischer Akt, von dem sowohl der Angreifer als auch der sündhafte Feind profitieren. Augustinus und spätere lateinische Kirchenväter mussten sich mit barbarischen Eindringlingen auseinandersetzen, die entweder Heiden oder Arianer (siehe Seite 14) waren. Papst Gregor I. (590–604) wies seine Beamten an, gegen die arianischen Langobarden als »Krieger des Herrn« zu agieren, und sicherte so den weltlichen Herrschern Italiens göttliche Hilfe bei ihrem bewaffneten Widerstand zu.

Die Unterscheidung zwischen einem gerechten Verteidigungskrieg nach christlichen Prinzipien und einem »Heiligen Krieg«, der

DIE VIER DSCHIHADS

Islamische Rechtsgelehrte, die die *Scharia* auslegen, sprechen von vier Formen des *Dschihad* (»Bemühen«), die Allah verlangt: *Dschihad* der Hand, d. h. gute Taten ausführen, vor allem Almosen geben; *Dschihad* des Mundes, d. h. den Glauben verbreiten; *Dschihad* des Herzens, das ist die Hingabe an Allah, und den *Dschihad* des Schwertes, die Verteidigung des Islam als Krieger Allahs. Bei den Sufi, islamischen Mystikern, gibt es noch einen fünften *Dschihad*: den der Seele oder das Bemühen, Allah durch mystische Erfahrung zu erreichen.

In seiner *Abhandlung über das Gesetz* formuliert Ibn Abi Zayd al-Kayrawani, ein bedeutender Rechtsgelehrter des 10. Jahrhunderts, den *Dschihad* des Schwertes als »von Gott bestimmtes Gebot«: »Man soll die Feinde nicht angreifen, bevor sie die Gelegenheit hatten, Gottes Glauben anzunehmen, außer sie greifen zuerst an. Sie können entweder zum Islam konvertieren oder die Kopfsteuer bezahlen. Wenn sie sich weigern, wird der Krieg gegen sie erklärt ...«

»Es ist nicht verboten, weiße, nicht arabische Gefangene umzubringen. Aber niemand, dem *Aman* [Schutzversprechen] gewährt wurde, darf exekutiert werden ... Frauen und Kinder sollen nicht getötet werden, das Töten von Mönchen und Rabbinern sollte vermieden werden, sofern sie nicht am Kampf teilgenommen haben. Kämpfende Frauen dürfen auch getötet werden.«

von Gott geführt wird und jene sanktioniert, die an ihm teilnehmen, war zur Zeit Karls des Großen nicht mehr so klar. Schließlich war dieser aufgrund seiner Verteidigung und Ausweitung des Christentums vom Papst zum Kaiser gekrönt worden und galt als Beschützer der römischen Kirche (siehe Seite 17).

Die meisten westlichen Kirchenführer betrachteten den Krieg als sündhaft. Dies änderte sich im 11. Jahrhundert, als das Papsttum militärische Aktionen als Mittel rechtfertigte, die Weltordnung wiederherzustellen. Von da war es nur ein kleiner Schritt bis zum Kreuzzug, dem christlichen Heiligen Krieg, dessen Teilnehmern alle zeitlichen Sünden erlassen wurden.

Der Begriff *Dschihad* wurde häufig als blutiger Krieg gegen Ungläubige missverstanden. Er bedeutet aber »Bemühen«, den allumfassenden Einsatz für die Sache Allahs (siehe Kasten). Ein *Hadith* (Erzählung) berichtet, dass Mohammed seinen Anhängern nach einem siegreichen Feldzug erklärte: »Der geringere *Dschihad* liegt hinter uns, der größere *Dschihad* vor uns.« Mit dem größeren *Dschihad* meinte er den Kampf gegen das Böse. In diesem Sinne sind alle Muslime heilige Krieger, sie müssen ihr ganzes Leben lang ihre Schwächen bekämpfen und den Weg Gottes befolgen, indem sie die fünf Säulen des Islam (siehe Seite 19) praktizieren. Trotzdem hat der Islam den Heiligen Krieg von Anfang an als Pflicht jedes kampffähigen Mannes betrachtet, um den wahren Glauben zu verteidigen. Diejenigen, die dabei sterben, sind Märtyrer und kommen garantiert ins Paradies.

Die Ausbreitung des Islam erfolgte aber nicht aufgrund von Missionseifer, sondern schlicht wegen des Verlangens, neue Territorien zu erobern. Meist wurde niemand gezwungen, den Glauben anzunehmen. Die Konvertierung zum Islam außerhalb Arabiens war ein langer Prozess, der selten mit Waffengewalt einherging.

HAUS DES FRIEDENS UND HAUS DES KRIEGES

Gemäß islamischer Tradition leben Gläubige und jene, die den Status des Schutzgenossen in einem muslimischen Staat annehmen, im Dar al-Islam, dem Haus des Islam, wörtlich im Haus der Ergebung (oder des Friedens). Ungläubige außerhalb dieser Staaten weilen in Dar al-Harb, dem Haus des Chaos (oder Krieges). Die beiden Häuser sind grundsätzlich verfeindet. Im späten 8. Jahrhundert räumten islamische Rechtsgelehrte ein, dass es zugunsten der Muslime zwar kurze Waffenruhen geben könne, aber dass zwischen den Häusern niemals permanenter Frieden herrsche. Für die Anhänger des Dar al-Islam ist der Heilige Krieg unvermeidlich und eine fromme Tat. Daher schrieben islamische Rechtsgelehrte immer wieder Abhandlungen über den *Dschihad*, in denen die Befolgung des *Dschihad* des Schwertes erläutert wird (siehe Kasten gegenüber).

Laut mittelalterlichen Quellen gehörte dieses wundervolle, kunstvoll gefertigte Schwert Karl dem Großen, dem mächtigen christlichen Herrscher des westlichen Europa, der als König der Franken (768–814) und römischer Kaiser (800–814) regierte. Wahrscheinlich stammt es jedoch aus dem 12. Jahrhundert.

DER WESTEN ERWACHT: DAS 11. JAHRHUNDERT

PAPST GREGOR VII. RUFT ZUM HEILIGEN KRIEG AUF

Fast hätte das Zeitalter der Kreuzzüge zwei Jahrzehnte früher eingesetzt: 1074 statt 1095. 1073, zwei Jahre nach der vernichtenden Niederlage der Byzantiner in Malazgirt, bat der byzantinische Kaiser Michael VII. Papst Gregor VII. um Hilfe gegen die Seldschuken. Am 1. März 1074 sandte Gregor ein Schreiben an die westlichen Christen, in dem er sie aufforderte, ihren Brüdern im Osten beizustehen: »Das Beispiel unseres Erlösers und die Pflicht zur Bruderliebe verlangen, dass wir alles daran setzen, unsere Brüder zu erlösen. So wie Er sein Leben für uns gab, sollten wir unser Leben für unsere Brüder geben. Ihr solltet wissen, dass wir auf Gottes Gnade und die Macht Seiner Herrlichkeit vertrauend alle erdenklichen Vorbereitungen treffen, um dem Christenreich mit Gottes Hilfe baldigst beizustehen.«

Kurz darauf kam es zum Investiturstreit (siehe Haupttext), und aus Gregors Plan wurde zunächst nichts. Doch seine Nachfolger vergaßen den Traum von einer Waffenintervention, um den östlichen Christen gegen die Muslime beizustehen, nicht.

Fast das ganze 10. Jahrhundert über sah sich das westliche Europa feindlichen Angriffen von Wikingern, Magyaren (Ungarn) aus den zentralasiatischen Steppen und verschiedenen muslimischen Heeren aus Nordafrika ausgesetzt. Zur Jahrhundertwende hin verbesserte sich die Lage. Die Steppenvölker aus dem Norden und Osten passten sich allmählich der lateinisch-christlichen Kultur an, und die muslimischen Angriffe im Mittelmeerraum konnten zurückgeschlagen werden. Gleichzeitig erfolgten ein enormer Bevölkerungszuwachs und ein wirtschaftlicher Aufschwung. Das Abendland sah sich als ebenbürtiger Gegner des Byzantinischen und des islamischen Reichs und verfolgte im Lauf des 11. Jahrhunderts zunehmend eine Aggressionspolitik, die die Herrscher von Byzanz und Bagdad an mehreren Fronten bedrohte.

In Spanien war das Kalifat von Córdoba 1031 in eine Reihe unbedeutender islamischer Staaten zersplittert. Ein Umstand, aus dem christliche Mächte rasch Nutzen zogen. Papst Alexander II. (1061–1073) versprach jedem Ritter, der gegen Andalusien ziehen wollte, die Erlassung all seiner Sünden. Durch diesen Papsterlass wandelte sich der christliche Krieg gegen den Islam in Spanien zu einem Heiligen Krieg (siehe Seiten 121–122).

Weiter östlich unternahmen normannische Abenteurer – französische Krieger, deren Vorfahren, die Wikinger, sich in der Normandie (Land der Nordmänner) angesiedelt hatten – Vorstöße nach Süditalien, Sizilien und auf den Balkan. Unter Führung der Brüder Hauteville, besonders von Robert Guiscard, wurde Süditalien von byzantinischer Herrschaft befreit. Sizilien, das im 9. Jahrhundert von Muslimen erobert worden war, fiel durch einen Feldzug, der von 1061 bis 1091 dauerte, an Guiscard und seinen Bruder Roger von Hauteville. Guiscard begehrte weitere byzantinische Länder, vielleicht sogar Konstantinopel selbst, und fiel 1081 auf dem Balkan ein. Dieser Feldzug wurde durch seinen Tod 1085 unrühmlich beendet, er war jedoch beispielhaft für das zwei Jahrhunderte währende westliche Bestreben, Gebiete des Byzantinischen Reichs an sich zu reißen.

Als Roger in Sizilien einmarschierte, trug er die Fahne von Papst Alexander II. Papst Gregor VII. (1073–1085) unterstützte den Balkanfeldzug Guiscards, da er irrtümlich annahm, dass dieser den rechtmäßigen Kaiser von Konstantinopel wieder einsetzen wolle. Die päpstliche Absegnung dieser Kriege war ein deutliches Zeichen für die Neuorientierung des Papsttums und der Kirche. Sie setzte um 1049 ein und dauerte bis weit nach 1100.

Letztlich versuchte das Reformpapsttum, die Kirche der Kontrolle durch weltliche Herrscher zu entziehen und sicherzustellen, dass das Papsttum in Rom die höchste, gottgewollte Autorität der Christenheit sei. Ansprüche auf kirchliche Vorherrschaft waren bereits von früheren Päpsten wie Gelasius I. formuliert worden, doch nun zielte die Ideologie darauf ab, dass die Weltordnung nur bestehen könne, wenn sich die weltlichen Mächte den kirchlichen unterordneten, und zwar in allen moralischen sowie religiösen Belangen. Der Papst in Rom sollte das Oberhaupt aller Kirchen sein. 1075 erklärte Gregor VII. sogar, dass der Papst das Recht habe, Kaiser abzusetzen und dessen Untertanen von der Treue zu einem ungerechten Herrn loszusprechen.

Der Kaiser von Konstantinopel und viele westliche Herrscher beobachteten diese Entwicklung mit Misstrauen. Der Machtkampf zwischen geistlicher und weltlicher Macht währte von 1076 bis 1122. Er gipfelte im sogenannten Investiturstreit, der Frage, wer nun

Oben: *Tafelbild aus Gold und Emaille. Es zeigt die Heiligen Prokopios und Georg als Soldaten. Byzantinisch, 10. Jh.*

Gegenüber: *Das Innere der Kathedrale von Monreale, südwestlich von Palermo. Ab dem späten 11. Jh. stand Sizilien unter normannischer Herrschaft der Hauteville-Dynastie. In der Kultur der Insel verbanden sich byzantinische, arabische und normannische Einflüsse. Die Kathedrale, die im 12. Jh. von König Wilhelm II. erbaut wurde, vereint romanische und frühe gotische Architektur mit arabischen Elementen und ist im Inneren mit prachtvollen Mosaiken im byzantinischen Stil ausgekleidet. In der Apsis thront ein riesiges Abbild von Christus als Pantokrator (Weltherrscher).*

Gegenüber: *Illustration aus dem* Perikopenbuch Heinrichs II., *das für den Bamberger Dom angefertigt wurde. Sie zeigt Kaiser Heinrich II. (1002–1024), der von Christus gekrönt wird, flankiert von Petrus und Paulus. In seiner rechten Hand hält er ein Zepter, in der linken ein Schwert, die Machtinsignien des absoluten Herrschers. Die Illustration verdeutlicht den Anspruch auf heiliges Königtum, das im 11. Jh. vom Papsttum in Frage gestellt wurde.*

das von Gott eingesetzte Oberhaupt der christlichen Völker sei: der Papst oder der Kaiser? Durfte ein weltlicher Herrscher, aus kirchlicher Sicht ein Laie, Bischofe und Äbte in ihre Ämter einsetzen und somit über geistliche Gewalt verfügen? 1075 verbot Gregor VII. dem deutschen König Heinrich IV. die Laieninvestitur. Der Konflikt konnte durch einen Kompromiss beigelegt werden. Der König verzichtete auf die Investitur mit Ring und Stab, belehnte den Gewählten aber mit dem Kirchenbesitz. Diese Übereinkunft wurde 1107 von den Königen Frankreichs und Englands akzeptiert, 1122 vom Kaiser. Damit wurde die Idee Karls des Großen von der »Einheit von Reich und Kirche« empfindlich geschwächt, und das Papsttum gewann bedeutend an Einfluss. Der Aufruf von Papst Urban II. zum ersten Kreuzzug im Jahr 1095 muss im Zusammenhang mit diesem Machtkampf gesehen werden. Die Bestätigung der päpstlichen Macht vergrößerte den Unterschied zwischen byzantinischer und römischer Kirche. Der Aufruf von Urban II. auf dem Konzil von Clermont spiegelt ein reformiertes und erstarktes Papsttum wider, das bestrebt war, dem geschwächten Konstantinopel beizustehen und die christlichen Brüder im Osten zu retten. Gleichzeitig sollte dadurch die aus der Sicht Roms rechte Weltordnung hergestellt werden: die Unterwerfung unter päpstliche Autorität.

DAS SCHISMA VON 1054

Es ist ein weitverbreiteter Irrglaube, zwischen der römische und der byzantinischen Kirche habe sich 1054 eine unüberwindbare Kluft gebildet. Tatsächlich entbrannte zwischen zwei Kirchenmännern ein Streit, der für die kulturellen und geistlichen Unterschiede zwischen den Kirchen symptomatisch war. Die Differenzen erreichten im 11. Jahrhundert ihren Höhepunkt: Die Fürsprecher der päpstlichen Vormachtstellung forderten, dass alle Christen die Stellung des römischen Papstes als Oberhaupt anerkennen und ihren Glauben gemäß der römischen Kirche praktizieren sollten.

1054 entsandte Papst Leo IX. Kardinal Humbert von Silva Candida und Erzbischof Petrus von Amalfi nach Konstantinopel, um mit dem Kaiser eine Allianz gegen die Normannen in Süditalien zu bilden. Als eifriger Verfechter der Macht Roms veröffentlichte Humbert ein Traktat, in dem er u. a. den Gebrauch von gesäuertem Brot in der byzantinischen Liturgie anprangerte. Der Patriarch von Konstantinopel, Michael Kerullarios, reagierte ungehalten. Als Humbert eine Bannbulle gegen den Patriarchen und sein Gefolge vorlegt, kommt es zum Eklat. Allerdings bezog sich die Exkommunikation nicht auf die gesamte byzantinische Kirche. Im Gegenzug exkommunizierten der Patriarch und die Synode die beiden Gesandten – nicht den Papst oder die Kirche Roms – und erklärten sie zu Betrügern.

Es handelte sich also eher um eine persönliche Fehde zwischen Kardinal und Patriarch. Jedenfalls starb Papst Leo, bevor Humbert die Bannbulle vorlegte, deren Legitimation angezweifelt werden darf. Der Vorfall wurde zunächst vergessen. Ironischerweise waren es die Kreuzzüge, die vom Papst initiiert worden waren, um eine christliche Einheit herzustellen, die letztlich zur Spaltung zwischen Rom and Konstantinopel führten.

2

DER ERSTE KREUZZUG

»GETRIEBEN VON LIEBE ZU GOTT«

JOHN FRANCE

WIRREN IM OSTEN

Ab dem frühen 10. Jahrhundert setzte im Nahen Osten eine Dezentralisierung des islamischen Großreichs ein. Das abbasidische Kalifat von Bagdad litt unter Machtverlust, denn in Kairo etablierte sich das Kalifat der Fatimiden, eine Dynastie, die angeblich von Fatima, der Tochter des Propheten, abstammte. Bald besetzten die Fatimiden große Teile Syriens und Palästinas, die ehemals abbasidisch waren. 1009 ließ der fatimidische Kalif al-Hakim bin-Amar Allah (996–1021) die Grabeskirche in Jerusalem zerstören, was im Westen große Empörung hervorrief.

Zunächst sah es so aus, als ob das Vakuum, das durch den Zusammenbruch der abbasidischen Herrschaft entstand, durch die Byzantiner gefüllt werden würde. Diese hatten Antiochia 969 wiedererobert und waren bis nach Syrien vorgedrungen. Doch das Byzantinische Reich zerrieb sich nach 1025 an inneren Konflikten und konnte diese Eroberungen nicht fortsetzen. In diesem Zeitraum traten die Türken, ein nomadisierendes Steppenvolk (siehe Kasten), auf den Plan. 1055 gelingt es den Seldschuken, einem Turkvolk, das zum Islam bekehrt wurde, den Kalifen von Bagdad dazu zu zwingen, ihrem Anführer den Sultanstitel zu verleihen. Der Sultan sollte die Vorherrschaft des sunnitischen Islam wiederherstellen und die fatimidischen Gebiete, darunter Jerusalem, zurückerobern.

Doch nicht alle Turkvölker unterwarfen sich dem seldschukischen Sultan, und manche probten den Aufstand gegen das Byzantinische Reich. 1071 holte Kaiser Romanos IV. Diogenes (1067–1071) zum Gegenschlag aus und besetzte Gebiete der Seldschuken.

DIE TÜRKEN

Die Türken gehörten zu den vielen Nomadenvölkern aus der eurasischen Steppe, die regelmäßig in benachbarte Regionen einfielen. Ab Mitte des 11. Jahrhunderts beherrschten die Oguzen-Türken unter der Führung der Nachkommen einer legendären Gestalt namens Selcük das Gebiet zwischen Schwarzem Meer und Zentralasien. Seit der Zeit des Kalifen al-Mu'tasim (892–902) waren Türken von Bagdad als Soldaten angeworben worden. Das wendige Reitervolk brachte viele Meisterschützen hervor, die es gewohnt waren, als schlagkräftige Truppe zu agieren. Der Gelehrte al-Jahiz (starb ca. 868) schrieb:

»Der Türke kann auf Tiere, Reifen, Menschen, am Boden liegende Beute und flatternde Vögel schießen ... und zwar in vollem Galopp; nach hinten oder vorne, nach rechts oder links; nach unten oder oben; er verschießt zehn Pfeile, lange bevor ein anderer überhaupt einen ansetzen kann.«

Bei Manzikert (heute Malazgirt in der Türkei) kam es zur Entscheidungsschlacht, und Romanos wurde vom seldschukischen Sultan Alp Arslan (1063–1072) vernichtend geschlagen. Romanos wurde abgesetzt, und das Byzantinische Reich versank im Bürgerkrieg. Die Turkvölker nahmen Kleinasien bzw. Anatolien widerstandslos ein. Ein Seldschukenstamm errichtete eine Herrschaft in Nicäa; sie nannten sich die Sultane von Rum (»Rum«, türkisch-arabischer Name für Anatolien bzw. oströmisches Reich, d. h. Byzanz). Ein Großteil der Bevölkerung in den besetzten Gebieten waren Griechisch sprechende Christen. Als der Seldschuke Malik Schah (1072–1092) starb, zerfiel das Sultanat. Der Sultan von Bagdad war 1095 mit den Wirren im Osten beschäftigt, während Syrien geteilt war: Aleppo und Damaskus gehörten jeweils einem Neffen von Malik Schah.

Der byzantinische Kaiser Alexios I. Komnenos (1081–1118) stabilisierte das Reich, verfügte jedoch über zu wenige Truppen, um Kleinasien zurückzuerobern. 1095 wandte er sich hilfesuchend an Papst Urban II., der ein ehrgeiziges Projekt in Gang setzte: Er rief zu einer großen Expedition auf, die nicht nur Alexios zur Hilfe eilen, sondern die Heilige Stadt Jerusalem befreien sollte.

DER EINFALL DER TÜRKEN

In seiner *Chronik* beschreibt Matthias von Edessa im 12. Jahrhundert den Überfall der Türken auf die armenischen Christen:

»Zu Beginn des Jahres [1016–1017] wurden die christlichen Anbeter des Heiligen Kreuzes von einem Unheil heimgesucht, das die Erfüllung des göttlichen Omens verkündete. Der todesbringende Drache erschien, begleitet von verheerendem Feuer, und traf die Gläubigen der Heiligen Dreifaltigkeit. Die apostolischen und prophetischen Bücher erzitterten, denn es kamen geflügelte Schlangen, die Feuer auf Christi Getreuen spien ... In jener Zeit entstand das Land der Ungläubigen, die sich Türken nannten. Sie fielen in [unsere] Provinz ein und bedrohten die Christen mit dem Schwert. Die Armenier betrachteten die Feinde, seltsame Männer, die mit Bögen bewaffnet waren und wie Frauen langes Haar trugen.«

Die Kirche vom Heiligen Kreuz auf der Insel Ahtamar im Vansee in der heutigen Osttürkei. Sie wurde im frühen 10. Jh. vom armenischen König erbaut. Angesichts der türkischen Bedrohung unterwarf sich der armenische Herrscher 100 Jahre später den Byzantinern. An der Schlacht von Manzikert 1071 nahmen auf byzantinischer Seite auch viele Armenier teil. Nach der Niederlage der Byzantiner besetzten die seldschukischen Türken Armenien, und viele Armenier wanderten nach Cilicia im Südosten Anatoliens aus. Sie besiedelten große Teile von Cilicia, das als Pufferzone zwischen Byzantinischem Reich, dem Reich der Rumseldschuken und den Kreuzfahrerstaaten eine Schlüsselrolle spielte (siehe auch Seite 40).

AUFBRUCH DER HEERE

URBANS AUFRUF

Der französische Chronist Robert der Mönch liefert einen der vielen Berichte über den Aufruf Papst Urbans II. zum Kreuzzug 1095 auf dem Konzil von Clermont. Ein Auszug:

»Mögen die Taten Eurer Vorfahren Euch in Bewegung setzen und eure Seelen zu mannhaftem Mut anspornen – die Verdienste und Größe Karls des Großen, seines Sohns Ludwig und anderer Könige, die die heidnischen Königreiche zerstörten und den Grenzen der Christenheit einverleibten. Und mögen Euch ganz besonders das Heilige Grab des Herrn, Unseres Erlösers, dazu veranlassen – in der Gewalt von widerlichen Völkern, in der es sich befindet – und die heiligen Stätten, die jetzt von ihren schmutzigen Praktiken missbraucht und frevlerisch besudelt werden. O Ihr allermutigsten Krieger und Nachfahren siegreicher Ahnen, entsprecht an Mut den Erwartungen Eurer Vorväter und lasst Euch davon anfeuern.«

Die Ankunft (links) und Rede (rechts) von Papst Urban II. 1095 beim Konzil von Clermont. Französische Handschrift aus dem frühen 14. Jh.

Im Februar 1095 traf Papst Urban II. auf dem Weg nach Frankreich in Piacenza die Abgesandten von Kaiser Alexios I. Komnenos, der um Unterstützung gegen die Türken bat. Alexios' Reich war nicht in Gefahr, doch er benötigte Söldner, um die Zerstrittenheit unter den Seldschuken ausnutzen zu können. Der Hilferuf aus Konstantinopel kam Urban vermutlich recht gelegen: Dadurch verbesserten sich die Beziehungen zum Byzantinischen Reich, außerdem war er stark daran interessiert, die Muslime in Spanien zu bekämpfen. Bevor er in Clermont eintraf, suchte er wahrscheinlich noch den mächtigen Grafen Raimund von Toulouse auf, der ein großes Heer aufstellen konnte.

Gegen Ende des Konzils von Clermont, am 27. November, hielt der Papst vor den Toren der Stadt eine eindrucksvolle Rede: den Aufruf zum Kreuzzug. Der authentische Wortlaut ist nicht zweifelsfrei überliefert, aber viele zeitnahe Berichte schildern, dass er von der Bildung einer Armee sprach, um den Christen im Osten beizustehen und Jerusalem zu befreien. Die Teilnehmer des Kreuzzugs mussten ein Gelübde ablegen, den Weg Gottes bis zum Ende oder bis zu ihrem Tod zu befolgen. Dafür war ihr Hab und Gut durch die Kirche geschützt, und es wurden ihnen alle Sünden erlassen. Offenbar war das Ganze sorgfältig vorbereitet worden: Der Bischof von Le Puy kniete sofort nach der Rede als Erster nieder und bat, das »Kreuz« nehmen zu dürfen, die Boten des Grafen Raimund schlossen sich ihm an. Man legte gleich ein Datum für den Aufbruch fest, den 15. August 1096. Die Heere der Kreuzfahrer sollten sich bei Konstantinopel versammeln. Der Aufruf wurde enthusiastisch begrüßt, die Menge schrie immer wieder »Gott will es!«, und die anwesenden Bischöfe verstreuten sich, um die Botschaft zu verbreiten. Urban reiste predigend durch Frankreich und schrieb Briefe an andere Länder. Fürst Bohemund von Tarent stellte in Italien ein Heer auf, und Genua sandte eine Flotte.

Äußerst überraschend kam die Unterstützung aus Nordeuropa. Robert II. Graf von Flandern, Robert Herzog von der Normandie, Eustachius Graf von Boulogne, Stephan Graf von Blois, Hugo Graf von Vermandois (der Bruder König Philipps I. von Frankreich): Sie alle nahmen das Kreuz. Am erstaunlichsten war die Teilnahme von Gottfried von Bouillon, dem Herzog von Niederlothringen,

Robert der Mönch beschrieb Gottfried von Bouillon als einen Mann, der eher »wie ein Mönch im Gebet als wie ein Ritter wirkte«. Tatsächlich galt der Herzog von Niederlothringen, der den ersten Kreuzzug anführte, als fähiger Krieger und geschickter Diplomat. Daher sollte er 1099 erster Herrscher in Jerusalem werden. Dieses Fresko von Giacomo Jaquerio zeigt Gottfried als einen der idealen Ritter des Mittelalters, die als die »Neun Guten Helden« bekannt wurden.

der Lehnsmann von Kaiser Heinrich IV. war, dem politischen Gegner Urbans. Uns liegen keine exakten Zahlen vor, doch vermutlich versammelten sich im Juni 1097 etwa 60 000 Kreuzfahrer in Nicäa bei Konstantinopel, darunter 7000 Ritter.

Das war eine beachtliche Leistung. Jerusalem war weit weg, und die Reise war kostspielig: Gottfried hatte seine Ländereien verkauft, allerdings mit Rückkaufoption, sollte er jemals zurückkehren. Es war schwierig, derartige Massen an Männern und Pferden in Bewegung zu setzen. Ein Pferd braucht täglich ca. 11 kg Futter, ein Mensch etwa 900 g Brot, also hatte man Packpferde – Wagen konnten nur auf guten Wegen eingesetzt werden und eine Tagesration für 150 Männer transportieren. Daher mussten die Byzantiner, die von dem »Volkskreuzzug«, der im Sommer 1096 in ihrem Territorium auftauchte, ziemlich überrascht wurden, für die Verpflegung aufkommen.

Armeen zahlreicher als Sand am Meer

Die Heere nahmen unterschiedliche Wege nach Konstantinopel. Gottfried folgte dem Volkskreuzzug, der über Regensburg die Donau entlang zog und traf Weihnachten 1096 ein. Hugo von Vermandois reiste nach Süditalien und schiffte sich in Bari ein, erlitt bei

DER »VOLKSKREUZZUG«

Mit »Volkskreuzzug« bezeichnet man eine Reihe von Expeditionen, die das niedere Volk unternahm und die in Kleinasien in einem Desaster endeten. Peter der Einsiedler, ein charismatischer französischer Volksprediger, galt als ihr Anführer (was nicht immer zutraf). Jedenfalls war der Klerus froh, Peter und sein Gefolge nach 1099 als Gesindel abtun zu können.

Nordfrankreich brachte zu jener Zeit viele religiöse Führer hervor, die aus einfachen Verhältnissen stammten. Mitglied der undisziplinierten Truppe, die Peter folgte, war auch der Ritter Walter Sans-Avoir, den Peter mit weiteren acht Rittern und einigen Fußsoldaten als Vorhut losschickte. Ihre Ankunft im Rheinland löste Pogrome an den Juden aus – bereits in Frankreich hatte man »Ungläubige« hingemetzelt. Im Juli 1096 erreichte Walters Gruppe Konstantinopel, Peters Zug traf am 1. August ein. Anstatt die Ankunft des großen Kreuzfahrerheeres abzuwarten, führte Walter Peters Gefolge gegen das seldschukische Nicäa. Es wurde am 21. Oktober von den Türken vernichtend geschlagen. Bei der letzten Schlacht verfügte Peters Armee über 500 Ritter. Ähnlich wie bei den Kreuzfahrerheeren schien die Armee aus Edelleuten, Rittern, Infanterie und Nichtkämpfern zu bestehen. Hauptproblem der Truppe war die mangelnde Führung. Peter konnte religiös inspirieren, aber keine Schlacht befehligen.

Dyrrhachion (heute Durrës, Albanien) jedoch Schiffbruch. Von dort setzte er seinen Weg nach Konstantinopel fort, wo er im November 1096 ankam. Der Graf von Toulouse brach vermutlich im Dezember 1096 auf, durchquerte Italien und reiste die dalmatinische Küste entlang, wo sein Heer von Einheimischen angegriffen wurde. Er traf im Februar 1097 in Dyrrhachion ein. Sein großes Heer begann zu plündern, was zu Scharmützeln mit der byzantinischen Eskorte führte. Bohemund von Tarent traf zusammen mit seinem Neffen Tankred im April 1097 in Konstantinopel ein. Er hatte früher gegen die Byzantiner gekämpft und mag Dyrrhachion umgangen haben, um Feindseligkeiten zu vermeiden.

Robert von der Normandie, Robert von Flandern und Stephan von Blois brachen im Herbst 1096 auf. Robert von der Normandie verpfändete sein Herzogtum für 10 000 Silbermark an seinen Bruder, König William II. von England (1087–1099), um den Kreuzzug zu finanzieren. Als sie in Süditalien ankamen, riskierte nur Robert von Flandern die Adriaüberfahrt im Winter, die anderen erreichten Konstantinopel erst im Mai 1097. Auch kleinere Gruppen machten sich gen Osten auf. Vor den Heeren lag eine beschwerliche Reise, bei der sie nicht immer freundlich aufgenommen wurden. Daher war es wichtig, sich mit dem Verbündeten Kaiser Alexios gut zu stellen.

Warum war die Resonanz auf Urbans Aufruf zum Kreuzzug derart groß? Ganz Europa befolgte ihn enthusiastisch, und die Begeisterung war so groß, dass Urban den Spaniern die Teilnahme verweigern konnte, wenn sie nicht die Reconquista schwächten. Die Motive der Kreuzfahrer waren wohl in erster Linie religiöser Natur, dass dabei aber auch andere Faktoren eine Rolle spielten, verdeutlicht der zweite Kanon des Konzils von Clermont, in dem es heißt: »Wer auch immer aus reiner Hingabe, und nicht um Ehre oder Geld anzuhäufen, hingeht, um die Kirche Gottes in Jerusalem zu befreien, dem seien alle Sünden vergeben.« Urban verkündete eine kämpferische Pilgerfahrt, bei der man durch Gemetzel erlöst würde, doch für die Idee des »gerechten Kriegs« hatte sich ja bereits Augustinus stark gemacht. Ziel der Pilgerfahrt war die Eroberung Jerusalems, der höchsten heiligen Stätte des westlichen Christentums.

Mit der Vorstellung eines Heiligen Kriegs waren die Europäer schon durch den Kampf gegen den Islam in Spanien vertraut gemacht worden. Mancher Kreuzfahrer war wohl tatsächlich von Frömmigkeit getrieben: Achard von Montmerle, der während der Belagerung von Jerusalem 1099 starb, verkaufte Land an das Kloster von Cluny, »denn ich möchte vollauf gerüstet an dem wunderbaren Feldzug des Christenvolkes teilhaben, das mit Gottes Hilfe nach Jerusalem vordringt, um gegen Heiden und Sarazenen zu kämpfen«.

Die Anführer der Kreuzzüge hatten unterschiedliche Beweggründe. Die Grafen von Toulouse, Blois und Flandern waren immens reich; es kann ihnen daher schlecht ums Beutemachen gegangen sein, als sie sich das Kreuz auf ihr Überkleid hefteten. Gottfried von Bouillon und Robert von der Normandie befanden sich in ernsthaften politischen Schwierigkeiten. Bohemund von Tarent war ein ehrgeiziger Fürst, der noch mehr Reichtümer anhäufen wollte. Junge Männer wie Tankred und Baldwin von Boulogne waren wohl darauf aus, in den Besitz von Land zu kommen. In dieser Hinsicht waren sie vielleicht nicht die einzigen.

Möglicherweise verhindert unsere freigeistige Haltung, dass wir die spirituellen und religiösen Motive der mittelalterlichen Menschen wirklich nachvollziehen können. Die Idee vom Heiligen Krieg war seinerzeit allgemein anerkannt, sie wurde jedoch meist dahingehend interpretiert, dass man durch das Töten des Feindes zur Erlösung gelange. Spirituelle Verdienste waren bedeutend. Das Versprechen Urbans, durch die Teilnahme am Kreuzzug Ablass für alle Sünden zu erhalten, verlieh der Vorstellung zusätzliche Dynamik. Er verbot keine Plünderungen oder Profite, er bestand nur darauf, dass sie kein vorrangiges Motiv seien. Weltliche Erfolge wurden damals als Zeichen göttlicher Zustimmung gedeutet, und der Ausgang einer Schlacht galt als Schiedsspruch Gottes.

Oben und links: *Ritter und Fußsoldaten brechen zum ersten Kreuzzug und zum »Volkskreuzzug« (links) auf, angeführt von Peter dem Einsiedler. Die Miniaturen stammen aus* Abreviamen de las Estorias, *einem provenzalischem Bericht über die Kreuzzüge, der Anfang des 14. Jhs. verfasst wurde. Der Aufruf des Papstes mobilisierte in Europa Zehntausende Menschen. Unter einer Armee hatte er sich eine geordnete Truppe vorgestellt, die aus Rittern und Fußsoldaten aus den Rängen des militärischen Adels bestand. Er hatte nicht damit gerechnet, dass sich zerlumpte Horden wie die von Peter dem Einsiedler (Schätzungen zufolge waren es 15 000 Menschen) ins Heilige Land aufmachen würden. Mittelalterliche Chronisten lehnten den Enthusiasmus der Armen ab und befürchteten, dies führe zur Häresie. Albert von Aachen schrieb: »Das Zusammenrotten dieser Leute hatte etwas abscheulich Sündhaftes an sich. Sie waren stumpfsinnig und dem Wahnsinn nahe, etwas, was Gott verabscheut und was für alle Getreuen unfasslich ist. Sie behaupteten, eine gewisse Gans sei vom Heiligen Geist beseelt, auch ein weibliches Tier war dabei, und diese erkoren sie zu den Führern für ihre heilige Reise nach Jerusalem; sie verehrten sie sogar ausgiebig, und als die Gänse den Truppen voranflatterten, glaubten viele, sie würden den wahren Weg weisen, da sie vom Heiligen Geist geleitet seien.«*

DER FELDZUG IN ANATOLIEN

Kaiser Alexios verlangte, dass die Kreuzfahrer einen Treueeid auf ihn schworen sowie zusicherten, alle zukünftigen Eroberungen an die Byzantiner zurückzugeben. Raimund von Toulouse weigerte sich, ein Vasall des Kaisers zu werden, legte jedoch einen abgeschwächten Eid ab: Er schwor, das Leben des Kaisers, seine Ehre und seine Interessen zu respektieren. Im Gegenzug versprach Alexios den Kreuzfahrern militärische und logistische Unterstützung. Der Chronist Fulcher von Chartres notierte: »Es war unerlässlich, dass alle die Freundschaft mit dem Kaiser suchten; ohne seinen Rat und seine Hilfe konnten weder wir noch jene, die uns folgen sollten, die beschwerliche Reise unternehmen.«

Der darauffolgende Feldzug in Anatolien ermöglichte es Alexios Anfang 1098, große Teile Westanatoliens wieder in seinen Besitz zu bekommen – die Allianz funktionierte, da die Kreuzfahrerarmee eroberte Städte nicht besetzen musste. Am 6. Mai hatten Gottfried von Bouillon, Bohemund von Tarent, Robert von Flandern und Hugo von Vermandois mit der Belagerung von Nicäa begonnen, der Hauptstadt des Reichs der Rumseldschuken. Die seldschukischen Streitkräfte waren fähige Krieger, das Gros des Heeres von Sultan Kilic Arslan (1092–1107) stand jedoch im westlichen Armenien, wo es gegen die danismanidischen Türken kämpfte. Nicäa war von einem 10 m hohen römischen Wall umgeben, der 5 km lang und mit 114 Wehrtürmen versehen war. Die alte Stadt

EDESSA: DER ERSTE KREUZFAHRERSTAAT

Während der Ausweitung des Byzantinischen Reichs hatten sich viele Armenier in Kikilien, Nordsyrien und in den Städten Antiochia und Melitene angesiedelt. Sie praktizierten zwar ein anderes Christentum als Rom und die griechische Bevölkerung, unter die sie sich gemischt hatten, standen dem westlichen Christentum jedoch positiv gegenüber. Als das Byzantinische Reich nach der Schlacht von Manzikert 1071 zusammenbrach, wurden die Armenier in Edessa autonom. Dort residierte der armenische Fürst Thoros, der sich von den Türken bedroht fühlte. Er ersuchte Konstantinopel um Hilfe und hat dort am Hof wahrscheinlich Kreuzfahrer getroffen. Das würde erklären, warum die westlichen Heere in Kikilien als Befreier willkommen geheißen wurden. Balduin von Boulogne, der Bruder von Eustachius von Boulogne, wurde von Thoros um Unterstützung gegen die Türken gebeten und von dem kinderlosen Fürsten adoptiert. Bei einem Aufstand der Bevölkerung gegen den verhassten Fürsten Thoros wurde dieser erschlagen. Im März 1098 bestieg Balduin an seiner Stelle den Thron von Edessa und nennt sich Graf von Edessa. Er unterwarf die meisten Städte und befestigten Orte westlich und östlich des Euphrats. Der erste Kreuzfahrerstaat im Nahen Osten war errichtet.

war in Form eines Ds angelegt: Der westliche Teil des Walls, der Strich im D, grenzte an den Askanischen See. Sofern der Angriff also nicht vom Wasser aus erfolgte, mussten die Belagerten nur den halben Wall verteidigen. Unterstützt von 2000 byzantinischen Fußsoldaten gruppierten sich die Kreuzfahrer um den Wall. Sie setzten Schutzdächer ein – hölzerne, überdachte Türme auf Rädern, die an den Wall herangerollt wurden und aus deren Innern man den Feind beschießen konnte. Bogenschützen und Katapulte kamen ebenfalls zum Einsatz. Trotzdem gelang es nicht, die Stadt einzunehmen. Alexios ließ eine Flotte über den See befördern, und am 19. Juni, nach einer Geheimverhandlung mit den Byzantinern, kapitulierten die Seldschuken. Alexios verwehrte den Kreuzfahrern den Zutritt zur Stadt, die sich dadurch um die erhoffte Beute geprellt sahen. Zum Ausgleich beschenkte sie der Kaiser reich und bat seinen General Tatikios, einen Teil des Kreuzzugs zu führen. Er riet den Kreuzfahrern auch, Boten nach Ägypten zu senden: Die dortigen fatimidischen Machthaber hassten die Seldschuken.

Am 26. Juni brach die Armee von Nicäa auf. Nächstes Ziel war Dorylaion, das Tor zur anatolischen Hochebene. Das Heer teilte sich in zwei Abteilungen: Die erste stand unter dem Befehl von Bohemund, Robert von der Normandie und Stephan von Blois; die zweite folgte im Abstand von einigen Meilen. Kilic Arslan, der mit einer 10 000 Mann starken Reiterarmee zurückgekehrt war, griff die erste Abteilung in einem Tal, das nach Dorylaion führte, an. Fulcher von Chartres berichtete: »Die Türken preschten heran, heulten laut und ließen Pfeilsalven auf uns herabregnen. Zu Tode erschreckt und mit vielen Verwundeten ergriffen wir sofort die Flucht. Und das war kein Wunder; diese Art von Kriegsführung war uns völlig fremd.« Der Sultan hatte einen Überraschungssieg errungen, wurde jedoch von der anrückenden zweiten Abteilung geschlagen.

Damit stand den Kreuzfahrern der Weg nach Kleinasien offen. Die Sommerhitze verlangte von Männern und Pferden einen hohen Tribut, auch die Nahrungsmittel wurden knapp. Trotzdem gelangten sie schließlich nach Herakleia (heute Eregli). Nächstes Ziel war Antiochia (heute Antakya), nach Damaskus die größte syrische Stadt. Eine kleine Einheit wählte die schnellste Route über das Taurusgebirge hinunter nach Tarsus und dann nach Syrien. Die restliche Armee zog über Kaisareia (heute Kayseri), wo sie die Armenier von den Türken befreite. Dadurch schuf sie sich ein Rückzugsgebiet, das beim Angriff auf Antiochia von Nutzen war. Am 20. Oktober 1098 standen die Kreuzfahrer vor den Mauern Antiochias.

Gegenüber: *Gottfried von Bouillon leitet die Belagerung einer Stadt. Aus einer französischen Handschrift des 14. Jhs. Die Kreuzfahrer benutzen einen Holzturm auf Rädern, der an die Festungsmauern herangerollt werden konnte. Eine ähnliche Konstruktion wurde auch bei der Belagerung von Nicäa eingesetzt.*

Unten: *Eine englische Aquamanile (13. Jh.; ein Krug, der bei Tisch zum Händewaschen benutzt wurde) in Form eines Ritters zu Pferde. Ursprünglich hielt er eine Lanze und einen Schild, die verloren gingen. Pferde spielten bei den Kreuzzügen auf beiden Seiten eine wichtige Rolle. Beim ersten Kreuzzug wurden die Pferde über Land geritten, später brachte man sie mit dem Schiff ins Heilige Land. Ein Großteil der islamischen Streitkräfte bestand aus türkischen Kriegern, einem sehr erfahrenen Reitervolk.*

DIE BELAGERUNG VON ANTIOCHIA

DIE HEILIGE LANZE

Die vom Heer Karbugas belagerten Kreuzfahrer in Antiochia sind verzweifelt, doch ein »Wunder« stellt ihren religiösen Eifer wieder her. Am 10. Juni behauptet ein armer Pilger, Peter Bartholomäus, der heilige Andreas habe ihm im Traum enthüllt, dass die Heilige Lanze, mit der Christus in die Seite gestochen wurde, in der St.-Peters-Kathedrale von Antiochia vergraben sei. Außerdem hätte ihm Christus selbst verkündet, dass die Armee einen Sieg erringen würde. Der päpstliche Legat, der Bischof von Le Puy, ist skeptisch. Doch am 14. Juni findet man die Lanze tatsächlich an der offenbarten Stelle. Dieses Ereignis und noch ein »Wunder« – ein Meteorit fiel in Karbugas Lager, und er zog sein Heer von der Stadt ab – verleihen der Moral der Kreuzfahrer unglaublichen Auftrieb. Am 28. Juni machen sie, die Lanze vor sich her tragend, einen Ausfall und besiegen Karbugas Heer. Der Sieg war auch auf Bohemunds geschickte Kriegstaktik und die an diesem Tag verstreuten Truppen Karbugas zurückzuführen. Doch ohne die »Inspiration Gottes« hätte die halb verhungerte Armee niemals einen Angriff gewagt. Die Lanze wurde eine hoch geschätzte Reliquie.

Antiochia bildete eine Festung, wie sie die Kreuzfahrer noch nie gesehen haben. Ihre dicken Mauern erstreckten sich über 16 km, die Hälfte davon lag in unzugänglichem Berggebiet. Man konnte sie also nicht umzingeln, daher entschlossen sich die Kreuzfahrer, sie durch Belagerung auszuhungern. Ein langwieriger Prozess, der sieben Monate dauern würde und bei dem die Belagerer ständigen Überfällen durch Türken aus dem Hinterhalt ausgesetzt waren. Als der Winter kam, wurde die Lebensmittelknappheit dramatisch. Weihnachten 1097 sahen sich die Kreuzfahrer gezwungen, einen Trupp unter der Führung Bohemunds nach Syrien zu entsenden, um Nahrung zu beschaffen. Am 31. Januar lieferte sich die Truppe nahe al-Bara ein Gefecht mit einer Einheit Duqaqs von Damaskus. Sie konnte zwar zurückgeschlagen werden, doch die Truppe kehrte mit leeren Händen zurück. Menschen und Pferde verhungerten, daher reiste General Tatikios nach Konstantinopel, um Hilfe zu holen. Nun griff das Heer von Ridwan von Aleppo, dem Bruder und Rivalen Duqaqs, an. Der zahlenmäßig unterlegenen Truppe Bohemunds gelang es, den Feind in die Flucht zu schlagen und Harim einzunehmen. Die Armee konnte sich wieder auf Nahrungssuche begeben.

Am 4. März 1098 traf eine Flotte mit Versorgungsgütern und Baumaterial aus Konstantinopel in St. Symeon ein, und die Kreuzfahrer errichteten vor dem Brückentor Antiochias ein Fort. Trotz erbittertem Widerstand konnten sie bald alle Haupttore abriegeln. Die Nachricht von Balduins Einnahme Edessas hob zusätzlich die Stimmung. Gleichzeitig schlossen die Kreuzfahrer eine Allianz mit den fatimidischen Herrschern von Ägypten. Der Gouverneur von Antiochia, Yagi Siyan, hatte den Emir Karbuga von Mosul um Hilfe gebeten. Karbuga stellte eine riesige seldschukische Armee auf und belagerte Edessa vom 4. bis zum 25. Mai, eine deutliche Warnung an die Kreuzfahrer von Antiochia. Inzwischen hatte sich der Wachmann eines Turms erboten, die Stadt an Bohemund zu verraten, der dafür die Herrschaft über Antiochia verlangte. Die anderen Anführer weigerten sich und sahen dies als Eidesbruch gegenüber Kaiser Alexios. Doch die Gefahr durch das herannahende Heer Karbugas war zu groß, und schließlich willigten sie ein, unter der Bedingung, dass die Stadt an Alexios gehen würde, wenn er dies wünsche.

In der Nacht des 2. Juni drang eine Elitetruppe der Kreuzfahrer in Antiochia ein, am nächsten Tag wurde ein großer Teil der Einwohner massakriert. Am 4. Juni kam Karbugas Heer, und die Besatzer wurden zu Belagerten. Es gab praktisch keine Nahrungsmittel mehr, Verzweiflung machte sich breit. Letzte Hoffnung war die Hilfe Alexios', doch diesem hatte Stephan von Blois, der geflohen war, erklärt, Antiochia und alle Ritter seien verloren. Daraufhin zog der Kaiser seine Armee, die bereits unterwegs gewesen war, zurück.

Die Überlebenden des Kreuzzugs in Antiochia waren völlig demoralisiert. Doch das »Wunder der Lanze« (siehe Seite 42) spornte ihren religiösen Eifer und ihren Lebensmut derart an, dass sie das Heer Karbugas am 28. Juni vernichtend schlagen konnten.

Damit war der Weg nach Jerusalem frei, doch die Kreuzfahrer waren erschöpft und hofften vielleicht, dass die ägyptische Allianz die Stadt kampflos übergeben würde. Man schickte eine Gesandschaft an Alexios – um den geleisteten Eid einzuhalten, obwohl sich die Kreuzfahrer von ihm im Stich gelassen fühlten – und verschob den Aufbruch nach Jerusalem auf den 1. November. Alexios würde Antiochia für sich beanspruchen. Inzwischen übernahm Bohemund die Herrschaft über die Stadt und überwarf sich deswegen mit Raimund von Toulouse. Der Streit eskalierte, und schließlich weigerte sich Bohemund, mit nach Jerusalem zu ziehen. Als die anderen Anführer abgezogen waren, warf er Raimunds Männer aus Antiochia hinaus. Die Einigkeit der Kreuzfahrer war empfindlich gestört.

Ritter in Antiochia im Kampf gegen Muslime; aus einer französischen Handschrift (ca. 1200). Jahrhundertelang wurde in der Region um religiöse Vorherrschaft gerungen. 638 wurde die byzantinische Stadt, in der das Wort »Christ« zum ersten Mal verwendet worden war, von Arabern erobert. 969 fiel sie nach langer Belagerung durch Verrat wieder an die Byzantiner. Beim Kreuzzug 1097 schlug der byzantinische General eine ähnliche Taktik vor, doch die Kreuzfahrer kesselten die Stadt lieber ein. Es gelang ihnen jedoch nicht, die enorm starke Festung einzunehmen, und schließlich wurde sie durch den Verrat eines unzufriedenen Wachmanns einer der drei Wehrtürme erobert, der die Kreuzfahrer durch ein Fenster einließ.

DER WEG NACH JERUSALEM

Am 1. August 1098 starb Bischof Adhémar von Le Puy an einer Seuche. Damit fehlte dem Kreuzzug nicht nur ein Vertreter Roms, Adhémar hatte es auch verstanden, zwischen den zerstrittenen Fürsten zu vermitteln. Raimund und Bohemund waren wegen der Herrschaft über Antiochia immer noch verfeindet. Raimund führte einen Teil der Armee nach Süden und griff am 28. November die Stadt Maarrat an. Gottfried von Bouillon und Robert von Flandern waren in Antiochia geblieben, denn offenbar diente Raimunds Aktion nur der Eroberung eines eigenen Machtgebiets. Maarrat leistete heftige Gegenwehr, wurde aber am 11. Dezember unter besonders brutalem Gemetzel eingenommen. Die Einwohner wurden von den Kreuzfahrern geköpft, da diese glaubten, sie hätten Geld verschluckt. Wer nicht massakriert wurde, wurde als Sklave verkauft. Die Armee litt immer noch Hunger, und in ihrer Verzweiflung sollen die Kreuzfahrer zu Kannibalen geworden sein. Raimund unternahm daher Raubzüge in feindliches Gebiet, um für seine Leute ausreichend Nahrung zu beschaffen.

Im Januar 1099 rief Raimund bei Maarrat einen Rat ein und bot denjenigen, die bereit waren, seine Führung bis Jerusalem anzuerkennen, Geld an. Bohemund beharrte darauf, in Antiochia zu bleiben, Gottfried von Bouillon und Robert von Flandern wollten sich Raimund nicht unterordnen und folgten dem Kreuzzug später nach. Am 13. Januar brach ein Teil der Armee unter Raimunds Leitung auf. Robert von der Normandie und Tankred waren bei ihm.

Der Abrahamsteich in der Halil-Rahman-Moschee in Urfa, südöstliche Türkei, dem Geburtsort Abrahams. Die Moschee wurde 1211 an der Stelle erbaut, an der die Byzantiner 504 die Marienkirche errichtet hatten. Urfa ist das einstige Edessa, die Residenz des ersten Kreuzfahrerstaates, der von Balduin von Boulogne, dem Nachfolger des armenischen Fürsten, gegründet wurde. Balduins Einnahme von Edessa und Bohemunds Herrschaft über Antiochia zeigten, dass Skrupellose reiche Beute machen konnten. Viele Kreuzfahrer blieben offenbar lieber in Nordsyrien, anstatt nach Jerusalem zu ziehen. Edessa blieb bis 1144 in der Hand der Kreuzfahrer, dann wurde es vom Heer Zangis (siehe Seiten 54–55) erobert.

Manchmal erwies sich der Handel mit dem Feind profitabler als der Kampf. Auf dem Weg der Kreuzfahrer nach Jerusalem lagen viele Städte, deren Herrscher kein Interesse daran hatten, dass ihr Gebiet durch einfallende Heere verwüstet wurde; da zahlten sie lieber Geld. Das bereicherte die Kreuzfahrer und ließ sie rasch und unbehelligt ans Ziel kommen. Als die Armee durch Syrien marschierte, bezahlten die Fürsten von Shaizar und Homs einen Tribut an die Kreuzfahrer.

Sie beschlossen, nicht über das Landesinnere nach Damaskus zu ziehen, sondern an der Küste entlangzureisen, wo man auf die Unterstützung befreundeter Flotten hoffen durfte. Doch als sie sich dem Herrschaftsgebiet von Tripoli näherten, standen sie vor einem Dilemma. Tripoli unterstand den Fatimiden, mit denen die Kreuzfahrer einen Allianz gegen die Seldschuken gebildet hatten. Man hoffte, dass die Fatimiden Jerusalem übergeben würden, und erwartete die Rückkehr der Boten, die man nach Ägypten geschickt hatte. Raimund überredete seine Männer, die Stadt Arqa, die zu Tripoli gehörte, anzugreifen, und unternahm weitere Raubzüge in der Region. Er wollte Arqa gar nicht erobern, er hoffte nur, dass der Emir von Tripoli ihm eine große Summe geben würde, damit sein Heer weiterziehe.

Gottfried von Bouillon und Robert von Flandern waren in Antiochia geblieben, jetzt drängte ihr Gefolge, die Reise fortzusetzen, und im Februar brachen sie auf. Sie wollten Raimund bei der Belagerung Arqas aber nicht beistehen und besetzten stattdessen Jabala. Erst als es hieß, Raimunds Armee sei in Gefahr, kamen sie herbeigeeilt, und sofort begannen die Fürsten wieder, über die Anführerschaft des Kreuzzugs zu streiten. Raimund wollte Arqa einnehmen und auf die Hilfe von Kaiser Alexios warten, doch Gottfried und seine Freunde wollten nichts davon wissen. Die Armee wiederum wurde langsam unruhig und wollte sich auf den Weg nach Jerusalem machen.

Im Mai 1099 traf ein ägyptischer Botschafter ein. Die Fatimiden weigerten sich, Jerusalem zu übergeben. Die Kreuzfahrer drangen umgehend in fatimidisches Gebiet ein und überrumpelten die Ägypter. Diese hatten in Palästina kein Heer stehen und Jaffa, den Hafen Jerusalems, zerstört, da sie dort keine Streitkräfte hatten, um ihn zu verteidigen. Die Küstenstädte Beirut, Akkon und Caesarea zahlten daher bereitwillig einen Tribut an die Kreuzfahrer. Ohne einen Gegenangriff der Ägypter abzuwarten, marschierten sie rasch weiter südwärts und lagerten schließlich am 7. Juni 1099 vor den Toren Jerusalems.

DER PREIS DER FÜHRERSCHAFT

Laut Raimund von Aguilers wollte Raimund von Toulouse, der reichste Anführer des Kreuzzugs, »dem Herzog [Gottfried von Bouillon] zehntausend *Solidi* geben, die gleiche Summe an Robert von der Normandie zahlen, sechstausend an den Grafen von Flandern, fünftausend an Tankred und die anderen Fürsten entsprechend entlohnen«, damit er die Führung übernehmen durfte. Offensichtlich richtete sich das jeweilige Angebot nach der Heeresgröße der Adligen. Der gleiche Chronist berichtet: »Er [Tankred] hatte fünftausend *Solidi* und zwei sehr edle Pferde erhalten, damit er einwillige, bis nach Jerusalem in [Raimunds] Diensten zu stehen.«

Sarazenen im Kampf gegen die Kreuzfahrer, aus Roman de Godefroy de Bouillon et de Saladin, *einem französischen Ritterroman (14. Jh.) über die frühen Kreuzzüge.*

DIE EINNAHME DER HEILIGEN STADT

Karte von Jerusalem und Umgebung (12. Jh.) zur Zeit christlicher Herrschaft. Der untere Teil zeigt Ritter, die Muslime verjagen.

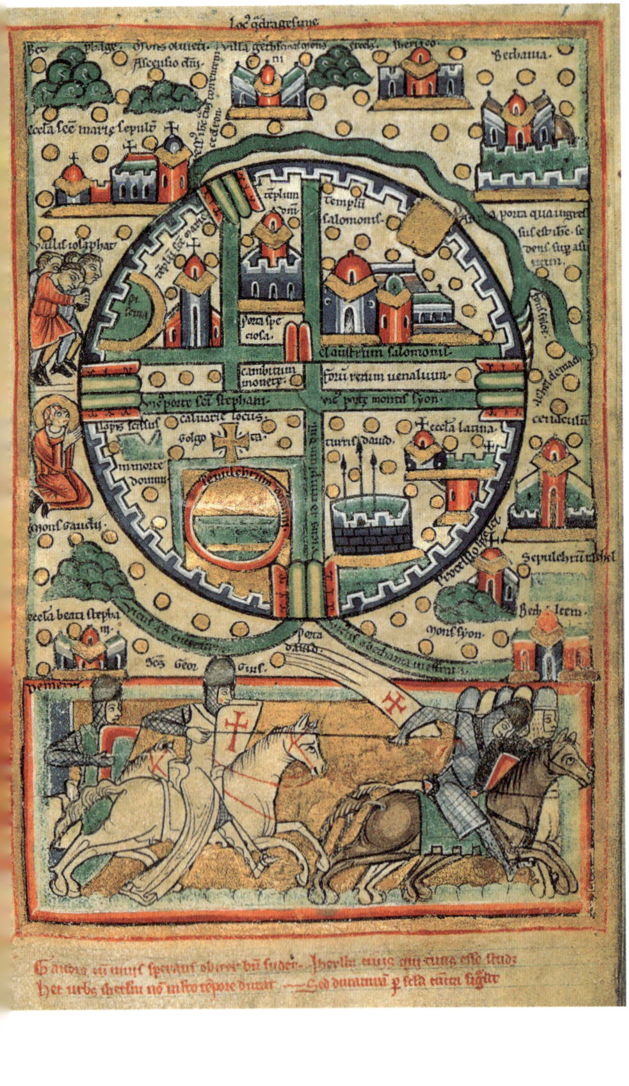

Jerusalem liegt auf einem Gebirgskamm, im Osten und Westen von tiefen Abhängen flankiert. Die nördliche Stadtmauer war nicht so stark befestigt, doch damals wurde sie durch einen Graben und eine Außenmauer verstärkt. Die südliche Stadtmauer grenzt an ein kleines Plateau, war aber ebenfalls mit einem Graben versehen. Vor der Ankunft der Kreuzfahrer am 6. Juni 1099 hatte der ägyptische Statthalter die Mauern ausgebessert und alle Bäume rings um die Stadt fällen lassen; es gab also kein Holz, mit dem man Belagerungsmaschinen hätte bauen können.

Die Kreuzfahrer wussten, dass die Stadt Verstärkung aus Ägypten erhalten würde, und gingen am 13. Juni zum Angriff über, obwohl sie nur eine Leiter und keinen Belagerungsturm hatten. Sie scheiterten und zogen sich zu einer Lagebesprechung zurück. Am 17. Juni landete eine Kreuzfahrerflotte in Jaffa, die von ägyptischen Schiffen aufgebracht wurde. Es gelang den Kreuzfahrern jedoch, Versorgungsgüter und das Holz der zerlegten Schiffe an sich zu bringen.

Man beschloss, die Stadt von zwei Seiten anzugreifen. Die Nordfranzosen unter Gottfried bauten am nordwestlichsten Punkt einen Belagerungsturm und einen Rammbock. Raimund engagierte einen Schiffskapitän aus Genua, um an der Südseite einen Turm zu bauen und den Graben aufzufüllen. Auch Katapulte, Leitern und große Holzschilder (gegen Pfeilsalven) wurden gefertigt. Die Verteidiger der Stadt verstärkten die Mauern gegenüber den Belagerungstürmen der Angreifer und stellten vierzehn Katapulte auf; neun davon richteteten sich auf Raimunds Turm.

Am 8. Juli unternahmen die Kreuzfahrer mit bloßen Füßen eine Prozession um die Stadt, und die Anführer versöhnten sich öffentlich. Am 10. Juli gingen die Franken zum Angiff über, indem sie ihren Belagerungsturm, ihren Rammbock und die Katapulte weiter östlich an der Nordmauer in Position brachten. Ein mühseliges Unterfangen, das den ägyptischen Statthalter aber zwang, an dieser Stelle neue Katapulte aufzustellen, außerdem musste er ja gleichzeitig die Südmauer verteidigen. Am 13. Juli durchbrachen die französischen Rammböcke die Außenmauer im Norden, am 14. Juli wurde der Belagerungsturm an die innere Mauer gebracht. Die sich im Turm befindenden Ritter konnten so den anderen, die zum Angriff mit Leitern übergingen, Deckung geben. Raimunds Turm an der südlichen Mauer war am Morgen des 15. Juli durch gegnerische Katapulte zerstört worden, ein herber Rückschlag. Gottfried von Boullions Männern an der Nordmauer gelang es jedoch, in die Stadt einzudringen, dicht gefolgt von Tankreds Einheit, die den Tempelberg besetzte, während Gottfried die Stadttore öffnete. Der ägyptische Statthalter und sein Gefolge hatten sich im Süden in den Davidsturm geflüchtet. Raimund versprach ihm und seinen Männern freies Geleit, wenn er den Turm übergeben würde, und er kapitulierte. Jerusalem war in christlicher Hand. Alle Muslime und Juden, die nicht flüchten konnten, wurden massakriert.

Die Kreuzfahrer feierten ihren Triumph und fanden sich als fromme Pilger zum Dankgebet in der Grabeskirche ein. Am 22. Juli wurde Gottfried zum Herrscher über die Stadt erkoren. Er lehnte den Königsrang ab und und nahm stattdessen den Titel Anwalt (oder Verteidiger) des Heiligen Grabes an. Der Kaplan von Robert von der Normandie, Arnulf von Rohes, wurde zum Patriarchen ernannt. In Askalon lauerte noch die ägyptische Streitmacht. Sie wurde aber von den beflügelten Kreuzfahrern vernichtend geschlagen. Fürs Erste war die Herrschaft über das Heilige Land gesichert, und ein Großteil der siegreichen Armee konnte nach Hause zurückkehren.

»DAS BLUT DER HEIDEN«

In seinem jubelnden Bericht über die Einnahme Jerusalems verherrlicht Raimund von Aguilers das Massaker an den Muslimen als Rache Gottes an denjenigen, die die Heilige Stadt entweiht hatten:

»Es sollte genügen, zu schildern, dass die Kreuzfahrer im Tempel Salomons [die al-Aksa-Moschee] und im Portiko bis an die Zügel ihrer Pferde im Blut ritten. Nach meinem Gutdünken war es eine ausgleichende Gerechtigkeit, dass der Tempel Salomons im Blut der Heiden, die Gott dort so viele Jahre lästerten, ertrinken sollte. Jerusalem war mit Leichen übersät und mit Blut befleckt ... Ein neuer Tag, neue Freude, ungekannte, ewige Glückseligkeit und der Lohn für unsere Mühen und Liebe; er brachte bei allen neue Lobgebete und neue Lieder für den Herrn hervor.«

DAS MASSAKER VON 1099

Das Gemetzel, das 1099 während und nach der Eroberung Jerusalems stattfand, ist legendär geworden – wohl auch, weil muslimische Chronisten genau darüber berichteten, um Stimmung für den *Dschihad* zu machen. Manche Muslime überlebten, nahmen eine bedeutende Koranausgabe mit sich und ließen sich in einem Vorort von Damaskus nieder. Die Kreuzfahrer zündeten eine Synagoge an, in die sich Hunderte von Juden geflüchtet hatten. Ein Großteil der Juden verbrannte. Einige wenige wurden gefangen und konnten sich freikaufen lassen.

Die schlimmste Gräueltat ereignete sich am Morgen nach der Einnahme. Tankred hatte einer Gruppe von Muslimen auf dem Dach der al-Aksa-Moschee Schutz gewährt, doch ehe er sie retten konnte, wurden sie von anderen Kreuzfahrern umgebracht. Das größte Blutbad ereignete sich, als die Kreuzfahrer in die Stadt einfielen. Der jahrelange, qualvolle Marsch, die auf dem Weg ausgefochtenen, erbitterten Kämpfe und die vielen Entbehrungen führten anscheinend dazu, dass die Kreuzfahrer die Stadt möglichst rasch und effektiv von den »Gottesfeinden« befreien wollten. Je eher die sagenhafte Stadt in christliche Hände fiel, umso besser. Man darf nicht vergessen, dass Jerusalem von den Christen seit dem 4. Jahrhundert mit einem himmlischen Platz auf Erden gleichgesetzt wurde. Die Kreuzfahrer glaubten wirklich, dass ihre Waffen von Gottes Hand geführt wurden.

Im Schlachtgetümmel konnten wahrscheinlich einige entkommen. Die östliche und die westliche Stadtmauer Jerusalems waren praktisch unbewacht, da sich alle Kreuzfahrer im Innern der Stadt befanden.

EXPANSION DES LATEINISCHEN ORIENTS

DAS SCHICKSAL DER GEFANGENEN DES »BLUTFELDS«

Walter, Kanzler des Fürstentums von Antiochia, der selbst gefangen genommen wurde, berichtet, wie mit den Gefangenen nach der vernichtetenden Niederlage bei Aleppo 1119 verfahren wurde:

»Manche ... wurden kopfüber an einem Seil aufgehängt und ständig mit Pfeilen beschossen. Es war ein schreckliches Gemetzel. Manche wurden bis zur Hüfte, zum Bauchnabel oder zum Kinn in einer Grube begraben, dann schwangen die Gottlosen ihre Speere und beendeten das kummervolle Leben der Christen. Manche wurden mit abgeschlagenen Gliedern auf [Aleppos] Plätze und Viertel geworfen.«

Bohemunds Übernahme von Antiochia kam einer Kriegserklärung an das Byzantinische Reich gleich. Nun galt es, einen Landweg zwischen Europa und den Kreuzfahrerstaaten aufzubauen, denn ohne freien Zugang würden diese Brückenköpfe bald verwaisen und der Nachschub von Menschen aus dem Westen wäre ein ständiges Problem. Daher sicherte man sich die Unterstützung der italienischen Seefahrerstaaten, denen daran gelegen war, Handelsniederlassungen im Osten zu gründen. Sie halfen Jerusalem bei der Eroberung von Küstenstädten und erhielten dafür Handelsprivilegien.

1100 starb Gottfried von Bouillon, und sein Bruder wurde König Balduin I. von Jerusalem (1100–1018). Mithilfe von Schiffen aus Genua gelang es ihm 1101, Arsuf und Caesarea einzunehmen, 1104 eroberte er Akkon. 1110 wurden Beirut und Sidon besetzt, Tyros widersetzte sich 1112 einer Übernahme, konnte aber 1124 mit Unterstützung der Venezianer überwältigt werden. Eroberungen gelangen auch ohne italienische Hilfe. 1102 plünderte Raimund von Toulouse Tortosa, 1104 griff er Tripoli an und errichtete dort als Stützpunkt eine Kreuzfahrerburg. 1109, vier Jahre nach dem Tod Raimunds wurde sein Sohn Bertram Graf von Tripoli.

DER VERGESSENE KREUZZUG VON 1101

Die Eroberung Jerusalems 1099 wurde in ganz Europa enthusiastisch aufgenommen, gleichzeitig wussten viele, unter ihnen der neue Papst Paschalis II., dass die Kreuzfahrer beschützt werden mussten. Eine Gelegenheit für diejenigen, die 1095 in Europa geblieben waren, sich nun einem Kreuzzug anzuschließen. Stephan von Blois und Hugo von Vermandois sahen sich gezwungen, erneut aufzubrechen. Im März 1101 traf eine italienische Streitmacht in Konstantinopel ein, im Mai kamen die Franken unter der Führung von Stephan von Blois. Kaiser Alexios ernannte Raimund von Toulouse zum obersten Führer des Kreuzzugs.

Vor dem Aufbruch nach Syrien bestanden die Italiener darauf, zuerst Bohemund von Tarent zu befreien, der in türkische Gefangenschaft geraten war. Daher führte Raimund seine Männer nach Nordanatolien. Dort wurden sie von einem Verbund islamischer Streitmächte umzingelt und im Juli 1101 vernichtend geschlagen. Raimund, Stephan und einigen anderen Führern gelang die Flucht.

Graf Wilhelm von Nevers befehligte eine kleine, wohl disziplinierte Armee. Er setzte Raimund von Konstantinopel aus nach, konnte ihn aber nicht aufspüren. Seine Armee wurde bei Herakleia (heute Eregli) vernichtet. Dann traf Wilhelm von Aquitanien mit deutschen und französischen Streitkräften in Konstantinopel ein. Doch auch er und seine Einheit wurden bei Herakleia geschlagen. Die allmählich erstarkten Muslime hatten inzwischen gelernt, einen Nahkampf zu vermeiden, bis der Feind angeschlagen war. Diese Taktik sollte auch die zukünftigen kriegerischen Auseinandersetzungen zwischen Ost und West bestimmen.

Die Herrschaft über die Küste war nicht das einzige Problem Jerusalems. Ägypten stellte bis weit in die 1120er-Jahre eine echte Bedrohung dar, danach versank es in internen Querelen. Askalon blieb jedoch bis 1153 ägyptisch und diente als Basis für Angriffe gegen das Königreich Jerusalem. Das nahe Damaskus war eine weitere Gefahr. König Balduin II. (1118–1131) rief 1127–1128 zum Kreuzzug auf, um die Stadt einzunehmen. Er verheiratete seine Tochter Melisande mit dem mächtigen Fulk Graf von Anjou, der dadurch sein Nachfolger wurde. Fulk stellte Mittel und Soldaten für einen großen Feldzug bereit.

Im Herbst 1129 stand ein riesiges Kreuzfahrerheer vor Damaskus. Eine Heereshälfte unternahm einen Raubzug im Süden Syriens, die andere konnte von den Muslimen zum Rückzug gezwungen werden. Getrieben von dem Wunsch, unabhängig zu bleiben, ging Damaskus danach eine Allianz mit Jerusalem ein.

Der Kreuzfahrerstaat Edessa bestand praktisch nur aus der Stadt selbst und ein paar Festungen, bedrohte jedoch das muslimische Aleppo. Auch das von Kreuzfahrern besetzte Antiochia lag nur 100 km von Aleppo entfernt. Fürst Roger von Antiochia (1112–1119) hatte Aleppo 1119 angegriffen, starb jedoch bei der größten Niederlage der Kreuzfahrer – die Schlacht wurde später »das Blutfeld« genannt. Antiochia konnte gehalten werden, die Eroberung weiterer syrischer Gebiete endete jedoch endgültig mit dem Aufstieg Zengis, der Aleppo ab 1126 beherrschte (siehe Seiten 54–55).

Oben: *Die Kreuzfahrerfestung in Sidon im heutigen Libanon. Sidon wurde 1110 von Balduin I. von Jerusalem belagert, der dabei von der norwegischen Flotte unter König Sigurd (1105–1130) unterstützt wurde. Nachdem venezianische Galeeren eine ägyptische Flotte aufgerieben hatten, fiel Sidon an Balduin I. Die Hilfe Venedigs und anderer italienischer Städte sorgte für die Vorherrschaft der Kreuzfahrer im östlichen Mittelmeerraum. Sie sollte bis zum 15. Jahrhundert dauern.*

Unten: *Kreuzfahrerschiffe stechen in See; aus* Roman de Godefroy de Bouillon et de Saladin, *französischer Ritterroman (14. Jh.).*

VERSCHIEDENE FORMEN DES KREUZZUGS

Gegenüber: *Von Pilgern in den Stein geritzte Kreuze am Eingang zur St.-Helena-Kapelle in der Grabeskirche in Jerusalem.*

Der Erfolg des ersten Kreuzzugs verband Jerusalem untrennbar mit dem Kreuzfahrerwesen und tröstete sogar über die Niederlagen der Kreuzüge von 1101 hinweg. Kreuzzüge waren eine sanktionierte Kriegsführung, deren Teilnehmern alle Sünden vergeben wurden. Ein Soldat, der in einen solchen Krieg zog, hatte gute Chancen, in den Himmel zu kommen, er erwarb sich spirituelle Verdienste, wenn er »den Feind« tötete.

So wurde es vom Papst verkündet – und nur der Papst, der die Schlüssel zum »himmlischen Königreich« in der Hand hielt, konnte diesen Ablass gewähren. Vor seinem Aufruf zum Kreuzzug (vermutlich 1093) schrieb Urban II. jedoch an Robert Graf von Flandern und drängte ihn, »für die Erlassung unserer Sünden« Bischof Lambert von Arras zu helfen, Ländereien wiederzugewinnen, die

Unten: *Ein Ritter bzw. christlicher Krieger kämpft gegen Dämonen. Aus einem Fragment (ca. 1260) der* Summa de Vitiis, *einer Abhandlung über die Laster des Dominikanerpriesters Wilhelm Peraldus (Peyraut) von Lyon. Das weitverbreitete Werk entstand zu einer Zeit, als das Papsttum die Reform der christlichen Moral als Voraussetzung für den erfolgreichen Kreuzzug gegen die Feinde der Kirche ansah (siehe Seiten 146–147).*

Kaiser Heinrich IV. besetzt hielt. Diese Aufforderung entsprach der Kernaussage seines Aufrufs von 1095. In einem Brief an Katalonien hatte Urban bereits 1089 all jenen die Vergebung ihrer Sünden versprochen, die der von den Muslimen eroberten Stadt Tarragona beistehen würden. Die Hauptmotivation für den Kreuzzug war also schon vor 1095 formuliert worden. Für Urban war die Wiedereroberung Jerusalems Teil eines universellen Kampfes gegen den Islam und die Feinde des Christentums.

Es dauerte eine lange Zeit, bis das Kreuzfahrerwesen in christliches Denken integriert wurde. Der Begriff stammt vom lateinischen *cruciatus* oder *cruce signatus* ab – der mit dem Kreuz Bezeichnete –, doch erst unter Papst Innozenz III. (1198–1216) erfuhr er eine klar umgrenzte Definition: der unerbittliche Kampf gegen jede Art von Häresie. Kreuzzüge konnten ins Heilige Land, aber auch zu anderen Kriegsschauplätzen führen. Sie konnten Heiden ebenso wie Sekten, also Glaubensabtrünnigen, gelten. Sie dienten nicht länger der Läuterung, sondern der kriegerischen Durchsetzung päpstlicher Machtinteressen.

Spätere Feldzüge wurden ebenfalls vom Papst sanktioniert. 1105 kehrte Bohemund nach Europa zurück und überredete den Papst, einen neuen Kreuzzug auszurufen, der viele Truppen mobilisieren sollte, vor allem in Frankreich. Bohemund hatte seine wahren Absichten wahrscheinlich vor Paschalis verborgen und griff das Byzantinische Reich 1107 erfolglos an. 1114 rief Paschalis zum Kreuzzug gegen die Muslime auf den Balearen und in Ostspanien auf. Papst Gelasius II. (1118–1119) unterstützte 1118 einen Kreuzzug, der mithilfe der Franzosen Saragossa einnahm. 1120, nach der verheerenden Niederlage am »Blutfeld« (siehe Seite 48), verkündete Papst Kalixt II. (1119–1124) Kreuzzüge nach Spanien und ins Heilige Land. Sein Appell rief die venezianische Flotte auf den Plan, die 1124 für die Eroberung von Tyros sorgte. 1125 wurde erneut zum Kreuzzug gegen Spanien aufgerufen, 1127–1128 wurde einer für den Angriff auf Damaskus gefordert, offenbar aber nicht bewilligt. 1127 drängte Papst Honorius II. (1124–1130) zum Kreuzzug gegen die Normannen in Süditalien.

1132 wurden in Rom zwei Päpste gewählt: Innozenz II. (1130–1143) und Anaklet II. (1130–1138). Beide hatten einen legitimen Herrschaftsanspruch, und beide hatten unter den Kardinälen Anhänger. Anaklet rief zum Kreuzzug gegen seinen Rivalen auf, seine Anfechtung wurde 1135 beim Konzil von Pisa bestätigt. Wieder wurde mit Sündenablass argumentiert. Letztlich kam es aber zu keinem Kreuzzug. Anaklet starb 1138, sein Nachfolger unterwarf sich Innozenz II. und beendete damit die Spaltung der römisch-katholischen Kirche.

URBAN II. UND DER UNIVERSELLE KRIEG GEGEN DEN ISLAM

Nach seinem Aufruf zum ersten Kreuzzug schrieb Papst Urban II. an einige katalanische Grafen, die das Kreuz genommen hatten, und bewog sie, doch lieber im eigenen Land zu bleiben und den Islam zu bekämpfen, anstatt nach Jerusalem zu ziehen:

»Wenn die Ritter anderer Provinzen einmütig beschlossen haben, der Ostkirche beizustehen und ihre Brüder von muslimischer Tyrannenschaft zu befreien, so solltet auch Ihr einmütig und ohne Zögern beharrlicher einwirken und einer Kirche in Eurer direkten Nähe helfen, der muslimischen Invasion zu widerstehen. Jeder, der auf diesem Feldzug für die Liebe Gottes und für seine Brüder stirbt, darf darauf zählen, dass ihm all seine Sünden vergeben werden und dass ihm durch die barmherzigste Gnade unseres Herrn ewiges Leben zuteil wird. Sollte also einer von Euch beschlossen haben, gen Osten zu ziehen, dann sollte er versuchen, sein Gelübde hier zu erfüllen. Es ist nämlich keine Tugend, Christen an einem Ort vor Muslimen zu retten, nur um sie an einem anderen der Tyrannei und Unterdrückung durch Muslime auszusetzen.«

»MÖNCHSKRIEGER«: RITTERORDEN

Heutzutage erscheint die Vorstellung von Mönchen, die geloben, ihr Leben der Kriegsführung zu widmen, seltsam, doch die Entstehung der Ritterorden – Templer und Johanniter – sorgte in den Kreuzfahrerstaaten für die praktische Lösung einiger Probleme. Das Königreich von Jerusalem war anfangs ein unsicherer Ort. Küstenstädte wurden nur langsam erobert, Askalon war bis 1153 in muslimischer Hand und diente als Stützpunkt für die Verfolgung von christlichen Pilgern. Deshalb gründete ein französischer Ritter, Hugo von Payens, gemeinsam mit einigen Gefährten um 1120 eine Bruderschaft, die sich dem Schutz der Pilger verschrieb.

Hugo wählte die Form der Bruderschaft, um dadurch die lang anhaltenden Stabilität einer Mönchsgemeinschaft nachzuahmen. Diese erklärte zwar das Seelenheil zum Ziel, doch danach strebten ja auch die Kreuzfahrer. Die damaligen Zeitgenossen empfanden es also als ganz natürlich, dass ein Orden die Erlösung durch Waffengewalt zu erreichen suchte. Die von der Kirche übernommenen Ordensregeln wiederum sorgten für die nötige Disziplin.

König Balduin II. (1118–1131) gab den Templern als Mutterhaus einen Teil des »Tempel Salomons« (wie die Christen die al-Aksa-Moschee nannten). Hiervon leitet sich der Name des Ordens her: »Arme Ritter Christi vom Tempel Salomonis«. 1129 nahm Hugo von Payens am Konzil von Troyes teil und wurde bei seiner Ordensidee von dem geistlich sehr einflussreichen Bernhard von

DIE GIER DER TEMPLER BEI DER BELAGERUNG VON ASKALON

Im Januar 1153 belagerte König Balduin III. (1143–1162) Askalon, den letzten Hafen in ägyptischer Hand. Er ließ einen großen Belagerungsturm erbauen, der die Stadtmauern überragte, den die Bewohner allerdings im Juli in Brand setzten. Ein Wind entfachte das Feuer, das auf die Mauer übergriff und eine Bresche hineinbrannte.

Diese befand sich in dem Teil der Mauer, den die Templer belagerten, und am Morgen entsandten die Templer 40 Ritter, um die Stadt einzunehmen. Inzwischen hielten die Ordensmitglieder die restliche Kreuzfahrerarmee zurück, offenbar, um selbst an den Löwenanteil der Beute zu kommen. Die Tempelritter in der Stadt wurden jedoch gefangen genommen und ermordet; ihre Körper wurden über die Stadtmauer gehängt. Die Mauer wurde anschließend von den Stadtbewohnern ausgebessert, womit die Chance vertan war.

Die meisten Kreuzfahrer waren vom Egoismus und der Gier der Templer abgestoßen und wollten die Belagerung aufheben. Der König bestand aber weiter darauf, und am 19. August 1153 ergab sich Askalon. Die Bewohner durften die Stadt mit dem Besitz, den sie zu tragen vermochten, verlassen. Eineinhalb Jahrhunderte später sollten die Templer ihrer eigenen Gier zum Opfer fallen (siehe Seite 175).

Clairvaux unterstützt. Auf dem Konzil wurde die Ordensregel verfasst, die 1129 vom Papst bestätigt wurde. Nahezu unmittelbar danach erhielten die Templer von frommen Schirmherren wertvolle Landbesitztümer.

Das Hospital des heiligen Johannes war vor 1099 in Jerusalem zur Betreuung und Pflege der Pilger gegründet worden. Seine außerordentliche Beliebtheit sicherte die Unterstützung der Päpste. Die Mönche, die es verwalteten, bekamen großzügige Geschenke. 1139 wandelte sich die Ordensgemeinschaft (Hospitaller bzw. Johanniter) unter Raimund von le Puy in einen militärischen Orden. Auf Anordnung von König Fulk I. (1131–1143) nahmen die Johanniter die Burg Bethgibelin nahe Askalon ein.

Der zweite Kreuzzug besiegelte den Aufstieg der Ritterorden. Als die Truppen Ludwigs VII. von Frankreich (1137–1180) in Anatolien in Schwierigkeiten gerieten, setzte der König an strategisch wichtigen Positionen Templer ein. Daraufhin konnte die Armee bis nach Attalia vordringen. Das hohe Ansehen des Ordens verschaffte ihm unglaublichen Reichtum. Alfonso I. von Aragon (1104–1134) vermachte den Templern sein gesamtes Königreich; das Erbe wurde zwar annuliert, trotzdem erhielt der Orden in Spanien riesige Ländereien. Als die Adligen in den Kreuzfahrerstaaten später verarmten, übernahmen die Orden ihr Land und ihre Festungen, darunter Krak des Chevaliers.

Die Orden fanden viele Nachahmer, etwa den Orden des heiligen Lazarus in Jerusalem oder den Deutschen Orden. In Spanien gab es unzählige Ritterorden, die für ihre militärische Stärke berühmt waren.

Die Templer und Johanniter in Jerusalem verfügten über etwa 600 Ritter und Heerscharen an Fußsoldaten. Sie bildeten eine mächtige Militäreinheit und waren das Herz der königlichen Armee. Sie unterstanden unmittelbar dem Papst, genossen zahlreiche Privilegien (Befreiung von Zöllen und Steuern) und beeinflussten die Politik in den Kreuzfahrerstaaten sehr stark.

Nach der Schlacht von Hattin (siehe Seiten 74–75) befahl Saladin die Exekution aller Templer und Johanniter. Laut seinem Sekretär Imad ad-Din al-Isfahani soll er gesagt haben: »Ich werde das Land von diesen beiden schmutzigen Rassen säubern.« Der Reichtum der Orden gestattete es ihnen jedoch, weiterhin eine mächtige Rolle zu spielen. Als Akkon 1291 fiel, bildeten die Orden die Landesstreitmacht, so wie die italienischen Stadtstaaten die vorrangige Militärmacht zur See darstellten.

Gegenüber: *Ein Tempelritter in Ordenstracht und Rüstung, bereit zur Schlacht. Aus einer französischen Handschrift (14. Jh.).*

Unten: *Ein Bischofsstab (13. Jh.) aus Spanien. Er soll dem legendären heiligen Julianus gehört haben, der als Schutzpatron der Johanniterritter verehrt wurde. Er gründete ein Hospital für Leprakranke.*

AUFSTIEG DER ISLAMISCHEN EINHEIT

ZANGI, HELD DES ISLAM

In Imad ad-Din Zangi hatten die Kreuzfahrerstaaten einen mächtigen Gegner gefunden, der als Held in die muslimische Geschichte einging. Eine islamische Hochschule in Damaskus trägt eine Inschrift von 1138, die Zangi als »Kämpfer des *Dschihad*, den Verteidiger der Grenzen, den Bezwinger der Polytheisten [Christen] und Zerstörer der Ungläubigen« beschreibt. Selbst die eigenen Gefolgsleute hatten vor Zangi Angst, wie ein muslimischer Chronist festhielt: »Er war sehr streng und schlug mit willkürlicher Härte zu. Er war wie ein Leopard ... wie ein rasender Löwe, der keine Gnade und kein Erbarmen kennt.«

Aufgrund der Uneinigkeit der islamischen Welt war es den Kreuzfahrern gelungen, im Heiligen Land Fuß zu fassen. Die Seldschuken von Bagdad hatten die Fatimiden Ägyptens nicht unterwerfen können; Damaskus und Aleppo hatten sich von Bagdad entfremdet. Nach dem Sieg Rogers von Antiochia in Tell Danith 1115 überließen die Herrscher Bagdads die Verteidigung der Region dem Norden. Die größte Bedrohung Jerusalems stellte Ägypten dar, doch das Reich war in den frühen 1120ern von inneren Krisen erschüttert.

Sollten sich die islamischen Kräfte jedoch vereinen, wären die schwachen Kreuzfahrerstaaten in großer Gefahr. Doch auch diese waren zerstritten. Nach der Niederlage auf dem »Blutfeld« (siehe Seite 48) hatte sich Antiochia unter Bohemund II. (1119–1130) zwar erholt, doch dieser zankte sich mit Joscelin I. von Edessa (1119–1131), weshalb sie es versäumten, die politischen Unruhen in Aleppo zu ihren Gunsten auszunutzen. 1128 wurde Imad ad-Din Zangi, der Sohn eines türkischen Offiziers, Statthalter von Mosul, dann brachte er auch Aleppo unter seine Herrschaft. Zangi wollte seine Macht

DER FALL VON EDESSA

Als Zangi Edessa 1144 einnahm, starben Hunderte bei dem Versuch, die Zitadelle zu verteidigen, und Tausende beim anschließenden Massaker. Zangi verschonte die einheimischen Christen und tötete alle Europäer. Erzbischof Wilhelm von Tyros (1130–1184) war ein bedeutender Chronist des Mittelalters, der die Geschichte der Kreuzfahrerstaaten dokumentierte. Er berichtet auch über den Fall Edessas und das damit einhergehende Blutvergießen:

»Zangi griff die Stadt [Edessa] ohne Unterlass an und ersann jegliche Art der Schädigung. Er ließ keine Methode unversucht, welche das Leid der Einwohner vergrößern und die Einnahme der Stadt leichter machen konnte. Er ließ Tunnels unter die Stadtmauern graben und gab den Befehl, die Holzstützen und Streben, welche die Tunnels stützten, in Brand zu setzen. Sobald das Feuer brannte, fielen die Holzbalken in sich zusammen und mit ihnen ein großer Teil der Mauer. Der Feind lief von allen Seiten zusammen, drang in die Stadt ein und erhob gegen jedermann sein Schwert. Frauen, Kinder, Greise, niemand wurde verschont ... Auf diese Weise wurde die Stadt eingenommen und dem Schwert des Feindes ausgeliefert.

Sobald dies geschah, flohen die Bewohner mit ihren Frauen und Kindern in die Zitadelle, wo sie hofften, dass ihr Leben wenigstens für kurze Zeit sicher sei. Doch der Ansturm der Menschenmenge verursachte eine Panik, bei der viele in dem Gewühl elendig zugrunde gingen.«

gegenüber dem abbasidischen Kalifat und dem persischen Sultanat durchsetzen und scheiterte bei dem Versuch, Damaskus zu erobern, das nach 1140 eine Allianz mit den Kreuzfahren bildete.

1130, nach dem Tod Bohemunds II., versank Antiochia im Bürgerkrieg. Zangi eroberte alle Städte und Festungen östlich des Orontes. Als Raimund von Poitiers 1136 in Antiochia an die Macht kam, stabilisierte sich die Lage. Gemeinsam mit Joscelin II. von Edessa (1131–1159) stellte er sich dem Herrschaftsanspruch des byzantinischen Kaisers Johannes II. Komnenos (1118–1143) über Edessa entgegen. Dann wendete sich das Schicksal zugunsten von Zangi. Im April 1143 starb Johannes II., im November König Fulk I. von Jerusalem, der Königin Melisande als Regentin hinterließ. Die Kreuzfahrer hatten keinen militärischen Oberbefehlshaber mehr. Im November 1144 eilte Joscelin II. einem muslimischen Verbündeten zu Hilfe, und in seiner Abwesenheit belagerte Zangi Edessa. Raimund von Antiochia verweigerte seine Hilfe, und am Weihnachtsabend von 1144, bevor Truppen aus Jerusalem eintreffen konnten, fiel Edessa.

Das Fürstentum Edessa hatte aus ein paar verstreuten Festungen und der Stadt Edessa bestanden. Zangi sicherte sich die Außenposten, während die Europäer zerstritten blieben. Am 14. September 1146 wurde Zangi ermordet, und sein Sohn Nur ad-Din setzte die Expansionspolitik seines Vaters erfolgreich fort. Der Fall von Edessa demonstrierte die Schlagkraft des *Dschihad*. Er löste in Europa Entsetzen aus und führte schließlich zum zweiten Kreuzzug.

Gegenüber: *Diese Illustration aus einer französischen Handschrift (14. Jh.) zeigt den Mongolenherrscher Kublai Khan, der die Hinrichtung zweier Verräter befiehlt. Khan und seine Henker werden als dunkelhäutige »Sarazenen« dargestellt, die Opfer als hellhäutige, blonde Europäer. Der Kampf zwischen Christen und Muslimen während der Zeit der Kreuzzüge führte im Westen zu der Vorstellung, der Orient sei ein Ort, an dem wilde, grausame Despoten wie zum Beispiel Zangi herrschen würden – trotz des Umstands, dass sich die Christen der gleichen Brutalität und Gewalt gegenüber ihren Feinden schuldig gemacht hatten und dies auch weiterhin taten.*

BURGEN DER KREUZFAHRER

Viele Kreuzfahrerburgen gingen als berühmte Festungen des Mittelalters in die Geschichte ein. Die meisten stammen jedoch aus dem 13. Jahrhundert, und jüngste Untersuchungen ergaben, dass der Großteil der Burgen im 12. Jahrhundert relativ einfach gebaut war, wie zum Beispiel der Rote Turm in der Ebene von Sharon: ein viereckiger steinerner Turm, der von einer Mauer umschlossen war. Das Turminnere hatte zwei Stockwerke. Das untere war teils unterirdisch und diente der Vorratshaltung, das Obergeschoss war Lebensraum. Diese einfache Bauweise war in allen Kreuzfahrerstaaten verbreitet und von der europäischen Burgen-Architektur beeinflusst. Die Burgen waren aus Stein, da Holz im Nahen Osten Mangelware war.

Diese Burgen waren wichtige Herrscher- sowie Verwaltungssitze und boten Zuflucht bei Unruhen, doch sie waren nicht sonderlich wehrhaft und konnten von feindlichen Armeen leicht eingenommen werden. Die Saladinsburg im Fürstentum Antiochia konnte allerdings jeglichem Angriff standhalten. Die mächtige, etwa 1 km lange Festung war von den Byzantinern erbaut und dann von den Kreuzfahrern übernommen worden.

Die meisten Burgen wurden als Stützpunkt genutzt. Ab dem 12. Jahrhundert hing die Verteidigung des Königreichs Jerusalem mehr von Städten als von Burgen ab. Die Städte waren von mächtigen Mauern umgeben und nur schwer zu erobern, die Burgen hingegen dienten als Zufluchtsstätte und militärisches Nachschubzentrum. Gegen Mitte des 12. Jahrhunderts waren die Armeen dann besser organisiert und in der Kunst des Belagerns geübter. Auch im Festungsbau machten die Kreuzfahrer Fortschritte. 1168–1170 erbauten die Johanniter in Belvoir eine der mächtigsten Burgen des Heiligen Landes, die der Belagerung durch Saladins Armee (siehe Illustration auf Seite 91) 1187–1189 standhielt.

Im 13. Jahrhundert stellten die Stadtmauern von Akkon, Tyros, Tripoli und Antiochia das letzte Bollwerk eines angeschlagenen Königreichs dar. Darüber hinaus gab es nur noch die Festungsanlagen von Arsuf, Marqab und Athlit. Die große Befestigungsanlage Krak des Chevaliers war ab 1142 in den Händen des Johanniterordens, der die umliegenden muslimischen Gebiete zu Tributabgaben zwang. Doch letztlich fielen

all diese Festungen nach einmonatiger Belagerung durch die zunehmend stärker werdenden ägyptischen Armeen der Mamelucken-Sultane.

Die Historiker des 19. und 20. Jahrhunderts waren von den Kreuzfahrerburgen tief beeindruckt, vor allem von Krak des Chevaliers. Man nahm an, dass die Kreuzfahrer die islamischen und byzantinischen Modelle nachahmten, deren Bauweise dann in den Westen gebracht wurde. Der britische Archäologe und Schriftsteller T. E. Lawrence (Lawrence von Arabien) hielt nichts von dieser Vorstellung, sie hat sich jedoch bis heute erhalten.

Tatsächlich befolgten die Kreuzfahrer die im Westen übliche Bauweise: ein von Mauern umgebener Wehrturm. Sehr wahrscheinlich hat sowohl die islamische als auch die westliche Welt die Kunst des Festungsbaus von den Römern abgeschaut. Römische Wälle und Mauern befanden sich ja in vielen europäischen Städten und in nahezu allen Gebieten des Nahen Ostens. Neuerungen im Burgenbau erfolgten dann durch die Byzantiner, die Flankierungstürme einführten.

Gegen Ende des 12. Jahrhunderts vermischten sich islamische und europäische Traditionen. Die Kreuzfahrer legten

Wert auf den konzentrischen Aufbau, wie in Krak des Chevaliers. Die Muslime bauten hingegen vorwiegend massive Türme, die fähig waren, Katapulte zu tragen. Ein Beispiel hierfür ist die Zitadelle in Damaskus, die Ende des 12. Jahrhunderts erbaut wurde.

Oben: *Die Saladinsburg im heutigen Syrien. Die ursprünglich byzantinische Festung wurde von den Kreuzfahrern mit massiven viereckigen Türmen und einem 130 m langen Graben versehen.*

Gegenüber und rechts: *Außen- und Innenansicht von Krak des Chevaliers, einer berühmten Burg in konzentrischer Bauweise zwischen Tortosa and Homs.*

3

DER ZWEITE KREUZZUG

GRAUSAMER, ENDLOSER KRIEG

JOHN FRANCE

DESASTER IM OSTEN

BERNHARD UND DIE JUDEN

Papst Alexander II. (1061–1073) lehnte Gewalt gegen Juden ab, denn sie seien »bereit, ihr Leben der Dienstbarkeit zu widmen«. Herrscher und Könige belegten die Profite der Juden mit Steuern, hatten also auch kein Interesse an ihrer Vernichtung. Doch für eifrige Kreuzfahrer waren Juden und Muslime »Feinde Christi«. Der erste und der zweite Kreuzzug lösten in Frankreich und Deutschland schwere Pogrome gegen Juden aus.

Um 1140 waren Kirche und Staat besser gewappnet, um Judenverfolgungen zu verhindern. Doch es gab Gestalten wie den Mönch Radulf, dessen Hetzreden zur Ermordung von Juden in Nordfrankreich und im Rheinland führten. Auf Anraten von Siegfried Erzbischof von Mainz schickte Bernhard von Clairvaux Radulf in sein Kloster zurück und bemühte sich, die Gewalttaten zu beenden. 1146 schrieb er an den Erzbischof:

»Ist es nicht ein größerer Triumph für die Kirche, Juden zu überzeugen und zu bekehren, als sie alle zu töten? Wurde das Gebet, das die Kirche für Juden bereit hält, von Sonnenaufgang bis Sonnenuntergang, auf dass der Schleier von ihren Herzen genommen werden möge, damit sie von finsterem Irrglauben in das Licht der Wahrheit gelangen mögen, vergeblich eingesetzt? Hoffte die Kirche nicht, dass sie bekehrt werden können, es schiene nutzlos und eitel, für sie zu beten. Doch mit gnadenvollem Auge bedenkt sie, wie der Herr denjenigen liebt, der Böses mit Gutem vergilt und Hass mit Liebe.«

Als Reaktion auf den Fall Edessas schickte Papst Eugen III. (1145–1153) 1145 eine Bulle an König Ludwig VII. von Frankreich (1137–1180), in der er zum zweiten Kreuzzug aufrief. Der König schien entschlossen, gen Osten zu ziehen, doch seine Barone waren von der Idee wenig begeistert. Ludwig VII. bat den Abt Bernhard von Clairvaux, die größte geistliche Autorität jener Zeit, eine Predigt zu halten. Bernhard richtete sich bewusst nicht an das ganze Volk, sondern nur an Fürsten und Ritter. Am 31. März 1146 erklärten sich Tausende in Vézelay bereit, das Kreuz zu nehmen. Im Sommer reiste Bernhard nach Deutschland, um der Judenhatz Radulfs Einhalt zu gebieten. Bernhard gelang es auch, den deutschen Kaiser Konrad III. (1138–1152) zur Teilnahme am Kreuzzug zu bewegen.

Der deutsche Adel wäre lieber gegen die Wenden (westslawisches Volk, das sich in Deutschland angesiedelt hatte) gezogen, und im April 1147 sah sich Eugen genötigt, den Feldzug zum Kreuzzug zu erklären. Ebenso verfuhr er mit dem Feldzug Barcelonas und Genuas gegen die Muslime in Almería in Andalusien.

»WERKZEUG GOTTES«: BERNHARD VON CLAIRVAUX

Es spricht für Bernhards Redekunst, dass er es war, der den französischen Adel vom zweiten Kreuzzug überzeugte, und nicht König Ludwig VII. Odo von Deuil war dabei, als Bernhard am 31. März 1146 seine Kreuzzugspredigt hielt : »[Bernhard] erklomm gemeinsam mit dem König die Kanzel. Der König trug das Kreuz, und als das Werkzeug Gottes den Tau des göttlichen Wortes über uns ergoss, verlangten die Menschen von allen Seiten mit lautem Ruf nach dem Kreuz. Als er die bereit gehaltenen Kreuze alle verteilt hatte, musste er seine Kleidung in Kreuze reißen, um sie der Menge zu geben.«

Von Bernhards Charisma und Kunst der Kreuzzugspredigt zeugt ein Brief, den er um 1150 an seinen Onkel Andreas schrieb, einen Tempelritter, der im Heiligen Land im Einsatz war: »Du kämpfst als Soldat unter der Sonne, aber für das Heil von Ihm, der über der Sonne steht. Lass uns, die wir auf Erden kämpfen, zu Ihm und seiner Großzügigkeit aufsehen. Unser Lohn für den Kampf kommt nicht von Erden, nicht von unten, er ist ein wertvolles Kleinod aus fernen Gefilden. Wir haben keinen Gewinn unter der Sonne, unser Lohn befindet sich hoch über der Sonne.«

Mitte Mai 1147 brachen Konrad III. und seine Armee auf. Eugen, Ludwig VII. und seine Königin, Eleonore von Aquitanien, folgten ihnen im Juni entlang der Donau. Als die Armeen in byzantinisches Gebiet eindrangen, rief Roger II. (1130–1154), der König von Sizilien, zum Angriff gegen die Byzantiner auf. Daraufhin schloss der byzantinische Kaiser Manuel I. Komnenos (1143–1180) einen Friedensvertrag mit den Seldschuken von Iconium (heute Konya), der größten muslimischen Macht in Kleinasien, um Roger zur Vernunft zu bringen. Am 10. September traf Konrad in Konstantinopel ein, Ludwig kam am 4. Oktober.

Die Beziehung zwischen Manuel und den beiden Königen war schwierig; der Kaiser hielt nichts vom Kreuzzug, der den Byzantinern keine Vorteile brachte. Er wusste auch, dass ihm viele Franken feindlich gesinnt waren und befürchtete, dass Konrad zu einer französisch-sizilianischen Allianz gegen ihn überredet werden könnte. Zudem waren beide Armeen undiszipliniert und hatten auf ihrem Marsch durch byzantinisches Gebiet großen Schaden angerichtet.

Mit von der Partie war auch eine nordeuropäische Flotte, die am 19. Mai 1147 in Dartmouth in England in See gestochen war. Auf ihrem Weg half sie im Oktober, das muslimische Lissabon einzunehmen. Doch dann kam der Winter, und die Flotte musste das Frühjahr abwarten, um weitersegeln zu können.

Kaiser Manuel wollte die Kreuzfahrer möglichst rasch loswerden und riet Konrad, an der Westküste Kleinasiens entlang nach Attalia (heute Antalya) zu ziehen. Konrad entschied sich jedoch für den Weg über das anatolische Plateau über Dorylaion. Die größeren Städte dort unterstanden byzantinischer Herrschaft, trotz einiger

Gegenüber: *Bernhard von Clairvaux, Illustration aus einer englischen Handschrift (13. Jh.). Der mächtige Kirchenmann konnte Tausende für den zweiten Kreuzzug mobilisieren. Als sein Eifer zu Judenverfolgungen führte, schob er diesen sofort einen Riegel vor. Aus diesem Grund betrachteten ihn viele Juden als Gerechten unter den Völkern.*

NIEDERLAGE UND MISSTRAUEN

Bischof Wilhelm von Tyros beschrieb um 1180, wie sich die Kreuzfahrer von den Franken vor Ort im Stich gelassen fühlten:

»Von dieser Zeit an blickten die Kreuzfahrer befremdet auf unsere Führer. Sie erklärten alle Pläne als trügerisch und zeigten völliges Desinteresse an den Belangen des Königreichs. Selbst als sie heimkehren durften, blieb die Erinnerung an das Erlittene haften ... Demzufolge unternahmen nur noch wenige, und solche, die nicht so leidenschaftlich waren, die Pilgerreise. Von dieser Zeit an wurde der Zustand der Christen im Osten sichtbar schlechter. Der Feind erkannte, dass die Mühen und Anstrengungen unserer mächtigsten Könige und Führer vergeblich gewesen waren.«

Raubzüge durch Seldschuken. Konrad verließ Konstantinopel, ohne auf das Heer Ludwigs VII. zu warten. In Nicäa kam es zu Streitigkeiten innerhalb der Armee, und die Infanterie zog unter Otto Bischof von Freising an der Küste weiter. Am 25. Oktober 1147 wurde Konrads Hauptstreitmacht in Dorylaion von den Seldschuken vernichtend geschlagen. Die Deutschen gaben den byzantinischen Führern die Schuld, vermutlich lag es aber an ihrer eigenen Unfähigkeit. Kurz danach wurde auch Ottos Infanterie zerrieben.

Ludwig befolgte den Rat Manuels und nahm die westlichere Route nach Attalia, doch in den Bergen litt das Heer stark unter dem harten Winter, und die Türken fügten ihm schwere Verluste zu. Als sie den Hafen von Attalia erreichten, fanden sie nur wenige Vorräte vor, das Land ringsum war von Türken besetzt. Die Barone wandten ein, dass die Armee zu schwach sei, um bis nach Antiochia vorzudringen. Ludwig willigte ein, sie mit Schiffen zu befördern, es gab aber viel zu wenige. Der König segelte davon und überließ die Infanterie einfach ihrem Schicksal.

Als Ludwig Antiochia im März 1148 erreichte, drängte ihn Fürst Raimund von Antiochia, Aleppo anzugreifen, das von Zangis Sohn Nur ad-Din beherrscht wurde. Das hätte vielleicht zur Wieder-

eroberung Edessas führen und die nördlichen Grenzen der Kreuzfahrerstaaten sichern können. Doch Ludwig wollte sofort nach Jerusalem. Er weigerte sich auch, Raimund von Tripoli bei Grenzstreitigkeiten zu helfen. Daraufhin lehnte Raimund die Teilnahme am Kreuzzug ab.

Die missglückte Belagerung von Damaskus

Am 24. Juni 1148 trafen sich Ludwig und Konrad mit König Balduin III. von Jerusalem (1143–1163) zu einer Lagebesprechung. Der Angriff auf das ägyptische Askalon wurde verworfen. Stattdessen beschloss man, gegen das reiche Damaskus vorzugehen. Die Stadt war zwar ein Schutzbündnis mit Jerusalem eingegangen – der Angriff kam daher einem Vertragsbruch gleich –, behinderte jedoch die Ausweitung der Kreuzfahrerstaaten.

Unter den Baronen des Königreichs hatten sich zwei Parteien gebildet: die Anhänger Balduins und die seiner Mutter Melisande. Diese Spaltung wirkte sich möglicherweise auf die Belagerung von Damaskus aus, die kläglich ausgeführt wurde. Am 24. Juli trafen die Kreuzfahrer in den Plantagen an der Südseite der Stadt ein. Ein guter Platz zum Lagern, doch die Bäume boten den Damaszenern eine gute Deckung. Man zog also in die offene Ebene im Osten. Eine verhängnisvolle Entscheidung: An dem massivsten Teil der Stadtmauer gab es kein Wasser, auch keinen Schatten, und die sengende Hitze setzte den Soldaten schwer zu. Als die Kreuzfahrer erfuhren, dass ein Heer Nur ad-Dins im Anmarsch sei, brachen sie die Belagerung unverrichteter Dinge ab. Damit war der zweite Kreuzzug gescheitert.

Die einzigen Erfolge des zweiten Kreuzzugs fanden in Europa statt: Lissabon und Almería fielen 1147, Tortosa wurde im Dezember 1148 mit Unterstützung der heimkehrenden Kreuzfahrer eingenommen. Ein mageres Ergebnis für einen derartigen Aufwand. Schwere Vorwürfe wurden erhoben, vor allem gegen Bernhard von Clairvaux. Papst Eugen hatte zwar zum Kreuzzug aufgerufen, aber wenig zu seiner Organisation beigetragen, er hatte nicht einmal den päpstlichen Legaten in Konrads Armee ersetzt, der zum Wendenkreuzzug gewechselt hatte. Man versuchte, Kaiser Manuel die Schuld am Misserfolg zu geben, doch dieser war vom Papst nicht auf die Ankunft eines undisziplinierten Ritterheeres vorbereitet worden. Eine mögliche Ursache für die Niederlage war auch die militärische Unerfahrenheit von Konrad III. und Ludwig VII., die zudem nicht kooperierten. Nun misstraute man den Fürsten der Kreuzfahrerstaaten, das Verhältnis zum Byzantinischen Reich war gestört und das Ansehen Nur ad-Dins im Orient stieg unaufhörlich.

Oben: Jesus vertreibt die Geldverleiher aus dem Tempel, *Kirchenfenster (ca. 1400) in Wiener Neustadt, Österreich. Ein Geldverleiher hat den kegelförmigen Hut auf, den die Juden Europas im Spätmittelalter tragen mussten. Die Judenverfolgungen während der ersten beiden Kreuzzüge lagen auch in der Gier nach jüdischem Reichtum begründet. Da die Juden kein Handwerk ausüben durften, waren viele Geldverleiher. Christen wiederum war Wucher (Geldhandel) verboten.*

Gegenüber: *Gebirge im Südwesten Anatoliens (heute Türkei), durch das das Frankenheer auf dem Weg nach Attalia marschierte. Nicht nur der bittere Winter machte ihnen zu schaffen, ihre schlecht ausgebildete Vorhut setzte sie zudem zahlreichen türkischen Angriffen aus.*

DAS KÖNIGREICH BLEIBT BESTEHEN

Gegenüber: *Die strategisch wichtige Festung von Shaizar, ein Stützpunkt Nur ad-Dins im Orontestal. Sie wurde 1157 von den Franken unter Balduin III., Thierry Graf von Flandern (der als Kreuzfahrer gekommen war) und Rainald von Châtillon, dem Herrscher Antiochias, erfolglos belagert. Doch kurz darauf eroberten die Kreuzfahrer eine andere wichtige Festung: Harenk, zwischen Antiochia und Aleppo.*

Nur ad-Dins Rettung von Damaskus stärkte sein Selbstvertrauen, und der Herrscher der Stadt war verpflichtet, sich mit ihm zu verbünden. Am 29. Juni 1149 griff Nur ad-Din Antiochia an, vernichtete die dortige Armee, tötete Fürst Raimund und bemächtigte sich eines großen Teils des Fürstentums. Der Sunnit empfand sich als Vorkämpfer eines im Kampf gegen die christlichen Franken religiös und politisch geeinten Islam und förderte sunnitisch geprägte Schulen, Moscheen und Gelehrte. Seine Propaganda machte eine Allianz zwischen Damaskus und den Christen zunehmend unpopulär.

Balduin III. von Jerusalem suchte Nur ad-Dins Druck auf Damaskus abzuschwächen, sicherte die Überreste des Fürstentums von Antiochia und zwang die fränkischen Barone, der byzantinischen Übernahme der Überbleibsel Edessas zuzustimmen. Im Januar 1153 nutzte er die politischen Wirren Ägyptens und belagerte Askalon, das sich im August ergab. Das war der letzte große Triumph der Kreuzfahrer. Daraufhin setzte Ägypten seine Flotte gegen die Franken ein, was sicherlich dazu beitrug, dass Nur ad-Din Damaskus im April 1154 einnehmen konnte. Damit war das islamische Syrien zum ers-

STRATEGISCHE PROBLEME IM KÖNIGREICH JERUSALEM

Die Christen hatten im Heiligen Land Fuß fassen können, weil die muslimische Welt uneins war, und sie hofften natürlich, dass dies so bliebe. Ihr Königreich war leicht angreifbar: es befand sich zwischen Syrien und Ägypten. Daher errichtete Balduin I. Festungen in Montréal und Petra, das am wichtigen Karawanenweg zwischen Ägypten und Syrien lag.

Die Führer des ersten Kreuzzugs hatten kurzzeitig erwogen, Ägypten anzugreifen. Damit wäre nicht nur Jerusalem sicher gewesen, das in fatimidischer Hand war, sondern die gesamte Region. Besonders in den ersten Jahren des Königreichs stellte Ägypten die größte Gefahr dar; es griff nahezu einmal jährlich an. 1118 ging Balduin I. zum Gegenangriff über, starb jedoch vor Beendigung des Feldzugs. Ab Mitte der 1120er-Jahre wurde Ägypten von inneren Krisen erschüttert, konnte aber Askalon wiedererobern. Balduin II. plante einen Angriff auf Damaskus, sein Feldzug scheiterte jedoch 1129, und danach gab es in der Regel eine Vereinbarung, die Grenzen zum Vorteil beider Seiten offen zu lassen.

Die Fürsten von Antiochia und Edessa hätten ihre Herrschaft gerne um Aleppo und das Euphratgebiet erweitert, wurden aber von seldschukischen Sultanen und Byzanz bedroht, das Antiochia als Vassallenstaat betrachtete und außerdem das benachbarte Kikilien beherrschte. Die Könige von Jerusalem wollten die Entstehung einer muslimischen Macht in Nordsyrien verhindern, daher hielten sich Balduin I. und Balduin II. viel im Norden auf. Balduin III. erkannte die Schwäche von Antiochia und den Überresten des Fürstentums Edessa, deshalb akzeptierte er das byzantinische Protektorat im Norden. Dieses Abkommen verschaffte Nur ad-Din allerdings freie Hand, seine gesamten Truppen auf Jerusalem zu konzentrieren.

ten Mal seit Jahrhunderten geeint. Nur ad-Din wandte sich an Ägypten, um einen gemeinsamen Angriff auf Jerusalem vorzuschlagen, der Plan wurde jedoch nicht verwirklicht. Nun griff er Jerusalem mehrmals im Alleingang an, wurde aber bei al-Batiha geschlagen. 1158 wurde der Waffenstillstand um zwei Jahre verlängert.

Im selben Jahr heiratete Balduin Theodora, die Nichte des byzantinischen Kaisers Manuel. Die beiden Herrscher wollten gemeinsam gegen Nur ad-Din vorgehen, doch dieser einigte sich mit Manuel, die nördlichen Grenzen von Byzanz zu respektieren. Viele Franken empfanden dies als Verrat, doch Balduin wollte sich die Byzantiner gewogen halten und zählte auf deren Protektorat in Nordsyrien, ein Gebiet, das Jerusalem nicht alleine verteidigen konnte.

1163 starb Balduin III., und die Trauer um den gerechten Monarchen war groß. Er hatte nicht nur Nur ad-Din in Schach gehalten, sondern auch für den Erhalt des Königreichs gesorgt. Er einte die Fürstentümer der Kreuzfahrerstaaten und wurde selbst von seinen muslimischen Feinden respektiert. Es war ihm zwar nicht gelungen, mehr Unterstützung aus Europa zu erhalten, doch das lag daran, dass Europa mit seinen eigenen Angelegenheiten beschäftigt war und die Schmach des zweiten Kreuzzugs noch sehr bitter in Erinnerung hatte.

DER HELD DES *DSCHIHAD*

Der Chronist Ibn al-Qalinisi, ein hoher Beamter in Damaskus beschreibt, wie sich Nur ad-Din selbst geschickt als Held des *Dschihad* darstellt und sich damit über den Fürsten von Damaskus, Mujir ad-Din, erhebt:

»Nur ad-Din sandte einen Brief an Mujir ad-Din, in dem er sagte: ‚Ich habe nicht die Absicht, Krieg gegen Euch zu führen oder Euch zu belagern. Ich bin nur wegen zahlreicher Beschwerden der Muslime von Hawran [Süden von Damaskus] hier, deren Güter von den Franken geraubt und deren Frauen und Kinder verjagt wurden, und niemand ist da, der sie verteidigt ... Ich weiß sehr wohl um Eure Unfähigkeit, Eure Gebiete zu bewachen und zu beschützen und um die Nachlässigkeit, die Euch bewogen hat, die Franken um Hilfe zu bitten, gegen mich zu kämpfen.'«

EUROPÄISCHE BESIEDLUNG IM ORIENT

Nach dem ersten Kreuzzug ließen sich hauptsächlich Adlige und Ritter im Heiligen Land nieder. Sie konnten aber lediglich ein berittenes Heer von 6000–7000 Mann aufstellen, ihre Gesamtanzahl muss daher relativ klein gewesen sein. Die restliche europäische Bevölkerung konnte 5000–7000 Truppen beisteuern. Frauen, Kinder und Nicht-Kämpfer mit eingerechnet siedelten dort um 1187 wahrscheinlich etwa 120 000 Menschen. Das war nicht besonders viel, daher förderten die Könige Jerusalems vermutlich die Ansiedelung von einheimischen Christen (Griechen und Syrer) und waren Muslimen gegenüber recht tolerant.

Im Laufe des 12. Jahrhunderts kamen weiterhin Adlige aus Europa, doch längst nicht mehr so viele. Jerusalem war ein gefährliches Pflaster. Viele Männer starben in den permanenten Kämpfen, die meisten Opfer forderten jedoch Seuchen und Krankheiten, vor allem unter den Kindern. Junge Männer, die ihr Glück machen wollten, waren bei den Kreuzzügen an den spanischen und deutschen Grenzen besser aufgehoben.

Nicht nur Adlige und Ritter machten sich auf den Weg ins Heilige Land, das einfache Volk strebte ebenfalls dorthin, wenngleich Jerusalem weit weg, die Reise riskant und die Schiffspassage kostspielig war. Man war stets davon ausgegangen, dass die Europäer im Osten in erster Linie in den Städten wohnten, doch die Ankunft von 20 000 Flüchtlingen in Jerusalem nach der Schlacht von Hattin im Jahr 1187 deutet auf einen großen Landbevölkerungsanteil hin. Jüngste archäologische Funde beweisen, dass rings um Jerusalem viele europäische Dörfer waren. Die meisten befanden sich in Gebieten, in denen vorrangig einheimische Christen lebten. Offensichtlich haben sich diese mit europäischen Christen zusammengetan. Dies mag erklären, warum König Guido von Jerusalem 1187 in der Lage war, eine 20 000 Mann starke Truppe aufzustellen. In Galiläa gab es relativ wenige ortsansässige Christen, also auch wenige westliche. Doch nach fast einem Jahrhundert christlicher Präsenz hatten die Europäer tiefe Spuren im Heiligen Land hinterlassen.

Das konfessionelle Verwaltungssystem hatten die Kreuzfahrer von den Muslimen übernommen. Die Bevölkerung wurde je nach Religionszugehörigkeit eingeteilt: griechisch-orthodox, syrische Jakobiter und Muslime. Die europäischen Siedler nahmen den Platz der islamischen Grundbesitzer ein. Alle Bauern unterlagen der Kopfsteuer, die zuvor nur Nicht-Muslime betroffen hatte. Juden durften Jerusalem nicht betreten und mussten spezielle Kleidung tragen, Einheimischen wiederum war europäische Kleidung verboten. Ein Zusammentreffen zwischen Europäern und Einheimischen fand nur an den Han-

Links: *Häuser aus der Zeit der Kreuzfahrer in der Altstadt von Jaffa, dem Hafen Jerusalems im 12. Jahrhundert.*
Gegenüber oben: *Olivenölpresse. Die Herstellung von Olivenöl war ein wichtiger Wirtschaftsfaktor im Königreich Jerusalem.*
Gegenüber unten: *Die St.-Anna-Kirche in Jerusalem. Sie wurde um 1140 unter der Regentschaft von König Balduin II. erbaut und zählt zu den wenigen erhaltenen Kirchen der Kreuzfahrer.*

delsgerichten statt, die den Handel regelten. Adlige und Ritter genossen besondere Privilegien. Der Hohe Gerichtshof setzte sich aus führenden Adelsfamilien zusammen, die den König berieten und auch über die Thronnachfolge entscheiden konnten. Ein muslimischer Emir, Usama ibn Munqid (1095–1189), schrieb: »Sobald die Ritter ihr Urteil gefällt haben, kann es weder vom König noch von einem anderen Gebieter angefochten werden.«

Die Siedler kamen aus ganz Europa, die Muslime bezeichneten aber alle westlichen Christen als »Franken« (*franj*). Tatsächlich stammten die meisten führenden Familien aus Frankreich, und die vorherrschende Sprache im Königreich Jerusalem war Französisch. Latein wurde nur bei gesetzlichen und kirchlichen Belangen angewandt. Im Fürstentum Tripoli sprach man Provenzalisch, im Fürstentum Antiochia hörte man häufig den normannischen Dialekt.

DER KAMPF UM ÄGYPTEN

Gegenüber: *Standartenträger des Kalifen von Bagdad, aus einer arabischen Handschrift von 1237. Nach dem Tod des fatimidischen Kalifen al-Adid 1171 erkannte Saladin die Autorität des abbasidischen Kalifen von Bagdad an. Damit kamen seit 969 erstmals wieder Abbasiden an die Macht. Die Abbasiden waren wie Saladin Sunniten. Die Anerkennung des Kalifen von Bagdad – dem nominellen Oberhaupt des Islam – war auch ein geschickter Schachzug, der Saladins Herrschaft in Ägypten festigte.*

Unten: *Bedeutende Städte und Herrschaftsgebiete im Nahen Osten zur Zeit des zweiten Kreuzzugs im späten 12. Jahrhundert.*

Die politische und religiöse Autorität Ägyptens vereinte sich theoretisch in der Person des fatimidischen Kalifen. Doch die wahre Macht lag in den Händen der Wesire, die den Kalifen zunehmend isolierten. Nach dem Tod des Kalifen al-Hafiz im Jahr 1149 wurden die Wesire noch mächtiger, und es gab eine Reihe von Kindskalifen. Der letzte, al-Adid (1160–1171), war erst neun Jahre alt.

Inmitten dieser Wirren erkauften sich Ägyptens Machthaber 1155 Frieden, indem sie einen Tribut an König Balduin III. von Jerusalem zahlten. 1163 wurde Wesir Schawar von dem Hofmeister Dirgham entmachtet, der sich weigerte, den Tribut zu entrichten. Das veranlasste den neuen Kreuzfahrerkönig Amalrich I. (1163–1174) dazu, in Ägypten einzumarschieren. Die Armee wurde jedoch durch die jährliche Nilüberschwemmung zurückgeschlagen.

Inzwischen hatte Schawar Nur ad-Din um Hilfe gebeten, um sein Amt in Ägypten wiederzuerlangen. Nur ad Din entsandte eine Armee unter dem kurdischen General Sirkuh und Sirkuhs Neffen Saladin. Sie eroberten Kairo 1164, und Schawar wurde wieder als Wesir eingesetzt. Dieser wollte seine Feinde gegeneinander ausspielen und unabhängig sein, also rief er Amalrich zu Hilfe. Der Kampf endete unentschieden, und beide Armeen, die syrische und die fränkische, zogen sich zurück. 1167 fielen Sirkuh und Saladin erneut in Ägypten ein, und wieder bat Schawar Amalrich um Unterstützung. Bei der Schlacht von al-Babyan erlitten die Franken große Verluste. Ein Waffenstillstand wurde ausgehandelt: Amalrich versprach, sich aus Ägypten zurückzuziehen, und erhielt dafür einen höheren Tribut. Außerdem durfte er in Kairo eine Garnison errichten. 1168 überredete Gilbert d'Assailly, der Großmeister der Johanniter, Amalrich zum Vertragsbruch. Im November belagerte Amalrich zuerst Bilbeis, dann Kairo. Dieses Mal wandte sich Schawar an Nur ad-Din, der wieder Sirkuh losschickte. Die Kreuzfahrer wurden zum Rückzug gezwungen.

1169 ermordete Sirkuh Schawar und wurde selbst Wesir, starb aber drei Monate später. Sein Nachfolger wurde Saladin. Im August stellte er sich einem Angriff von Amalrich und dem byzantinischen Kaiser Manuel in Ägypten entgegen. Die Flotte der Byzantiner war gut unterwegs, es gab jedoch Probleme bei der Rekrutie-

rung des Kreuzfahrerheeres. Nach der Erfahrung des Vorjahrs wollten viele Männer nicht mehr gegen Ägypten ziehen. Schließlich wurde Damietta von Oktober bis Dezember 1169 belagert. Gegenseitiges Misstrauen führte zum Bruch der fränkisch-byzantinischen Allianz, und die Truppen zogen sich zurück.

Saladin verlor keine Zeit, um seine Macht auszubauen, wurde dadurch allerdings zum Rivalen Nur ad-Dins. Amalrich und Manuel hatten ihr Bündnis erneuert, stellten also eine Gefahr dar. Doch Nur ad-Din starb überraschend am 15. Mai 1174, König Amalrich am 11. Juli. Das Blatt hatte sich zugunsten von Saladin gewendet.

DIE MILITARISIERUNG DER JOHANNITER

Der Johanniterorden war ursprünglich für die Pflege der Pilger (siehe Seite 52) gegründet worden, beteiligte sich aber ab Mitte des 12. Jahrhunderts mehr und mehr aktiv an den Kämpfen der Kreuzfahrer. Die entscheidende Phase scheint die Zeit nach 1163 unter Großmeister Gilbert d'Assailly gewesen zu sein, als der Orden die Landesgrenzen sowie Burgen verteidigte und an Feldzügen teilnahm, darunter an dem gegen Ägypten. Gilberts Strategie hatte den Orden offensichtlich kurz vor den finanziellen Ruin gebracht; vielleicht drängte er Amalrich zum Angriff auf Ägypten, um dem Orden reiche Beute und Ländereien zu verschaffen.

Der gescheiterte Feldzug führte fast zur Schließung des Hospitals. Führende Ordensmitglieder forderten den Rücktritt Gilberts. Papst Alexander III. (1159–1181) erinnerte die Bruderschaft in einem Brief scharf daran, dass ihre Hauptaufgabe in der Pflege der Pilger bestünde. Dank seiner Besitzungen in Europa erholte sich der Orden wirtschaftlich wieder. Inzwischen gehörte die Kriegsführung jedoch eindeutig zu seinem Geschäft.

KRANKHEITEN UND MEDIZIN

1174 starb König Amalrich I. an der Ruhr. Auch andere Berühmtheiten wurden von Seuchen hinweggerafft – ein Indiz für die hohe Todesrate im Mittelalter und für das Bedürfnis nach medizinischer Betreuung. Bei Schlachtwunden konnte man häufig nichts mehr ausrichten, doch wesentlich mehr Menschen starben an Krankheiten. Der Johanniterorden hatte Einheiten, die die Kreuzfahrer in die Schlacht begleiteten. Skelettfunde deuten daraufhin, dass es fähige Ärzte gab, die Knochenbrüche heilen konnten. Das Johanniterhospital in Jerusalem beherbergte angeblich 2000 Patienten, denen Schonkost verordnet wurde. Orientalische Ärzte genossen einen besseren Ruf als europäische. Ein christlich-arabischer Arzt behandelte einen Abszess am Bein mit Umschlägen, die Ärzte der Franken bestanden auf der Amputation mit dem Beil: Der Patient starb am Schock.

DER AUFSTIEG SALADINS

Als Nur ad-Din 1174 starb, setzte Saladin alles daran, um dessen Erbe an sich zu reißen. Er stellte sich gern als Helden des Islam dar, der die europäischen Eindringlinge bekämpfte, aber in Wirklichkeit führte er einen ständigen Krieg gegen die Familienmitglieder von Nur ad-Din, die Zangiden (benannt nach Zangi), und andere Muslime.

Nur ad-Din war ein *Atabeg* (Adelstitel türkischen Ursprungs) gewesen, ein Statthalter des Kalifen von Bagdad, der Armeen befehligte und Territorien beherrschte. Offiziell war er zwar dem Kalifen unterstellt, doch dieser hatte eine rein zeremonielle Funktion. Nur ad-Din hatte eine türkische Elitetruppe unter sich sowie ein Reich, das Aleppo, Damaskus und ausgedehnte Gebiete entlang des Euphrat umfasste. Im Westen regierte sein Neffe über Kikilien.

Nur ad-Din hinterließ einen zehnjährigen Sohn namens as-Salih Ismail. Es gab jedoch keine gesetzliche Regelung, dass ein *Atabeg* sein Amt dem Sohn vererben könne. Saladin akzeptierte as-Salih als Oberherrn, behauptete aber gleichzeitig, der rechtmäßige Reichsverweser des Jungen zu sein. 1175 wurde er von den Emiren nach Damaskus gebeten und vom Kalifen als Regent anerkannt. Damit herrschte er über Ägypten und Syrien. Sein Versuch, die beiden Länder zu einen, scheiterte jedoch am Widerstand Aleppos, das von Zan-

DIE SCHRECKEN DER BELAGERUNG

Eine Belagerung konnte sich sehr lange hinziehen, und die in einer Stadt oder Festung Eingeschlossenen mussten schreckliche Entbehrungen erleiden. Nicht nur, dass Lebensmittel und Wasser knapp wurden: Der ständige Beschuss durch Steine, die von Katapulten abgefeuert wurden, versetzte die Menschen in Angst und Schrecken. Wilhelm von Tyros beschreibt die Belagerung der Festung Kerak (siehe Foto auf Seite 72) durch Saladin im Jahr 1183. Saladin hatte ringsum Katapulte aufgestellt, die die Burg unablässig bombardierten:

»Die geschleuderten Steine waren so groß, dass niemand innerhalb der Mauern es wagte, eine Hand zu rühren oder durch die Öffnungen zu spähen, um eine Widerstandsmöglichkeit zu ersinnen ... Einmal versuchten die Belagerten, ein eigenes Katapult aufzustellen. Die Feinde draußen schossen ihre Steine aber derart zielsicher ab, dass die Christen, abgeschreckt durch die ständigen Schläge und in der Todesangst, die jeder Stein auslöste, von dem Versuch absahen. Diese Gefahren, die die Menschen in Furcht erzittern ließen, bestürmten nicht nur diejenigen, die aus ihren Verstecken gekrochen waren, um Waffen oder Wurfgeschosse von der Brüstung zu schleudern oder auf die Belagerer hinunterzublicken. Selbst diejenigen, die in die inneren Gemächer geflohen waren, fuhren aus Angst vor dem Lärm und dem Dröhnen der heranfliegenden Geschosse zusammen.«

Wilhelm berichtet, dass Saladin nach einmonatiger Belagerung vom Herannahen der Armee König Balduins IV. erfuhr und den Rückzug anordnete.

gis Familie dominiert wurde. Neun Jahre lang würden ihn erbitterte Kriege mit der Zangidendynastie daran hindern, sich voll auf den *Dschihad* gegen das Königreich der Kreuzfahrer zu konzentrieren.

Jerusalem war allerdings nicht in der Lage, Saladins Kampf gegen Aleppo effektiv zu nutzen, da es stark unter inneren Konflikten litt. Auf Amalrich I. war sein Sohn Balduin IV. (1174–1185) gefolgt, der an Lepra erkrankt war. Da er aufgrund seiner Krankheit nicht heiraten konnte und zudem nicht alt genug war, um selbstständig zu regieren, entbrannte unter dem Adel ein Streit um die Macht, der sich unter anderem darin manifestierte, dass Miles von Plancy als Regent durch Raimund III. von Tripoli ersetzt wurde. Als Miles ermordet wurde, beschuldigte seine Witwe Raimund III. und heiratete Rainald von Châtillon, den ehemaligen Fürsten von Antiochia und aktuellen Herrn von Transjordanien. Rainald wurde ein Feind des Regenten. Gérard de Ridefort, der Seneschall (zweithöchster Würdenträger) und spätere Großmeister der Templer, war ein Erzfeind Raimunds, der ihn einst verraten hatte. Amalrich I. hatte zwei Königinnen hinterlassen: Agnes von Courtenay (die Mutter von Balduin IV., die von ihrem Bruder Joscelin III. von Courtenay unterstützt wurde) und Maria Komnena. Die beiden Frauen hassten einander. Diese verfeindeten Parteien rangen um die Kontrolle über das Königreich.

Trotz dieser Spannungen half Raimund III. den Zangiden bei ihrem Kampf gegen Saladin und arrangierte 1176 eine Heirat zwischen Sibylle, der Schwester des Königs, und Wilhelm von Montferrat. Als Sibylles Ehemann hatte Wilhelm Anrecht auf den Thron, doch zum Unglück des Königreichs (wie sich später herausstellen sollte) starb er und hinterließ einen Sohn, Balduin V. (1185–1186). Man versuchte, einen anderen Ehemann für Sibylle zu finden, doch Balduin V. stand hierbei im Weg. Ein Mann, der Sibylle ehelichte und König werden würde, konnte niemals den eigenen Sohn als Erben einsetzen. Raimund III. würde also noch länger Regent bleiben.

Hinzu kam, dass der byzantinische Kaiser Manuel 1176 bei Myriokephalon vom Sultan von Konya besiegt worden war und daher nicht bis nach Syrien vordringen konnte. 1177 sandte er seine Flotte, um den Franken bei einem weiteren Angriff auf Ägypten beizustehen, doch Balduin IV. war zu krank, und es gab niemand anderen, der einen Feldzug hätte führen können.

Als Balduin IV. endlich die Königswürde erlangte, hörte er meist auf seine Mutter und Rainald (deren Fraktion zusätzlich gestärkt wurde, als Heraklius durch deren Protektion 1180 zum Patriarchen

Gegenüber und unten: *Runde Kacheln, die um 1250–1260 in Chertsey in England hergestellt wurden. Sie zeigen Saladin (unten), der von Richard I. von England getötet wird. Dass Saladin im Zweikampf mit Richard I. fiel, ist frei erfunden, spiegelt aber sein Bild als tugendhafter Ritter.*

DER HEILIGE KRIEG SALADINS

Baha ad-Din ibn Schaddad gehörte zum Gefolge Saladins und schrieb gegen Ende des 12. Jahrhunderts eine Biografie über ihn. Er schildert die Hingabe seines Herrn an den *Dschihad*:

»Die Heiligen Schriften sind voller Passagen über den Heiligen Krieg [*Dschihad*]. Bei dieser Sache war Saladin eifriger als bei allen anderen Dingen. ... Der Heilige Krieg und das damit verbundene Leiden lag schwer auf seinem Herzen und erfasste jede Faser seines Wesens ... Aus Liebe zum Heiligen Krieg und Allahs Weg verzichtete er auf seine Familie, seine Söhne, seine Heimat, sein Haus, seinen Besitz und zog es vor, im Schatten seines Zeltes zu leben wo ihn von allen Seiten der Wind anblies.«

von Jerusalem gewählt wurde). Im November 1177 marschierte Saladin in das Königreich ein. Balduin hatte sich wieder erholt und ließ seine Armee vorrücken, doch Saladins Heer war derart imposant, dass sich Balduin nach Askalon zurückziehen musste. Saladins Männer verstreuten sich, um zu plündern. Ein Umstand, den Balduin sofort nutzte, um Saladin am 25. November 1177 bei Montgisard eine schwere Niederlage zuzufügen.

1178 erbaute Balduin eine Burg an der Jakobsfurt des Jordan, um seine nordöstlichen Grenzen zu sichern. Sie war nur eine Tagesreise von Damaskus entfernt, das konnte Saladin nicht ignorieren. Er bot Balduin eine große Summe für die Schleifung der Burg, die der König jedoch ausschlug. Am 24. August ging Saladin zum Angriff über, fünf Tage später fiel die Burg. Sie wurde dem Erdboden gleichgemacht, und ihre Garnision wurde massakriert. Die Niederlage an der Jakobsfurt hatte zunächst keine unmittelbaren Auswirkungen: Saladin war viel zu sehr damit beschäftigt, Aleppo zu erobern, und schloss 1180 einen Waffenstillstand mit den Franken. Doch der Vorfall hatte gezeigt, wie angreifbar der Norden des Konigreichs war. Der Tod Kaiser Manuels im Jahr 1180 verschlechterte die Lage, denn damit endete das byzantinische Protektorat über die nördlichen

Überreste der Kreuzfahrerburg Kerak, dem Stützpunkt der Herren von Transjordanien in der Nähe des Toten Meers. Sie wurde um 1140 erbaut und kontrollierte die lebenswichtige Handelsroute zwischen Ägypten und Syrien. Die Burg hielt zahllosen Angriffen Saladins stand, bevor sie sich schließlich 1188 nach einjähriger Belagerung ergeben musste.

Kreuzfahrerstaaten. Die Herrscher Europas kümmerten sich lieber um ihre eigenen Angelegenheiten, als zu helfen.

1182 überfiel Rainald von Châtillon eine reiche Karawane zwischen Ägypten und Syrien. Damit brach er den Waffenstillstand und provozierte Saladin. Im selben Jahr schiffte er sich in Eilat am Roten Meer ein, plünderte den Hafen von Medina und bedrohte Mekka. Die islamische Gemeinde geriet in Aufruhr. Saladin sah sich gezwungen, ein großes Heer aufzustellen, das im September 1183 gegen das Königreich Jerusalem zog.

Ägyptische Truppen nehmen an einer Schlacht gegen europäische Ritter teil – einer wird gerade aus dem Sattel seines schwarzen Zelters geworfen (unten rechts). Die Stadt konnte nicht identifiziert werden. Fragment einer ägyptischen Zeichnung aus dem 12. Jh.

Der kranke Balduin musste Guido von Lusignan, dem neuen Mann seiner Schwester Sibylle, die Führung der Armee überlassen. Als designierter Nachfolger Balduins wurde Guido zum Regenten ernannt und löste Raimund III. ab.

Guido ließ sich auf keinen Kampf ein, sondern verfolgte eine defensive Strategie, die Saladins Heer schließlich zum Rückzug zwang. Die Feinde Guidos warfen ihm Feigheit vor, und Balduin setzte ihn kurzerhand als Regenten ab. Stattdessen ernannte er seinen jungen Neffen zum Erben. Eine unüberlegte Handlung, die wohl die Thronnachfolge sichern sollte. Jedenfalls ließ er Balduin V. im November 1183 krönen und setzte Raimund III. als Regenten ein. Schließlich erlag Balduin IV. im März 1185 im Alter von neunundzwanzig Jahren seiner Krankheit.

Saladin war es inzwischen trotz heftigen Widerstands der Zangidendynastie gelungen, Aleppo einzunehmen. Damit war er der unangefochtene Herrscher über Ägypten und Syrien.

DIE HÖRNER VON HATTIN

1186, nachdem er kaum ein Jahr König gewesen war, starb der achtjährige Balduin V. von Jerusalem. Bezüglich der Thronnachfolge hatte Balduin IV. ein Dokument hinterlegt, das die Ansprüche von Sibylle und Isabella, den Töchtern von König Amalrich I., zu gleichen Teilen formulierte. Der gesamte Hochadel hatte damals zugestimmt, doch durch einen Palaststreich gelang es Sibylle und ihrem Gatten Guido, gekrönt zu werden. Die meisten Barone erkannten Guido als König an, nicht aber Raimund III. von Tripoli, der sich auf seine Ländereien in Galiläa zurückzog. Guido drohte Raimund, der daraufhin einen Schutzvertrag mit Saladin schloss.

Anfang 1187 hatte Rainald von Châtillon den Waffenstillstand mit Saladin gebrochen, der dafür eine Entschädigung verlangte. Entgegen dem Befehl von Guido weigerte sich Rainald, etwas zu zahlen. Ein Krieg schien unvermeidlich, und Guido sandte Boten nach Tiberias, um sich mit Raimund auszusöhnen. Doch Raimund hatte Saladin bereits freien Durchgang in seinem Gebiet gewährt, um das Königreich anzugreifen. Am 30. April wurde eine kleine Einheit von Johannitern und Templern von Saladins Männern aufgerieben.

Im Juni 1187 überschritt Saladin mit einer etwa 30 000 Mann starken Armee den Jordan, und am 1. Juli belagerte er Tiberias, wo

Die Schlacht von Hattin. Kolorierte Zeichnung (13. Jh.) von Matthieu Paris. Der Künstler dramatisiert den Verlust des Heiligen Kreuzes, indem er zeigt, wie Saladin es König Guido mitten im Schlachtgetümmel entreißt.

sich Raimunds Frau Eschiva befand. Das veranlasste Raimund zu einem Seitenwechsel. Guido hatte eiligst das Heer des Königreichs zu den Waffen gerufen und die größte Streitmacht aufgestellt, die die Kreuzfahrer je hatten: 1200 schwergepanzerte Ritter, 4000 Mann leichte Kavallerie und etwa 12 000 Fußsoldaten. Am 2. Juli lagerten sie bei Saffuriyya (Sephoria), 26 km westlich von Tiberias, wo es ausreichend Wasser und Weideland gab. Saladins Armee war im Anmarsch, doch Guido weigerte sich, zu kämpfen. In dieser Nacht fand eine kontroverse Lagebesprechung statt. Angeblich war Raimund III. gegen einen direkten Angriff, während seine Gegner, darunter Rainald von Châtillon, dafür waren. Eine schwierige Entscheidung, denn es konnte durchaus vorteilhaft sein, hier defensiv vorzugehen. Sollte sich Saladins Armee nicht zerstreuen, so könnte man sie für die Schlacht in eine für die Kreuzfahrer günstige Region locken. Andererseits bot das riesige Heer Guido die Chance, Saladin vernichtend zu schlagen, und ein ruhmreicher Sieg würde die Einheit des Königreichs stärken.

Am 3. Juli gibt Guido seiner Armee den Befehl, sich ostwärts in Marsch zu setzen. Nun war er bereit für die Schlacht, es ist jedoch unwahrscheinlich, dass er erwartete, Tiberias in einem Tag zu erreichen, und seine Männer in der ausgedörrten Landschaft schrecklichen Durst leiden lassen wollte. Was auch immer er vorhatte, es ging schief. Kaum hatten sie die Quelle hinter sich gelassen, wurden sie von Saladins Kavallerie umzingelt. Die Nachhut erlitt schwere Verluste. Auf den Rat von Raimund III. hin lagerte sie auf den Hügeln von Hattin für die Nacht, eingeschlossen von Saladins Heer und fast ohne Wasser. Am Morgen des 4. Juli 1187 wartete Saladin die Mittagshitze ab, bevor er angriff. Offenbar hatte sich die Infanterie ins Hinterland zurückgezogen. Die Kavallerie war Saladins berittenen Bogenschützen schutzlos ausgesetzt und konnte keinen Ausbruch machen. Die fränkische Armee wurde fast völlig aufgerieben. Lediglich Raimund III. und einigen anderen gelang die Flucht.

In der Stunde seines größten Triumphs erwies sich Saladin als gnadenloser und zugleich großzügiger Sieger. Er behandelte Guido und andere Adlige höflich, köpfte aber Rainald mit eigener Hand. Alle Templer und Johanniter wurden hingerichtet, bis auf den Großmeister der Templer, Gérard de Ridefort. Guido, sein Bruder Amalrich, Gérard, Humfried von Toron und andere adlige Gefangene wurden nach Damaskus geschickt. Eschiva, die Tiberias einen Tag nach der Schlacht von Hattin preisgab, durfte nach Tripoli ziehen.

Die Hörner von Hattin, der Schauplatz von Saladins großem Sieg über das Königreich der Kreuzfahrer im Jahr 1187.

EUROPÄISCHE SÖLDNER

Ein Ritter namens Jaques, der »lange in türkischen Armeen gedient hatte«, wurde in Hattin von König Guido gefragt, welche Kampftaktik die Armee anwenden solle. Im Mittelalter dienten Söldner aus dem Westen jedem, der sie bezahlte, auch muslimischen Herrschern. Solange sie nicht ihrer Religion abschworen, galt das als durchaus ehrbar. Als die Fatimiden 969 in Kairo an die Macht kamen, gehörten auch europäische Soldaten zu ihrer Armee. In Nordafrika waren sie um 1147 derart zahlreich, dass sie ihre eigenen Priester und sogar einen Bischof hatten. Die Sultane von Konya betrachteten ihr europäisches Soldatenkorps als Eliteeinheit. Als ein Korpsmitglied einen Einheimischen tötete, war es unmöglich, ihn zu bestrafen, da seine 700 Kameraden damit drohten, zu revoltieren. Im *Livre au Roi*, dem Gesetzbuch des Königreichs Jerusalem, wurde es Vassallen gestattet, muslimischen Fürsten zu dienen, sofern sie ihren Handlohn dem König überließen.

»SÜSSER SIEG«: SALADINS SIEGESZUG

Saladin erobert das Heilige Land. Aus einer Handschrift der Geschichte der Kreuzfahrer von Wilhelm von Tyros. Oben ist eine brennende Stadt zu sehen, unten treiben die Truppen Gefangene und Vieh vor sich her. Französisch, 1250–1259.

Nach der Niederlage von Hattin waren die Besiedelungen der Kreuzfahrer wehrlos. Saladin bot den Städten und Festungen in der Regel vorteilhafte Bedingungen für eine rasche Übergabe an. Er war bekannt dafür, sein Wort zu halten. Am 10. Juli gab Joscelin III. von Courtenay Akkon preis. Jaffa widersetzte sich, wurde gestürmt und die Bevölkerung in die Sklaverei verkauft. Tyros hatte die Kapitulationsbedingungen schon fast unterschrieben, als Konrad von Montferrat, der Bruder von Königin Sibylles erstem Mann, aus Europa eintraf. Er bot Saladin die Stirn und übernahm in Tyros die Macht. Sidon, Beirut, Askalon und Gaza ergaben sich. Im September 1187 befand sich die ganze Küste bis auf Tyros in Saladins Besitz.

Nun näherte sich Saladin der größten Trophäe: Jerusalem. Die Stadt war voller Flüchtinge, die wild entschlossen waren, zu kämpfen. Sie hatten aber keinen Führer, ein Problem, das durch die Ankunft Balians von Ibelin gelöst wurde (siehe Kasten). Am 20. September stand Saladin vor der Stadt, und die Bewohner machten deutlich, dass sie sich nicht kampflos ergeben würden. Die Verhandlungen gestalteten sich schwierig. Saladin soll auf Vergeltung für das 1099 angerichtete Blutbad durch die Kreuzfahrer erst verzichtet haben, als Balian drohte, den Felsendom sowie die al-Aksa-Moschee zu zerstören und die gefangen gehaltenen Muslime in Jerusalem niederzumetzeln. Saladin lenkte ein. Gegen Zahlung von zehn Dinar für einen Mann, fünf für eine Frau und einen für ein Kind

SALADINS RITTERLICHKEIT

Einer der wenigen Überlebenden von Hattin war Balian von Ibelin (Balian der Ältere), das Familienoberhaupt eines Clans, der im Königreich gewaltige Ländereien besaß. Gemeinsam mit Rainald von Sidon gelang ihm der Ausbruch aus der arabischen Umzingelung. Er floh nach Tyros, seine Frau Maria Komnena (einst zweite Gattin von König Amalrich I.) blieb mit den Kindern in Jerusalem. Als Saladin die Heilige Stadt belagerte, bat Balian um sicheres Geleit dorthin, damit er seine Familie nach Tyros bringen konnte. Solange Balian unbewaffnet reiste und nicht mehr als eine Nacht in Jerusalem verbrachte, gewährte ihm Saladin die Bitte.

Sobald Balian in der Stadt war, beschwor ihn die Bevölkerung, die Verteidigung zu leiten. Schließlich gab er nach und schrieb an Saladin, um zu erklären, warum er sein Wort brechen musste. Diese Ehrlichkeit belohnte Saladin, indem er seine eigenen Truppen schickte, um Maria und die Kinder in Sicherheit zu bringen. Eine außerordentlich großzügige Geste des Sultans, die auch von den Annäherungsversuchen zwischen den herrschenden Oberschichten des Nahen Ostens zeugt. Neben anderen Episoden sorgte sie für das spätere Bild der Europäer von Saladin als edlem Helden und idealem, vorbildlichem Ritter (siehe Seite 93).

wollte er den Christen erlauben, Jerusalem zu verlassen. Balian wandte ein, dass Tausende armer Leute eine solche Summe nicht aufbringen könnten. Saladin gewährte eine Gnadenfrist, damit man das Geld auftreiben konnte. Schließlich wurde eine Pauschalsumme bezahlt. Etwa 15 000 Menschen konnten nicht vor der Sklaverei bewahrt werden, der Rest wurde an die Küste geleitet. »Wie süß war es für ihn, siegreich zu sein«, schrieb Imad ad-Din über Saladins Einnahme von Jerusalem. Die Wiedereroberung der Heiligen Stadt für den Islam war ein großer Erfolg, gewährte Konrad aber ausreichend Zeit, um die Verteidigung von Tyros vorzubereiten. Im November erreichte Saladin Tyros, zog jedoch bereits am 1. Januar 1188 wieder ab. Es war seine erste Niederlage seit der Schlacht von Hattin.

Im Mai 1188 versammelte Saladin eine riesige Armee, um die Kreuzfahrerstädte im Norden anzugreifen. Die Eroberung von Tripoli konnte durch eine sizilianischen Flotte verhindert werden. Saladin nahm Tortosa, nicht aber die dortige Zitadelle ein. Im Fürstentum Antiochia war er allerdings siegreich. Am 15. Juli fiel Djabala, am 22. Latakia. Die Festung von Saone (Sahyun) ergab sich am 29. Juli, die von Burzaih am 23. August. Als Baghras kapitulierte, stand Saladin eigentlich vor Antiochia selbst, schwere Verluste in den eigenen Reihen zwangen ihn aber letztlich zu einem Waffenstillstand. Kerak in Transjordanien ergab sich im November 1188, Safad im Dezember, Belvoir konnte noch bis Januar 1189 standhalten. Das Königreich von Jerusalem existierte praktisch nicht mehr. Doch Tyros erhielt laufend Verstärkung, und in Europa rüstete man sich schon wieder zu einem neuen Kreuzzug.

DIE LIST KONRADS

Konrad von Montferrats Verteidigung von Tyros stärkte die Moral der angeschlagenen Kreuzfahrer. Das französische Werk *Estoire d'Eracles* beruht zum Teil auf Augenzeugenberichten und schildert, wie Konrad Saladins Flotte austrickste:

»Die Sarazenen sahen, dass die Kette [vor dem Zugang zum Hafen] heruntergelassen war, und beschlossen, anzulegen. Fünf Galeeren legten an. Danach ließ der Marquis [Konrad] die Kette wieder anbringen. Sobald sie installiert war, bemächtigten sich die Christen der Galeeren und zwei weiterer, die sie in Tyros vorfanden. Er stationierte eine Menge gut bewaffneter Ritter an Bord. Im Morgengrauen des nächsten Tages segelten sie lautlos hinaus und griffen die [restlichen] Galeeren der Sarazenen an . ... Als sie den Kampf nicht länger ertrugen, segelten fünf ihrer Galeeren an die Küste, zwei weitere machten sich nach Beirut davon.«

Seeschlacht; aus einer Handschrift um 1340. Nach den Verlusten von 1187 gab der Sieg von Konrad von Montferrat über Saladins Flotte dem Schicksal der Kreuzfahrer eine positive Wendung.

4

DER DRITTE KREUZZUG

FELDZUG DER ELITE EUROPAS

HELEN NICHOLSON

DIE KÖNIGE NEHMEN DAS KREUZ

AUDITA TREMENDI

Wie alle päpstlichen Bullen, so wurde auch der Aufruf Gregors VIII. zum dritten Kreuzzug unter den lateinischen Anfangsworten bekannt: *Audita tremendi* (»Wir haben Dinge vernommen, die uns erzittern lassen«). Hier ein Auszug:

»Wir haben Dinge vernommen, die uns erzittern lassen angesichts des gestrengen Urteils, das die Göttliche Hand über das Land Jerusalem gefällt hat. ... Wir müssen gewahr sein, dass nicht nur die Einwohner [von Jerusalem] gesündigt haben; auch wir haben gesündigt, wie alle christlichen Völker. ... Jeder muss daran denken und danach handeln, damit wir uns durch freiwillige Behebung unserer Sünden unserem Herrn zuwenden. Zuerst sollten wir unsere bösen Taten sühnen, dann mögen wir die Grausamkeit und Heimtücke des Feindes beachten. Jenen, die diese Reise mit reuevollem Herzen, in Demut und im rechten Glauben antreten, werden alle Sünden vergeben, und sie werden ewig leben.«

Im Herbst 1187 reiste Erzbischof Joscius von Tyros nach Europa, um die Kunde von Saladins Siegeszug zu überbringen. Der Verlust Jerusalems erschütterte Europa zutiefst. Ende Oktober veröffentlichte Papst Gregor VIII. seine Enzyklika *Audita tremendi*, in der er alle Christen aufrief, sich in den Osten zu begeben, um den Brüdern dort beizustehen. Richard Graf von Poitou, der älteste Sohn König Heinrichs II. von England, war einer der ersten, der das Kreuz nahm. Bereits im Sommer 1187 hatte Wilhelm II. von Sizilien eine kleine Flotte entsandt, um den Kreuzfahrern bei der Wiedereroberung der von Saladin besetzten Küstenstädte zu helfen.

Der Papst beauftragte Joscius und den Kardinallegaten Heinrich von Albano, nördlich der Alpen Teilnehmer für den Kreuzzug zu rekrutieren. Heinrich II. von England und Philipp II. von Frankreich führten gerade Krieg gegeneinander. Joscius' Predigten verursachten einen derart starken öffentlichen Druck, dass sich die Könige bereit erklärten, Frieden zu schließen und ins Heilige Land zu ziehen. Heinrich, der den Landweg nehmen wollte, schickte Briefe an europäische Machthaber, in denen er um freien Durchmarsch für seine Armee bat.

Im März 1188 nahm der über sechzigjährige Heilige Römische Kaiser Friedrich Barbarossa (1152–1190) das Kreuz. Er gab die Order aus, nur erfahrene Krieger, die in der Lage wären, sich für einen zwei Jahre dauernden Feldzug anständig auszurüsten, dürften an seinem

Die Grabplastik von König Richard I. von England (1189–1199) in der Abtei Fontevrault in Anjou, Nordfrankreich. Dort sind insgesamt acht königliche Grabmäler, darunter auch das seines Vaters, Heinrich II. von England, und seiner Mutter, Eleonore von Aquitanien. Durch seine Teilnahme am dritten Kreuzzug und die Kriege in Frankreich verbrachte Richard nur sechs Monate in seinem eigenen Königreich.

Kreuzzug teilnehmen. Obwohl er der letzte westliche Herrscher war, der sich dem Kreuzzug anschloss, brach er im Mai 1189 als Erster auf.

Inzwischen stritten sich England und Frankreich bereits wieder. Im Juli 1189 starb Heinrich II., und sein Kreuzzugsgelübde blieb unerfüllt; zur herben Enttäuschung der Franken im Nahen Osten, die große Hoffnungen in ihn gesetzt hatten. Heinrich hatte stets Geld ins Heilige Land geschickt, außerdem war er mit den dortigen Herrschern eng verwandt: Königin Sibylle war seine Cousine, und beide waren Enkelkinder von Fulk V. Graf von Anjou, dem König von Jerusalem (1131–1143). Heinrichs Sohn und Nachfolger, Richard von Poitou (Richard I. Löwenherz), verlor jedoch keine Zeit, um sein bereits im November 1187 abgelegtes Kreuzzugsgelübde einzuhalten und die Verpflichtungen des Vaters zu übernehmen. Am 4. Juli 1190 schlossen Richard I. und Philipp II. in Vézelay ein Bündnis und vereinbarten, alles gerecht zu teilen, was sie beim Kreuzzug erbeuten würden. Eine Abmachung zwischen zwei Gleichgestellten, doch Philipp betrachtete Richard als Untergebenen, weil er über Richards enorme Besitzungen in Frankreich herrschte. Richard wiederum hielt sich für einen bedeutenderen Monarchen als Philipp, da er über größere Ländereien und Schätze sowie über ein besser ausgebildetes Heer verfügte. Ihr Verhältnis war konfliktgeladen.

Kaiser Friedrich mit seinen Söhnen König Heinrich (später Kaiser Heinrich VI.) und Herzog Friedrich. Das rötliche Haar und der rötliche Bart, die dem Kaiser seinen Spitznamen »Barbarossa« (Rotbart) einbrachten, sind deutlich erkennbar. Miniatur aus der Welfenchronik, die 1179–1191 im Kloster Weingarten entstand.

Die großen Armeen der beiden Könige nahmen jeweils einen anderen Seeweg. Das zusammengeschlossene Heer war so gewaltig, dass seine Versorgung eine zu große Last für die Länder gewesen wäre, durch die sie ziehen würden. Richard ließ in England Schiffe bereitstellen, die seine Armee in den Osten bringen sollten, Philipps Truppen lichteten in Genua den Anker.

DER SALADINSZEHNTE

Krieg war eine teure Angelegenheit. Viele Kreuzfahrer finanzierten sich selbst, doch wenn ihnen das Geld ausging, erwarteten sie von den Führern der Kreuzzüge, die Kosten zu übernehmen. Als Heinrich II. und Philipp II. 1188 das Kreuz nahmen, wurde in England und Frankreich eine Kreuzzugssteuer erhoben, der sogenannte Saladinszehnte. Alle, die nicht am Kreuzzug teilnahmen, mussten ein Zehntel ihrer Einkünfte des laufendes Jahres bezahlen. Der Saladinszehnte war extrem unbeliebt, und in Frankreich löste die Steuer derart heftige Proteste aus, dass Philipp sie nach einem Jahr wieder abschaffen musste. Heinrich ließ sie einfach rücksichtslos eintreiben. Gewaltige Summen kamen zusammen.

Nach Heinrichs Tod brachte sein Sohn Richard noch mehr Mittel auf, indem er alles anbot, was sich verkaufen ließ und was sich etwaige Abnehmer leisten konnten: Titel, Ämter, Grafschaften, Schlösser, Burgen und Verwaltungsrechte. Ein Autor aus jener Zeit zitierte die folgenden Worte des Königs: »Ich würde London verkaufen, wenn ich einen Käufer fände.«

DER KREUZZUG ZIEHT GEN OSTEN

RICHARD I. EROBERT ZYPERN

Auf ihrer Reise in den Osten gerieten einige Schiffe König Richards I. in einen Sturm und strandeten in Zypern. Die Insel wurde vom byzantinischen Emporkömmling Isaak Komnenos beherrscht. Er sperrte die Schiffbrüchigen ein, was Richard dazu veranlasste, die Insel anzugreifen. Zudem war sie ein strategisch wichtiger Stützpunkt für den Kreuzzug.

Richard nahm Zypern erfolgreich ein. Um die Kosten für die Verteidigung der Insel zu sparen, verkaufte er sie kurzerhand an die Templer. Diese gaben sie jedoch nach einem Aufstand der Einheimischen an Richard zurück, der sie dann an Guido von Lusignan, den Ex-König von Jerusalem, verkaufte. Somit wurde Guido König von Zypern, das bis zur Eroberung durch die Osmanen im Jahr 1571 vom Haus Lusignan und anderen westlichen Herrschern regiert wurde.

Eine Flotte bricht zum Kreuzzug auf, aus Cantigas de Santa Maria, *einer galizischen Liedersammlung, die König Alfonso X. von León und Kastilien (1252–1284) in Auftrag gegeben hatte.*

Ritter aus ganz Europa brachen zum dritten Kreuzzug auf; aus Italien, Frankreich, Deutschland, England, Dänemark, Friesland und Ungarn. Menschen aus sämtlichen sozialen Schichten Europas kamen schiffsladungsweise nach Tyros und Tripoli: Adlige, Kaufleute, Bauern, Frauen, Jung und Alt. Diejenigen, die sich nicht aktiv am Kampf beteiligten, unterstützten das Kreuzfahrerheer auf andere Weise – sie übten ein wichtiges Handwerk aus, kümmerten sich um den Handel oder beteten schlicht für das Heil der Ritter. Am Kreuzzug nahmen auch viele Priester und Mönche teil.

Die Truppen Frankreichs und Englands kamen über den Seeweg, während die Armee Friedrich Barbarossas den Landweg wählte und sich von Regensburg aus in Marsch setzte. Die Flotten der Kreuzfahrer gingen in Sizilien, Kreta, Rhodos oder Zypern vor Anker, um sich mit Nahrung und Wasser zu versorgen. Die Franzosen waren im Juni 1190 in Genua aufgebrochen und erreichten Messina im September, Richards Flotte kam kurz danach an. Aufgrund der gefürchteten Winterstürme verschob man die Weiterfahrt ins Frühjahr, ein Teil von Philipps Truppen setzte die Seereise jedoch fort. Philipp traf am 20. April 1191 in Akkon ein, Richard hatte auf seinem Weg noch die Insel Zypern erobert und landete erst am 8. Juni vor Akkon.

Die Dänen, Friesen und Flamen, die sich im Sommer 1189 in England eingeschifft hatten, unterbrachen ihre Fahrt in Portugal, um König Sancho I. im Kampf gegen die Muslime zu unterstützen.

Das Benehmen der englischen Kreuzfahrer, die gemeinsam mit Richard I. im Frühherbst 1190 in Sizilien eintrafen, stieß auf wenig Gegenliebe. Süditalien war damals Schnittpunkt östlicher und westlicher Kultur, hier lebten Griechen, Normannen und Muslime; letztere waren in den Augen der Ritter Sarazenen, also Feinde. Das Verhältnis zwischen Gästen und Bewohnern erreichte einen Tiefpunkt, als sich Richard mit König Tankred von Sizilien überwarf, der sich weigerte, der Königinwitwe Johanna, der Schwester Richards, Besitz zurückzugeben. Johanna war die Gattin von Wilhelm II. von Sizilien, der eigentlich am Kreuzzug teilnehmen wollte, aber im November 1189 gestorben war. Richard hatte auch deshalb in Sizilien Halt gemacht, weil er Johanna und deren Mitgift einsammeln wollte. Die Mitgift wäre ihm bei der

Finanzierung des Kreuzzugs äußerst gelegen gekommen. Der Streit artete in einen offenen Kampf aus, Richard belagerte Messina und nahm es ein. Es erforderte ein hohes Maß an diplomatischem Geschick, um den Frieden wiederherzustellen. Der Vorfall zeigte, wie rasch sich Gebiete von riesigen, einfallenden Armeen bedroht fühlten, noch dazu, wenn sie sich so arrogant betrugen wie Richards Männer. Außerdem musste die lagernde Armee mitsamt ihren Pferden mit Nahrung und Wasser versorgt werden, man war also auf das Wohlwollen der Länder angewiesen, in denen man Station machte.

Doch es gab noch andere Schwierigkeiten. Manche Ritter kehrten verfrüht nach Hause zurück, weil sie krank wurden oder kein Geld mehr hatten. Den größten Verlust des Kreuzugs stellte jedoch das Auseinanderbrechen des riesigen Heeres von Kaiser Friedrich I. dar. Es hatte auf dem Weg seinen Oberbefehlshaber verloren (siehe Seiten 84–85) und sich zerstreut, im Oktober 1190 traf nur noch eine kleine Streitmacht in Akkon ein.

Die Vorzeichen für den Kreuzzug standen ungünstig. Doch als der englische und der französische König Akkon erreichten, wurde die Stadt bereits von ihren eigenen Leuten belagert. Die westliche Gegenoffensive gegen Saladin hatte begonnen.

Zahlreiche Wege über Land sowie über See führten ins Heilige Land. Die Skandinavier und Flamen segelten über die Nordsee nach England, vereinten sich dort mit den Engländern und stachen im Frühling und Sommer 1189 von mehreren Häfen an der Südküste aus in See. Richard I. brach von seinen angestammten Besitzungen in Westfrankreich auf und fuhr über die Loire nach Vézelay. Seine Flotte segelte von Nantes nach Sizilien, um sich dort mit ihm für die Weiterreise zu treffen. Philipps Truppen marschierten südwärts durch Frankreich und segelten entweder von Genua oder entlang der italienischen Küste nach Sizilien. Die Armee Friedrichs I. zog an der mächtigen Donau entlang und durchquerte dann Anatolien sowie das Königreich Armenien, um von dort nach Akkon zu gelangen.

BARBAROSSAS KREUZZUG

DER TOD BARBAROSSAS

Ein unbekannter Chronist schildert das Ende von Friedrich I.:

»Der Kaiser wollte die ungewöhnliche Hitze lindern und den Gebirgskamm umgehen, daher wollte er den reißenden Fluss durchschwimmen. Der Kaiser, in anderen Dingen so weise, war so unklug, sich mit der Kraft und der Strömung des Flusses zu messen. Obwohl jeder versuchte, ihn davon abzuhalten, ging er in das Wasser und versank in einem Strudel. ... Alle Edelleute eilten ihm zu Hilfe, es war jedoch zu spät, und sie trugen ihn ans Ufer. Alle waren verzweifelt und manche von so tiefem Gram über seinen Tod erfüllt, dass sie mit ihm starben; andere glaubten, Gott habe sie verlassen, kehrten dem christlichen Glauben den Rücken und schlossen sich den Heiden an.«

Friedrich I. Barbarossa ertrinkt im Fluss Saleph. Aus Sächsische Weltchronik *(13. Jh.), eine Geschichte der Welt ab der Schöpfung, die in mittelniederdeutscher Sprache verfasst wurde.*

Im Mai 1189 setzte sich Kaiser Friedrich I. mit seiner Armee von Regensburg aus donauabwärts Richtung Ungarn in Marsch. Sie zogen am Südufer der Donau entlang, der Nachschub wurde in Booten befördert. Ende Juni überschritt das Heer die byzantinische Grenze und näherte sich der Hauptstadt Konstantinopel.

Das Byzantinische Reich hatte die ersten beiden Kreuzzüge unterstützt, doch seit dem Tod von Kaiser Manuel I. Komnenos (1143–1180) hatte sich die Beziehung zwischen dem Westen und Byzanz verschlechtert. Kaiser Isaak II. Angelos (1185–1195, 1203–1204) war derart misstrauisch, dass er ein Bündnis mit Saladin eingegangen war. Er befürchtete einen Überfall Barbarossas auf sein Reich. Als Friedrich Boten aussandte, die den freien Durchzug seines Heeres aushandeln sollten, nahm Isaak diese als Gefangene.

Im November 1189 schlug Friedrich in Adrianopel sein Winterlager auf. In den Folgemonaten unternahmen seine Streitkräfte Raubzüge in der Umgebung. Sie dienten einerseits der Nahrungsbeschaffung, anderseits sollte Isaak dadurch aber auch in die Knie gezwungen werden. Letztlich lenkte Isaak ein, und im Februar 1190 schlossen die beiden Kaiser einen Friedensvertrag, der Friedrich und seiner Armee die Weiterreise ins Heilige Land gestattete.

Der türkische Sultan von Iconium (Konya) hatte Friedrich bereits den freien Durchzug in seinem Gebiet zugesichert, doch als Friedrichs Heer im Territorium des Sultans von Seldschuken ange-

dar in· en burch lach binnen der stat dar was de soldan
uppe· vor der burch lagen de xpenen also lange wante se den
soldan dar to dwungen dat he in des gisle gaf dat se had
den guden vrede· unde guden kop al dur sin lant· Do de
keiser dannen vor de heidenen braken den vrede des behelt
de keiser de gisle unde vorde se mit eme to armenie dar
wolde de keiser swemmen men
unde irdrank· do ward grot
iamer in der xpenheit· do starf
oc greve ludolf unde greve
wilbrant van halremunt unde der xpenen vele· des kei

DER DEUTSCHE ORDEN

Während der Belagerung von Akkon gründeten deutsche Kreuzfahrer aus Bremen und Lübeck ein Hospital für ihre kranken und verwundeten Landsleute. Friedrich Herzog von Schwaben stellte die Bruderschaft unter den Schutz der Familie Hohenstaufen und verschaffte ihr ausgedehnte Besitzungen in Deutschland. Im März 1198 wurde die Bruderschaft offiziell in einen militärischen Orden verwandelt, der ähnliche Regeln befolgte wie die Templer und die Johanniter.

Der Deutsche Orden besaß im Heiligen Land keine nennenswerten Ländereien, sollte dort aber deutsche Interessen vertreten. Um 1230 nahm der Orden an Kreuzzügen im Baltikum teil, die zur Gründung eines Ordensstaates führten, aus dem später Kurland, Ostpreußen, Livland und Estland hervorgingen. Im Prolog des aktuellen Ordensbuches heißt es: »Echte Ritterschaft kennt nicht nur die zeitgebundene Form des Schwertkampfes, die vergangen ist; vielmehr ist der Einsatz für Christi Reich, der Schutz der Wehrlosen, die Hilfe für die Misshandelten, Bedrängten, Verachteten und Notleidenden die eigentliche Haltung des ritterlichen Menschen.«

griffen wurde, beschuldigte der Sultan den Kaiser, sein Wort gebrochen zu haben. Im Mai 1190 besetzte Friedrich Konya vorübergehend und führte sein Heer dann ins fruchtbare Kikilien (Armenien), einem christlichen Land, das den Rittern freundlich begegnete.

Am 10. Juni 1190 fand der Feldzug dann plötzlich ein jähes Ende: Barbarossa ertrank im Fluss Saleph, unweit von Seleukeia (heute Silifke). Die genauen Todesumstände sind bis heute ungeklärt, auch, ob der Kaiser ein erfrischendes Bad nehmen oder den Fluss durchschwimmen wollte. Wahrscheinlich starb er an Herzversagen. Jedenfalls war sein Tod ein schwerer Schlag für seine Getreuen und die anderen Kreuzfahrerarmeen. Die Kreuzfahrer hatten gehofft, dass ihnen das stattliche Heer Friedrichs zu einem raschen Sieg verhelfen würde. Nun war dieser Kreuzzug erfolglos verlaufen. Er führte lediglich zur Gründung eines neuen Ritterordens: dem Deutschen Orden (siehe Kasten).

Unter dem Oberbefehl des Kaisersohns Friedrich V. Herzog von Schwaben zog die verbliebene kleine Streitmacht nach Antiochia, wo das »Fleisch« des Kaisers bestattet wurde (Herz und Eingeweide ruhen in Tarsos, die Gebeine in Tyros). Viele Deutsche starben an Seuchen oder wurden fahnenflüchtig. Im September 1190 schiffte sich der Herzog mit seiner Truppe in Tripoli nach Akkon ein, wo er im Oktober 1190 eintraf. Die Belagerung der Stadt durch die Kreuzfahrer war bereits in vollem Gange.

Der Cappenberger Barbarossakopf, ein vergoldeter Reliquienbehälter, entstand um 1160. Er ist dem Kopf Friedrichs I. Barbarossa nachgeformt, dem Heiligen Römischen Kaiser zwischen 1152–1190.

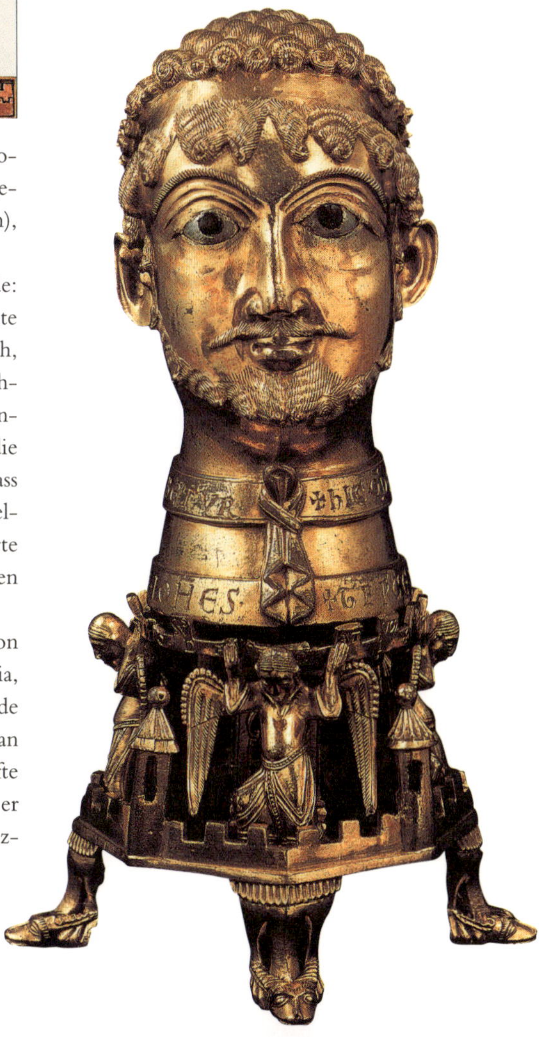

DIE BELAGERUNG VON AKKON

Nach der Schlacht von Hattin war König Guido von Jerusalem gefangen genommen worden. Saladin ließ ihn im Juli 1188 frei – er solle sich umgehend nach Europa begeben. Doch Guido segelte zur Insel Aruad vor Tortosa, um von dort wieder aufs Festland zurückzukehren. In Tripoli traf er auf die ersten Kreuzfahrer aus dem Westen. Er versuchte, sich mit Konrad von Montferrat zu verbünden, der im Sommer 1188 die Verteidigung von Tyros übernommen hatte. Doch Konrad verweigerte die Unterstützung, da er seinen Königstitel bedroht sah. Guido zog mit einer kleinen Truppe nach Akkon und belagerte die seit 1187 von Saladin besetzte Stadt. Daraufhin versammelte Saladin seine Truppen vor Akkon, um die Kreuzfahrer einzukesseln.

Ein erster Angriff der Kreuzfahrer schlug fehl, daher konzentrieten sie sich auf die Blockade der Stadt. Im November 1189 wurden die Nahrungsmittel in Akkon knapp. Saladin versuchte, die Stadt über den Seeweg zu versorgen, seine Flotte wurde jedoch im März 1190 durch Konrad von Montferrat aufgerieben, der zwar eigene Interessen verfolgte, Saladin aber natürlich als Gegner empfand. Trotzdem

Philipp II. bei der Übergabe Akkons 1191, aus Chroniques de France*, ca. 1325–1350. Ein englischer Geistlicher, der am dritten Kreuzzug teilnahm und die Ereignisse niederschrieb, schildert die muslimischen Verteidiger von Akkon als »hervorragende und unvergessliche Krieger, bewundernswert tapfere Männer mit außergewöhnlichem Mut, unerschrockene Kämpfer, die für ihre ruhmvollen Taten bekannt waren. Als sie mit nahezu leeren Händen aus der Stadt kamen, beeindruckten sie die Christen durch ihr formvollendetes Auftreten, das sie unverändert beibehielten, selbst als sie angefeindet wurden.«*

fiel Akkon noch nicht: Am 25. Juli wurde ein weiterer Angriff auf Saladins Lager zurückgeschlagen. Der Zustrom an Neuankömmlingen aus Europa verstärkte die christliche Belagerung. Im Oktober 1190 war der Herzog von Schwaben vor Akkon gelandet, starb jedoch im Januar 1191 an Malaria. Konrad hatte versprochen, die Kreuzfahrer mit Nahrungsmitteln zu versorgen, wenn sie ihm die Heirat mit Isabella, der Thronerbin von Jerusalem (Königin Sibylle und ihre Töchter waren während der Belagerung gestorben), gestatten würden. Sobald die Ehe vollzogen war, brach Konrad sein Versprechen und begab sich Ende November 1190 nach Tyros.

Die Ankunft Philipps II. von Frankreich am 20. April 1191 hob den Mut der Kreuzfahrer, entscheidend war aber das Eintreffen von Richard I., der neues Belagerungsmaterial und Kriegsgaleeren mitbrachte. Der in die Defensive gedrängte Saladin unterbreitete ein Friedensangebot, das Richard jedoch ablehnte. Am 12. Juli besetzten die Kreuzfahrer Akkon und nahmen 3000 muslimische Gefangene, um Saladin zur Herausgabe des Heiligen Kreuzes zu zwingen, das dieser in Hattin erbeutet hatte. Die Könige teilten die Kriegsbeute. Guido wurde zum König von Jerusalem, Konrad zum Herrn über Tyros bestimmt. König Philipp II. von Frankeich sah damit sein Kreuzzugsgelübde erfüllt und trat Ende Juli die Heimreise an.

Am 16. August ließ Richard die Gefangenen niedermetzeln, eine Tat, die von sämtlichen Chronisten als unnötige Grausamkeit verurteilt wurde. Er behauptete, Saladin hielte sich nicht an die Kapitulationsbedingungen, was dieser natürlich verneinte. Wahrscheinlich wollte Richard die Muslime einfach in Angst und Schrecken versetzen und sich außerdem nicht mit der Versorgung von derart vielen Gefangenen belasten. Denn er plante bereits den nächsten Feldzug: die Wiederoberung von Jerusalem.

Der Hafen von Akkon in Israel. Er liegt auf einer Landzunge in der Bucht von Haifa. Die Festungsanlage, die die Kreuzfahrer 1104 nach der ersten Eroberung Akkons errichteten, steht heute noch. Laut historischen Aufzeichnungen und alten Landkarten gab es zu Zeiten der Kreuzfahrer auch einen inneren Hafen.

DIE BELAGERUNGSMASCHINEN

Bei der Belagerung von Akkon füllten die Kreuzfahrer die Gräben um die Stadt, um ihre Belagerungskatapulte dicht an die Mauern bringen zu können; das eigene Lager umgaben sie mit einem Wall. Der Gegner war von den Belagerungsmaschinen beeindruckt, die der Herzog von Schwaben, Philipp und Richard hatten bauen lassen. Philipp hatte ein Katapult, das schwere Munition schleudern konnte; seine Truppen nannten es »Böser Nachbar«. Außerdem verfügten die Kreuzfahrer über einen riesigen Belagerungsturm. Saladins Sekretär Imad al-Din berichtete: »Die Franken bauten einen furchterregenden Turm auf Rädern, eine bedrohliche Maschine, die an ihrer Spitze mit einem Rammbock versehen war. Sie trug zwei lange Hörner, die so dick wie Säulen waren. Sie konnten glatte Mauern wie von Zauberhand öffnen, denn die von den Hörnern getroffenen Wände wurden zu Staub zermahlen!«

BEHERRSCHUNG DER MEERE

Die Beherrschung der Meere spielte beim dritten Kreuzzug eine entscheidende Rolle, denn sie sicherte den Nachschub an Menschen und Gütern. Die Eroberung Akkons im Juli 1191 verschaffte Richard I. die Kontrolle über einen Teil der feindlich besetzten Küste.

Die muslimischen Herrscher erkannten bald, dass sie eine Kriegsflotte benötigten, um Eroberungen im Mittelmeerraum durchzuführen. Versierte Schiffsbauer zimmerten die Flotten, die die Byzantiner 654 vor Ägypten zurückschlugen und Inseln wie Zypern, Kreta, Rhodos und Sizilien angriffen. Im späten 7. Jahrhundert ließ der muslimische Machthaber Nordafrikas in Tunis Schiffswerften errichten und mehr als 100 Schiffe erbauen. Im 9. Jahrhundert entrissen die Araber den Byzantinern die Macht über Sizilien. 904 plünderte eine arabische Flotte Thessaloniki, und im 10. Jahrhundert beherrschten arabische Schiffe den Mittelmeerraum. Die arabischen Kriegsgaleeren waren zwar groß, schwerfällig und langsam, aber sehr solide gebaut und konnten Unwettern trotzen. Die Schiffe der Christen waren wendiger, aber weniger wetterfest: Im Winter lagen die Galeeren vor Anker. Wenn arabische Galeeren nicht im Kriegseinsatz waren, wurden sie als Handelsschiffe genutzt und von unterschiedlichen Herrschern angeheuert.

Im 12. Jahrhundert hatte auch der europäische Schiffsbau Fortschritte gemacht, und Venedig, Genua sowie Pisa lagen im Wettstreit um die Kontrolle des Mittelmeers. Kriegsschiffe waren Galeeren, die tief im Wasser lagen und wahlweise durch Segel oder Ruder in Bewegung gesetzt werden konnten.

Ab 1177 rüstete Saladin die ägyptische Flotte auf, um seine Küsten gegen Angriffe durch die Christen verteidigen zu können. Er ließ Bauholz aus Europa einführen und versuchte, erfahrene Schiffsmannschaften aufzustellen (1179 verbot die Kirche Christen, auf muslimischen Schiffen als Kapitän oder Steuermann anzuheuern). Saladins Flotte alarmierte die Franken, die befürchteten, er würde Pilgerschiffe und Kreuzfahrerstaaten angreifen – was er 1182 auch tat, als etwa dreißig Galeeren Beirut erfolglos attackierten.

Nach seinem Siegeszug von 1187 nutzte Saladin die Flotte, um die Küste des Heiligen Landes zu kontrollieren. Nur Konrad von Montferrat gelang es, ihn in Tyros zu schlagen. Während der Belagerung von Akkon 1189–1191 versuchte Saladin, die Stadt über den Seeweg zu versorgen, und tarnte seine Galeeren sogar als Pilgerschiffe (indem er Schweine an Bord brachte). Die Kreuzfahrer setzten Schiffe für den Transport von Truppen und Gütern ein und griffen muslimische Festungen

an, indem sie Belagerungsmaschinerie auf Schiffen installierten, um mobiles Kampfgerät zu haben. Konrad konnte Saladins Flotte vor Akkon aufreiben, und die Ankunft von König Richard I. beendete schließlich die muslimische Vorherrschaft des Mittelmeers. Die Kriegsgaleeren Richards konnten Jaffa im August 1192 nahezu kampflos einnehmen.

Nach Saladins Tod im Jahr 1193 widmeten die Herrscher Ägyptens ihrer Seestreitmacht keine allzu große Aufmerksamkeit. Trotzdem benötigten sie eine Flotte, um sich verteidigen zu können und christliche Besiedelungen anzugreifen. 1271 überfel der Mameluckensultan Baibars I. Zypern, 1302 eroberten die Ägypter die Insel Aruad von den Templern. Im 15. Jahrhundert sollten dann die Osmanen die vorherrschende Seemacht im Mittelmeerraum werden (siehe Kapitel 8).

Oben: *Eine maurische glasierte Schale (ca. 1425–1450) aus Málaga in Spanien. Sie ist mit einem islamischen Viermaster verziert.*
Gegenüber, oben: *Eine nordeuropäische Kogge (Segelschiff), ein Einmaster mit einem Rahsegel. Aus einer Handschrift von ca. 1270.*
Gegenüber, unten: *Die Handelsstadt Venedig im Mittelalter. Ihr Netzwerk und ihr Einfluss erstreckten sich bis zum Schwarzen Meer.*

VORSTOSS NACH JERUSALEM

Gegenüber: *Die Festung Belvoir (»Schöne Aussicht«) liegt auf einer Anhöhe über dem Jordantal, etwa 20 km südlich des Sees Genezareth. 1168–1170 wurde sie von den Johannitern ausgebaut und sicherte die östliche Grenze des Königreichs Jerusalem. Sie bestand aus einer konzentrischen Burg mit einem tiefen Graben, der eine gewaltige Außenmauer umschloss, die einen Umfang von 130 m x 100 m hatte. Hohe Türme ragten an allen vier Ecken und in der Mitte jeder Mauer empor. Belvoir hielt der Belagerung Saladins eineinhalb Jahre lang stand.*

Unmittelbar nach der Exekutierung der muslimischen Gefangenen rüstete sich Richard I. für den Marsch nach Jerusalem. Um strikte Disziplin innerhalb seiner Armee zu gewährleisten, mussten alle Frauen in Akkon zurückbleiben, lediglich die Wäscherinnen durften mitziehen. Die Flotte, die Vorräte, Wasser und Nachschub transportierte, segelte auf seinen Befehl hin die Küste hinunter. Ende August führte Richard seine Männer südwärts in Richtung Jaffa.

Das Zusammenhalten der Truppe erwies sich als schwierig, zumal Saladins Streitkräfte der Armee ständig im Nacken saßen. Richard ließ die Templer die Vorhut und die Johanniter die Nachhut bilden. Der Marsch in der glühenden Sommerhitze war sehr mühselig: Die Wege waren nahezu unpassierbar, die meisten Flüsse waren ausgetrocknet, frisches Wasser war kaum zu finden, und auch die Nahrung wurde schnell knapp. Häufig mussten bei Gefechten getötete Pferde als Mahl herhalten. Mitziehende Pilger sowie Fußsoldaten mussten ihre Habseligkeiten selbst tragen, und viele starben an den Entbehrungen. Am 7. September 1191 wurde die Nachhut bei Arsuf von Saladins Männern angegriffen, die Kreuzfahrer konnten sie jedoch zurückschlagen und die Marschkolonne geschlossen halten.

DAS LEGENDÄRE LÖWENHERZ

Richard war ein enger Verwandter der Königinnen Sibylle und Isabella von Jerusalem, von daher erschien es nur natürlich, dass er beim dritten Kreuzzug tonangebend war. Seine Fähigkeiten als militärischer Stratege und Taktiker waren weithin bekannt, und offenbar war er auch eine charismatische Persönlichkeit, die andere mühelos in ihren Bann schlagen konnte. Er selbst hat sicherlich auch zu seinem Ruf als kühnem Held beigetragen. Sogar seine berüchtigten Wutanfälle – wie z.B. jener, der zur Massakrierung der muslimischen Geiseln führte – waren Teil des Idealbilds eines »Übermenschen«, das der König über sich selbst verbreitete. Seine Untertanen wurden nicht müde, seine Heldentaten zu preisen: Beim Angriff war er stets der Erste; er wurde von einem riesigen wilden Eber attackiert, den er mit bloßen Händen tötete; in Jaffa stürzte er sich ins Meer und watete an Land, um Saladins Truppen die Stirn zu bieten, und seine Männer folgten ihm dicht auf den Fersen. Diese und andere Geschichten verliehen ihm seinen berühmten Spitznamen Löwenherz. Spätere Chronisten behaupteten sogar, Richard habe einen Löwen getötet und verspeist, auch von dem Fleisch niedergemetzelter Muslime soll er gekostet haben.

Selbst seine Feinde hatten großen Respekt vor ihm. Der arabische Geschichtsschreiber Ibn al-Athir hielt fest: »Aufgrund seines Mutes, seiner Kühnheit, Entschlossenheit und Klugheit war er der herausragendste Mann seiner Zeit. Er bescherte den Muslimen unvergleichliches Unheil.« Und Imad ad-Din al-Isfahani, der Sekretär und Biograph Saladins, erklärte, dass man Richard niemals über den Weg trauen könne und dass seine Truppen »teuflisch« seien.

Saladin befahl den Rückzug und machte mehrere bedeutende Festungen dem Erdboden gleich. Das Kreuzfahrerheer marschierte weiter nach Jaffa und nahm es ein. Dort veranlasste Richard die Wiederinstandsetzung von Festungsanlagen, die den Weg nach Jerusalem kontrollierten. Gleichzeitig trat er in Verhandlungen mit Saladin, die zunächst scheiterten, weil keine Seite der anderen traute und Saladin außerdem mit Konrad von Montferrat in Kontakt stand.

Ende November 1191 setzte die Armee ihren Vorstoß in Richtung Jerusalem fort. Weihnachten verbrachten die Kreuzfahrer in verschiedenen Burgen an der Straße zur Heiligen Stadt, von der sie noch etwa zwanzig Kilometer entfernt waren.

Anfang Januar 1192 hielten die Ritter Kriegsrat. Man erkannte, dass Jerusalem nach einer Eroberung nicht zu halten war, da Saladin problemlos ein Heer in Ägypten zusammenziehen und zum Gegenangriff ansetzen konnte. Die Kreuzfahrer könnten jedoch seine Nachschubslinie durchtrennen, indem sie sich in Askalon festsetzten, das Saladin hatte schleifen lassen. Richard befahl daher den Abzug nach Askalon, was viele Ritter, die nicht mehr an einen Sieg glaubten, dazu veranlasste, die Heimreise anzutreten.

Da die unmittelbare Bedrohung Jerusalems nun abgewendet war, löste Saladin den Großteil seiner Armee auf und ließ die Befestigungen der Stadt verstärken. Seine muslimischen Rivalen innerhalb sei-

GEGNER UND DIPLOMATEN

Der Konflikt zwischen den Kreuzfahrern und Saladin wurde teilweise durch Diplomatie beigelegt. Christliche Quellen lassen wenig darüber verlauten, doch arabische Geschichtsschreiber vermerken, dass Richard I. seit seiner Ankunft im Juni 1191 mit Saladin in Kontakt stand. Besonders Humbert IV. von Toron fungierte häufig als Botschafter Richards, Saladin wiederum sandte seinen Bruder al-Adil als Boten. König und Sultan entwickelten ein freundschaftliches Verhältnis, obwohl sie sich – entgegen aller Legendenbildung – niemals persönlich trafen.

Die Gefolgsleute von Richard und Saladin befürchteten, ihre Anführer würden ihren Prinzipien untreu werden, wenn sie in Kontakt mit dem Feind stünden. Es ist aber nicht von der Hand zu weisen, dass die langwierigen Verhandlungen Richard im September 1192 letztlich zu einem vorteilhaften Friedensvertrag verhalfen.

Eine Seite aus der Maciejowski-Bibel (auch Kreuzfahrer-Bibel, Paris, ca. 1250), die Schah Abbas von Persien von einer päpstlichen Gesandtschaft überreicht wurde. Der obere Teil zeigt eine Schlacht aus dem Alten Testament, doch die Kämpfer sehen aus wie Ritter aus der Zeit, in der die Bibel entstand. Die Waffen wären den Teilnehmern am dritten Kreuzzug bekannt vorgekommen: zum Beispiel die Armbrust, die der Ritter auf dem Turm oben rechts gerade anlegt. Ihr Einsatz gegen Christen wurde 1139 auf dem Zweiten Konzil im Lateran von der römisch-katholischen Kirche untersagt. Es sprach jedoch nichts dagegen, die Armbrust gegen Heiden zu richten.

nes Reichs standen kurz vor der Revolte, er konnte sie jedoch nicht bekämpfen, solange die Kreuzfahrer noch eine Gefahr darstellten. Hingegen konnte er die Christen mühelos gegeneinander ausspielen, indem er beispielsweise Konrad drängte, Richard anzugreifen.

Inzwischen ließ Richard Askalon zu einer mächtigen Festung ausbauen. Da die Eroberung Jerusalems in weite Ferne gerückt schien, kam es unter den Kreuzfahrern zu Streitereien. Im April 1192 erhielt Richard eine Hiobsbotschaft aus England: Sein jüngerer Bruder Johann plante, die Herrschaft über das Königreich an sich zu reißen. Nun musste dringend eine Lösung für die Machtverhältnisse im Heiligen Land her, und Richard beschloss, Konrad den Königstitel für Jerusalem zuzusprechen. Guido von Lusignan verkaufte er als Entschädigung Zypern, der dort eine lange Herrschaftslinie des Hauses Lusignan begründete.

Konrad sollte nie gekrönt werden. Er wurde Ende April 1192, als er sich nachts allein auf dem Heimweg befand, von zwei Assassinenen (siehe Seite 93) in Tyros ermordet. Die Franzosen beschuldigten Richard, weil sie dachten, er wolle sich eines Rivalen entledigen. Herzog Leopold V. von Österreich, ein Vetter Konrads und Richards, verdächtigte ebenfalls den englischen König. Der Geschichtsschreiber Ibn al-Athir behauptet, gehört zu haben, dass Saladin den Anführer der Assassinen, Rashid ad-Din Sinan, beauftragt habe, entweder Richard oder Konrad umzubringen. Sinan habe aber befürchtet, dass seine Sekte von Saladin vernichtet würde, sobald Richard beseitigt sei, und habe daher befohlen, Konrad zu ermorden. Die wahren Hintergründe des Anschlags wurden nie geklärt. Als neuer König wurde Heinrich von Champagne erkoren, der mit Zustimmung Frankreichs und Richards Konrads Witwe Isabella heiratete.

Der Kreuzzug gerät ins Stocken

Richard nahm Daron, Saladins letzte Festung an der Küste, ein, und im Juni 1192 unternahm er einen weiteren Vorstoß nach Jerusalem, zögerte jedoch, die Stadt zu belagern, da es im Umland zu wenig Wasser gab. Allzu leicht könnte Saladin den Nachschub gefährden, und das Kreuzheer war zu klein, um ihn schlagen zu können.

Richard schlug vor, Ägypten anzugreifen, aber die Franzosen waren dagegen. Man hatte sich über diesen Punkt noch nicht geeinigt, als bekannt wurde, dass einige Karawanen Saladins von Ägypten her im Anmarsch wären. Richard ließ sie überfallen, verteilte die Beute und beschloss dann den Rückzug von Jerusalem.

Saladin und seine Berater jubelten über diese Entscheidung, die Kreuzfahrer waren hingegen niedergeschmettert. Die französischen Soldaten verstanden Richards Entschluss nicht und weigerten sich, ihn weiterhin als Oberbefehlshaber anzuerkennen.

Richard zog sich an die Küste nach Akkon zurück und plante einen Angriff auf Beirut. Dann tauchte Saladins Armee plötzlich vor Jaffa auf und belagerte die Stadt. Richard konnte per Schiff gerade noch rechtzeitig eintreffen, um die Eroberung der Zitadelle zu verhindern. Bei der darauffolgenden Schlacht am 5. August 1192 stand Richard nur eine kleine Einheit zur Verfügung, die von ihm aber derart geschickt eingesetzt wurde, dass Saladins Männer in die Flucht geschlagen werden konnten.

Es sollte die letzte Schlacht des dritten Kreuzzugs sein. Keiner der beiden Gegner schien in der Lage, den anderen niederzuwerfen. Saladins Armee war des Kämpfens müde, die Ritter schwer angeschlagen. Der Kreuzzug endete schließlich mit einem Waffenstillstandsvertrag.

DIE ASSASSINEN

Sie waren Mitglieder einer militanten ismailitischen Sekte, die sich im späten 11. Jahrhundert unter der Führung von al-Hasan ibn al-Sabbah (starb 1124) entwickelte. 1091 eroberten sie die Festung Alamut im heutigen Iran, die fortan ihr Hauptsitz war.

Sie glaubten, absoluter Gehorsam für ihren Anführer würde mit dem Paradies belohnt werden. Vorrangiges Kampfmittel der Sekte war der politische Mord an Herrschern, der stets mit dem Dolch verübt wurde. Ihr Name stammt vom arabischen Wort für Haschisch ab, das sie laut (falschen) Gerüchten bei religiösen Riten konsumiert haben sollen. Die Assassinen im Nordiran wurden 1256 von den Mongolen vernichtet, Sultan Baibars von Ägypten machte ihnen 1272–1273 in Syrien den Garaus.

SAGENUMWOBENER SALADIN

Für einige seiner Landsleute war Saladin ein »Emporkömmling« geblieben, der eher bereit war, muslimische Rivalen zu bekämpfen als die Franken. Doch im Westen hat er das Bild des »edlen Heiden« maßgeblich geprägt. Dort betrachtete man ihn als gerechten und milden Herrscher, der die Schwachen beschützte, aufrecht sowie fromm und außerdem ein exzellenter Krieger war. Zu seinen Lebzeiten erzählte man, dass er von einem französischen Adligen zum Ritter geschlagen worden sei, ganz wie ein Christ. Man munkelte sogar, seine Mutter sei eine französische Edelfrau gewesen und dass er auf dem Totenbett zum Christentum übergetreten sei. Er soll während des dritten Kreuzzugs auch eine Äffäre mit der Königin von Frankreich gehabt haben.

Als weiser Sultan ist Saladin 1779 in Lessings Schauspiel »Nathan der Weise« zum Vorläufer des Toleranzgedankens der Aufklärung stilisiert worden – zu einem edlen Gebieter, der im Gegensatz zu westlichen Kaisern und Königen unkorrumpierbar ist.

Saladin, Sultan von Ägypten.
Ausschnitt einer Miniatur aus einer arabischen Handschrift um 1180.

ZERWÜRFNIS UND RIVALITÄT

Gegenüber: *Nach seiner Rückkehr nach Frankreich besetzte Philipp II. die dortigen riesigen Besitzungen Richards I. Die einstigen Verbündeten waren bis zu Richards Tod verfeindet. Diese Szene aus der französischen Handschrift* Annalen von Saint-Denis *(1325–1350) zeigt, wie Richard 1198 Philipps Armee in Gisors angreift.*

Der dritte Kreuzzug wurde durch die Fehde zwischen Philipp II. von Frankreich und Richard I. von England sowie zwischen Guido von Lusignan und Konrad von Montferrat ernsthaft gefährdet. Doch diese Rivalitäten spiegelten im Grunde nur die tiefe Zerissenheit wider, die sich durch das gesamte Kreuzfahrerheer zog. Von Anfang an gab es keine vereinte Armee, die unter einem einzigen Oberbefehlshaber stand. Die Könige zogen jeweils mit ihren Kriegern ins Heilige Land und verbündeten sich dort mit ihren Landsleuten, und zwar einfach, weil sie die gleiche Sprache sprachen.

Als Philipp II. im August 1191 die Heimreise antrat, übernahm Richard I. das Oberkommando. Ihm tatsächlich ergeben waren nur seine Untertanen: Engländer, Normannen sowie Ritter aus der Grafschaft Poitou und dem Territorium des Hauses Anjou-Plantagenet. Die restlichen Soldaten gehorchten ihm nur so lange, wie er sie bezahlen konnte – als seine Mittel knapp wurden, desertierten sie.

Genua und Pisa lagen in heftigem Wettstreit um die Handelsrechte im Osten, dementsprechend unterstützten sie jeweils die Gegenseite, in diesem Fall entweder Guido von Lusignan oder Konrad von Montferrat. Guido war lediglich König geworden, weil er die Thronerbin Sibylle geheiratet hatte. Als Sibylle und ihre Töchter im Sommer 1190 starben, ehelichte Konrad Sibylles jüngere Halbschwester

DIE VIER EHEMÄNNER VON ISABELLA

Isabella, das jüngste Kind König Amalrichs von Jerusalem (starb 1174), war viermal verheiratet. Saladins Biograph beschrieb sie als wunderschöne Frau, die von den barbarischen Christen schlecht behandelt wurde.

Als ihre ältere Schwester Königin Sibylle im Sommer 1190 starb, wurde Isabella Thronerbin. Im November zwangen die Gegner Guidos die achtzehnjährige Isabella, sich von Humfried IV. von Toron scheiden zu lassen und Konrad von Montferrat zu heiraten, damit dieser König werden konnte. Konrad hatte aber bereits zwei Frauen, und die Scheidung Isabellas wurde von der Kirche nicht befürwortet. Letztlich konnten sich die Gegner Guidos durchsetzen. Die späteren Ehemänner Isabellas waren vom Unglück verfolgt. Konrad wurde noch vor seiner Krönung ermordet. Unmittelbar danach bedrängte Graf Heinrich von Champagne Isabella, seine Frau zu werden. Er regierte als König, wurde aber nie gekrönt und stürzte 1197 aus einem hohen Fenster zu Tode. Danach musste Isabella König Amalrich II. von Zypern ehelichen, der 1205 vergiftet wurde. Isabella starb einige Monate später.

1213 wurde gerichtlich überprüft, inwieweit die Kinder von Isabella und Heinrich einen Erbanspruch auf die Champagne hätten. Man fand heraus, dass sie Konrad gegen ihren Willen geheiratet hatte. Die Folge war, dass ihre letzten drei Ehen für illegal erklärt wurden und dass keiner ihrer Nachkommen einen legitimen Anspruch auf den Thron Jerusalems gehabt hatte.

Isabella und beanspruchte die Krone für sich. Dabei wurde er von seinem Cousin Philipp II., dem Herzog von Schwaben, und Leopold V. von Österreich (die das deutsche Heer nach dem Tod Friedrichs I. anführten) sowie von den Genuesen unterstützt. Auf Guidos Seite waren Richard I. (der Lehnsherr des Hauses Lusignan und Cousin Sibylles) und die Pisaner. Beide Männer hatten außerdem Anhänger unter dem fränkischen Adel.

Dieser Machtkampf überschattete den Kreuzzug. Seitdem Konrad 1187 im Heiligen Land eingetroffen war, weigerte er sich standhaft, mit Guido zu kooperieren, und verhandelte heimlich mit Saladin. Selbst als führende Kreuzfahrer der Meinung waren, sie hätten ihn von der Teilnahme am Kreuzzug überzeugt, verfolgte er weiterhin eigene, nicht aber Guidos Interessen. Schließlich wurde ihm der Königstitel zugesprochen, er erlebte seine Krönung jedoch nicht mehr (siehe Seite 92).

Auch Saladin kämpfte mit Problemen. Eigentlich konnte er sich auf seine Familienmitglieder verlassen, doch sein Neffe Taqi ad-Din rebellierte gegen ihn und verließ das Heer. Der Unterhalt seiner Armee war kostspielig, und selbst ein Sultan verfügte nicht über endlose Mittel. Seine Männer waren nach vielen zermürbenden Kämpfen entmutigt und mehr am Plündern als am Siegen interessiert.

VERHÄNGNISVOLLES BÜNDNIS

Richard und König Philipp II. hatten sich gegen Richards Vater, König Heinrich II., verbündet, um Richards Anerkennung als Thronerben zu erzwingen. Richard war mit Philipps älterer Schwester Alice verlobt, Heinrich hatte die Hochzeit jedoch verhindert. Als Richard König wurde, beschlossen er und Philipp, gemeinsam in den Kreuzzug zu ziehen und die Beute zu teilen. Bereits in Sizilien stritten sie, weil Richard nun Berengaria heiraten wollte, die Tochter des Königs von Navarra, dessen Reich an Richards Territorium in Aquitanien grenzte. Richard ehelichte Berengaria auf Zypern, damit war das Bündnis mit Philipp hinfällig. Außerdem weigerte er sich, Philipp seinen Anteil an Zypern zu überlassen.

Laut dem französischen Chronisten Rigord soll Philipp sogar einen Mordanschlag durch Richard befürchtet haben. Kurz nach der Eroberung von Akkon kehrte er nach Paris zurück und besetzte Richards Besitzungen in Frankreich.

DAS SCHEITERN DES UNTERFANGENS

Richard I. wird gefangen genommen (oben) und vor Kaiser Heinrich VI. geführt, der ihn zum Mord an Konrad von Montferrat befragt (unten). Der lateinische Text besagt, dass Richard den Kaiser um Gnade anfleht, die ihm auch gewährt wird. Illustration aus Liber ad Honorem Augusti (Buch zu Ehren des Kaisers [Heinrich VI.]) *von Peter von Eboli, verfasst 1195–1196.*

Am 2. September 1192 schlossen Richard I. und Saladin den Vertrag von Jaffa. Die Franken erhielten den Küstenstrich zwischen Jaffa und Tyros, einige Städte blieben jedoch in Saladins Besitz. Die Befestigungen von Askalon, das an den Sultan zurückfiel, mussten geschliffen werden. Christliche Pilger hatten freien Zugang nach Jerusalem, auch der freie Handel war gestattet. Der auf drei Jahre und acht Monate geschlossene Waffenstillstand schloss das Königreich Jerusalem, Tripoli und Antiochia ein. Der neue König, Heinrich von Champagne, stimmte dem Vertrag ebenfalls zu.

Viele Kreuzfahrer nutzten den Waffenstillstand, um die Grabeskirche in Jerusalem aufzusuchen, das eigentliche Ziel ihrer Pilgerfahrt. Richard war schwer erkrankt und begab sich nicht nach Jerusalem, schickte aber seinen Freund Hubert Walter, den Bischof von Salisbury, als Repräsentanten.

Im September und Oktober desselben Jahres traten viele Kreuzfahrer die Heimreise an. Ende September schickte Richard seine Frau Berengaria und seine Schwester Johanna mitsamt ihrem Gefolge voraus. Er selbst lichtete zehn Tage später den Anker, doch die Winterstürme hatten bereits eingesetzt. Berengaria und Johanna gelangten sicher nach Italien, aber Richard erlitt bei den Ionischen Inseln Schiffbruch und musste seinen Weg über Land fortsetzen.

Er war gezwungen, durch das Gebiet von Leopold V. von Österreich zu reisen, dessen Banner er in Akkon in den Graben geworfen hatte, was ein unglaublicher Affront war. Außerdem warf ihm Leopold die Gefangennahme seiner Verwandten, von »Kaiser« Isaak von Zypern und dessen Frau, sowie den Mord an Konrad von Montferrat vor. Deshalb verkleidete sich Richard als einfacher Ritter, wurde aber 1192 erkannt, als er in einen Gasthof in der Wachau einkehrte. Leopold ließ ihn gefangen nehmen und verlangte von Heinrich VI., einem politischen Rivalen Richards, ein hohes Lösegeld. Einige Monate lang war über den Verbleib Richards nichts bekannt. Im Frühjahr 1193 wurde er bei Worms von zwei englischen Gesandten aufgespürt. Die Lösegeldforderung belief sich auf die enorme Summe von 100 000 Mark bzw. dreiundzwanzig Tonnen Silber. Heinrich VI. hatte versucht, eine unbezahlbare Summe auszuhandeln, England brachte das Silber jedoch auf, und im Februar 1194 wurde Richard freigelassen.

Dank der straffen Verwaltung, die sein Vater, König Heinrich II., in England eingeführt hatte, war es möglich gewesen, die Regentschaft Richards während seiner langen Abwesenheit aufrechtzuerhalten,

MINNESÄNGER

Der Legende nach wurde König Richard I. von einem Minnesänger namens Blondel in einem österreichischen Verlies entdeckt, indem er ein angestimmtes Lied zu Ende sang. Die Geschichte ist frei erfunden, illustriert aber Richards Liebe zum Gesang und die Bedeutung der Minnesänger in jener Zeit. In Südfrankreich nannte man sie *Troubadour*, in Nordfrankreich *Trouvère*. Die meisten Herrscher und Hochadligen hatten ihre eigenen Hofsänger, die auch Lieder komponierten. Von Richard blieb nur ein Lied erhalten: Darin beklagt er seine lange Gefangenschaft und die Inbesitznahme seiner Ländereien durch Philipp II. Es gab auch Minnesänger, die von Hof zu Hof zogen. Friedrich von Hausen, der beim dritten Kreuzzug starb, schrieb ein Lied über Männer, die das Kreuzzugsgelübde abgelegt hatten, aber zu Hause blieben:

»Jene, die den Herrn um die Reise betrügen,
Glauben, sie wären dem Tode entronnen.
Ich aber glaube,
Sie handeln gegen ihr eigenes Wohl.
Jedermann, der das Kreuz nimmt und nicht aufbricht,
Dem wird einst der Herr erscheinen
Er wird die Pforte [des Himmels] verschlossen finden,
Die Er für Seine Erwählten öffnet.«

Eine englische Zitole aus dem 14. Jahrhundert. Wie die Laute war sie ein beliebtes Instrument der Troubadoure. Dieses Exemplar wurde später in eine Violine umgewandelt.

obwohl sein Bruder Johann Ohneland gegen ihn intrigierte. Allerdings hatte Philipp II. von Frankreich Richards Besitzungen in der Normandie besetzt, und für den Rest seiner Herrschaft bis zu seinem Tod 1199 war Richard damit beschäftigt, diese Gebiete zurückzuerobern. Er sollte nie in den Osten zurückkehren (siehe Seite 100).

Nach dem Abzug der Kreuzfahrer wollte Saladin eine Wallfahrt nach Mekka unternehmen. Doch im Februar 1193 erkrankte er lebensgefährlich, und am 4. März 1193 starb er im Alter von 55 Jahren. Sein Reich hatte er unter seinen drei Söhnen aufgeteilt, die Aleppo, Damaskus und Kairo regierten. Zwischen 1193 und 1202 wurden sie dann von Saladins Bruder al-Adil gestürzt.

Der Heilige Römische Kaiser Heinrich VI. hatte nicht am dritten Kreuzzug teilgenommen, plante aber ab 1195, das Vorhaben seines Vater Friedrich I. Barbarossa (siehe Seiten 84–85) zu Ende zu bringen. Er zwang den byzantinischen Kaiser Alexios III., Söldnertruppen bereitzustellen. Diese wurden durch Steuern finanziert, die Alexios beim Volk extrem unbeliebt machten. Der Tod Heinrichs am 28. September 1197 rettete ihn aus dieser misslichen Lage. Doch die deutschen Kreuzfahrer drangen bis in das Heilige Land vor und konnten Beirut and Sidon wiedererobern.

LÖSEGELD

Zur Zeit des dritten Kreuzzugs war es üblich, dass prominente Gefangene erst gegen Bezahlung eines Lösegelds wieder freigelassen wurden. Die Höhe der Summe hing von der Bedeutung des Gefangenen ab. Dessen Verwandte mussten Ländereien verkaufen, Anleihen nehmen oder Steuern eintreiben, um das Geld aufbringen zu können. Hohe Lösegelder wurden häufig in Raten bezahlt, sofern der Gefangene als Pfand Geiseln zurückließ, war er nach Bezahlung der ersten Rate frei. Auf diese Weise wurde auch Richard I. 1194 von Heinrich VI. freigekauft. Unter den 200 adligen Geiseln waren sein Schwager, zwei Neffen, der Erzbischof von Coutances und der Bischof von Bath. Im November 1195 wurde der Rest des Lösegelds bezahlt und die Geiseln wieder freigelassen.

IC
XC

5

DER VIERTE KREUZZUG

TRAGISCHER FEHLSCHLAG

THOMAS F. MADDEN

NEUER PAPST, NEUER KREUZZUG

Der dritte Kreuzzug war gescheitert. Jerusalem war nicht wiedereingenommen, das Heilige Kreuz nicht in den Besitz der Kirche gebracht worden. Das war eine herbe Enttäuschung für die Christen. 1198 wurde ein junger, energischer Papst gewählt, der erneut zum Kreuzzug aufrief. Papst Innozenz III. (1198–1216) verlangte, dass sich das gesamte Christentum in den Dienst dieser Sache stellte: Diejenigen, die nicht in den Kampf zogen, sollten dafür fasten und beten. Auf seinen Befehl hin musste jede Kirche für den Kreuzzug Geld sammeln, Klerus und Klöster waren verpflichtet, einen Teil ihres Einkommens abzugeben. Sein Kreuzzug sollte alle bisherigen in den Schatten stellen und siegreich sein.

Papst Innozenz III., Fresko (um 1219) im Kloster Sacro Speco in Subiaco bei Rom. Er war einer der mächtigsten Päpste des Mittelalters und setzte seine Autorität in ganz Europa durch. Seine höchsten Ziele waren die Wiedereroberung Jerusalems und die Einheit der christlichen Kirche.

Er ernannte zwei päpstliche Legaten, um sein Vorhaben zu verwirklichen. Kardinal Peter Capuano wurde ausgesandt, um Frieden zwischen König Richard I. Löwenherz und König Philipp II. von Frankreich auszuhandeln. Keine leichte Aufgabe: Richard hatte den dritten Kreuzzug auch deshalb aufgegeben, weil Philipp seine Besitzungen in der Normandie eingenommen hatte. Jetzt verlangte der Papst einen Waffenstillstand, obwohl Philipp nach wie vor Teile von Richards Ländereien besetzt hielt. Richard geriet darüber derart in Wut, dass der Kardinal floh. Er fürchtete, der König würde seine Drohung, ihn zu kastrieren, wahr machen. Nach langem Ringen unterzeichneten Richard und Philipp schließlich einen Waffenstillstand für fünf Jahre. Als Richard im Frühjahr 1199 an den Folgen einer Pfeilverletzung starb (siehe Kasten), schien der Kreuzzug kurzzeitig gefährdet.

Der zweite Legat, Kardinal Soffredo, wurde nach Venedig geschickt. Offenbar wollte Papst Innozenz den gefährlichen Landweg des Kreuzzugs in den Osten vermeiden und ihn stattdessen von Italien aus in See stechen lassen. Ein groß angelegter Kreuzzug erforderte eine mächtige Flotte, und die Venzianer hatten eine solche. Doge Enrico Dandolo sagte seine Unterstützung zu: vorausgesetzt, man würde eine Armee aufstellen.

Doch genau das war das Problem. Richards vorzeitiger Tod ließ die Begeisterung für den Kreuzzug sinken. Der Papst sandte Prediger aus, etwa den deutschen Abt Martin von Pairis, um die Gläubigen aufzurütteln. Ihre Bemühungen sorgten für religiösen Eifer unter

DER TOD VON RICHARD

König Richard I. (1189–1199) machte kein Hehl aus seiner Absicht, in das Heilige Land zurückzukehren. Wir werden jedoch niemals erfahren, ob er am vierten Kreuzzug wirklich teilgenommen hätte. Kurz nachdem er mit König Philipp II. von Frankreich einen Waffenstillstand geschlossen hatte belagerte er die Burg Châlus-Chabrol in der Region Périgord-Limousin. Am 26. März 1199 trat Richard aus seinem Zelt, um die Lage zu prüfen, und bemerkte einen feindlichen Armbrustschützen, der eine Bratpfanne als Schild benutzte. Richard bewunderte den Einfallsreichtum des Mannes, der sich bedankte, indem er einen Pfeil auf Richards linke Schulter abschoss. Der König wollte seine Männer nicht beunruhigen, ignorierte die Wunde und kehrte ins Zelt zurück. Ein Arzt entfernte den Pfeil, doch Richard Löwenherz erkrankte an Wundbrand und starb zwei Wochen später. Sein Tod war ein schwerer Schlag für alle Kreuzfahrer. Richards treuer Troubadour Gaucelm Faidit verfasste ein Klagelied (*Planh*) für seinen Herrn:

»Tod ist der König, und tausend Jahre sind vergangen,
Seit man sehen konnte, dass ein Mann so tapfer war.
Und nie wird es einen Mann geben, der ihm ähnlich,
So weitherzig, nobel, kühn und wunderbar.
Alexander, der König, der Dareios besiegte,
Konnte, glaube ich, nicht so viel geben und vollbringen.
Weder Karl noch Artus taten soviel,
Vor aller Augen vollbrachte er es,
Zur Furcht der einen, zum Jubel der anderen.«

dem gemeinen Volk und dem Adel. Einer der ersten, der dem Aufruf des Papstes folgte, war der mächtige Graf Theobald von Champagne, dessen Bruder Heinrich das Königreich Jerusalem bis 1197 regiert hatte. Am 28. November 1199 hielt Theobald in seiner Burg Ecry-sur-Aisne ein großes Ritterturnier ab. Mitten im Wettkampf verkündete er, seine Waffen zukünftig in den Dienst des Herrn zu stellen. Graf Ludwig von Blois schloss sich ihm sofort an, und viele Adlige folgten dem Beispiel der beiden einflussreichen Grafen. Im Februar 1200 nahm Graf Balduin von Flandern das Kreuz, gemeinsam mit seiner Frau Marie, der Schwester Theobalds. Die drei mächtigsten Grafen Frankreichs waren fest entschlossen, das Werk Richard Löwenherzs im Osten zu vollenden. Sie wurden die militärischen Anführer des neuen Feldzugs und ernannten sechs Abgesandte, die mit versiegelten Freibriefen ausgestattet wurden.

EINE KREUZZUGSPREDIGT

Abt Martin vom Zisterzienserkloster Pairis im Elsass predigte nicht nur für den vierten Kreuzzug, er nahm auch an ihm teil. Der Mönch Gunther hörte die Predigt Martins und schrieb sie später nieder:

»Heute spricht Christus durch mich zu euch. Er ist es, der vor euren Augen über seine Wunden klagt. Christus ist von seinem Heiligen Ort vertrieben worden – vom Ort seiner Macht. Er musste die Stadt verlassen, die er mit seinem eigenen Blut geweiht hat. Oh, welch Schmerz! … Das Heilige Land, in dem Christus seine Fußspuren hinterließ, in dem er die Lahmen gehen, die Blinden sehen machte, die Leprakranken reinwusch und die Toten erweckte – dieses Land, hört ihr, ist in die Hände der Ungläubigen gefallen. Seine Kirchen wurden zerstört, seine Schreine besudelt, sein Königsthron und seine Würde an die Heiden ausgeliefert. Das höchst heilige und ehrwürdige Holzkreuz, das mit Christi Blut getränkt war, wird von Menschen unter Verschluss gehalten, für welche die Botschaft des Kreuzes Torheit ist, und kein Christ weiß, was mit ihm geschah oder wo er danach suchen könnte. Nahezu alle unsere Brüder, die diese Landesgrenze bewohnten, wurden vernichtet; entweder durch Feindes Schwert oder durch allzu lange Gefangenschaft.

Auf, aufrechte Kämpfer, eilt Christi zu Hilfe! Tretet seiner christlichen Armee bei. Schließt euch rasch den glückseligen Reihen an. Heute vertraue ich euch die Sache Christi an. Ich übergebe ihn sozusagen in eure Hände, auf dass ihr erringen möget, sein Patrimonium wiederherzustellen, das ihm so unbarmherzig entrissen wurde.«

VENEDIG BETEILIGT SICH AM KREUZZUG

DIE VORBOTEN DES RUINS

Zum damaligen Zeitpunkt konnte es noch niemand ahnen, doch der Vertrag, der mit den Venezianern geschlossen wurde, sollte verheerende Folgen haben. Die Abgesandten schätzten die Zahl der Ritter viel zu hoch ein und forderten eine Flotte an, die sie sich schlicht nicht leisten konnten. Diese Fehleinschätzung beeinflusste alle weiteren Ereignisse des Feldzugs. Die Hauptpunkte des Vertrags lauteten:

»Die oben genannten Gesandten erbitten, dass Wir [der Doge] für Euch [die fränkischen Kreuzfahrer] Schiffe bereithalten, um 4500 gepanzerte Ritter und ebenso viele Pferde zu transportieren und 9000 Knappen … und 20 000 gut bewaffnete Fußsoldaten inklusive Verpflegung für ein gutes Jahr, die wir versprachen, Euch zu geben.

Jeder einzelne Mann erhält folgende Verpflegung: 110 Gallonen Brot, Mehl, Korn und Hülsenfrüchte sowie 75 Gallonen Wein. Für jedes Pferd gibt es 1 Kubikmeter [Korn] gemäß der Maßeinheit Venedigs, und es wird ausreichend Wasser geben. Für den Transport der genannten Pferde werden wir für genügend Pferdegaleeren sorgen, damit sie es behaglich haben. Auch werden wir genug Schiffe bereitstellen, um die Männer zu transportieren, entsprechend unserem Gutdünken und dem unserer Barone in Treu und Glauben.

Die genannte Flotte wird beim nächsten Fest der Heiligen Apostel Peter und Paul [29. Juni 1202] übergeben werden, zu Ehren Gottes, des Evangelisten Markus und des Christentums, und zwar für bis zu einem Jahr …«

Bei einer Versammlung, die bereits 1200 in Soissons in der Champagne abgehalten wurde, einigten sich die Kreuzfahrer, eine Strategie zu verfolgen, die von Richard I. von England stammte. Man würde direkt nach Ägypten segeln, dem Ursprung der muslimischen Vorherrschaft der Region. Nur wenn sich Ägypten in christlicher Hand befände, so dachten sie, wäre Jerusalem dauerhaft sicher. Da keiner der Grafen über eine Flotte verfügte, musste man Schiffe anmieten. Theobald von Champagne, Ludwig von Blois und Balduin von Flandern übertrugen ihre Macht jeweils auf zwei Gesandte, die in ihrem Namen Verträge aushandeln sollten. Einer dieser Männer war Geoffroi de Villehardouin, der Marschall der Champagne. Seine Aufzeichnungen sind eine hervorragende Quelle über diesen Kreuzzug.

Die Gesandten wandten sich an Venedig, der größten Seemacht der damaligen Zeit, die mit dem Osten Handel trieb. Außerdem hatten die Venzianer signalisiert, sich eventuell an dem Unternehmen zu beteiligen. Im Winter 1201 langten die Gesandten am Hof des Dogen Enrico Dandolo an, einem hochbetagten, blinden Mann, der seine Gebrechen durch außerordentlichen Scharfsinn und erstaunliche Energie ausglich.

Man berichtete dem Dogen von dem großen Kreuzzug, der sich in ganz Europa formierte, und bat die Venzianer um Beistand bei der Rache für die Schädigungen Christi. Schließlich erklärte sich die

Republik von Venedig bereit, ein Jahr lang für die Verpflegung und den Transport von 33 500 Rittern, Knappen und Fußsoldaten zu sorgen. Dafür mussten die Kreuzfahrer 85 000 Kölnische Mark bezahlen, das entsprach etwa 30 Tonnen Feinsilber. Außerdem boten die Venezianer an, fünfzig bewaffnete Galeeren auf eigene Kosten zu bauen, vorausgesetzt, sie erhielten die Hälfte der Kriegsbeute. Am 29. Juni 1202 sollte die Flotte in See stechen. Der Vertrag wurde von den Gesandten begeistert unterzeichnet und vom Papst bestätigt.

Die von den Rittern angeforderte Flotte war riesig, und die Bürger Venedigs scheuten keine Mühen, um sie zu erstellen: Sie kauften tonnenweise Proviant, stellten ihren Überseehandel ein und erbauten in erstaunlicher Geschwindigkeit Kriegsschiffe. Venedig erfüllte die Abmachung buchstabengetreu, aber leider konnte man von den Kreuzfahrern nicht das Gleiche behaupten.

Gegenüber: *Das Markusbecken in Venedig. Links oben in der Basilika St. Markus sieht man die vier Bronzepferde, die Enrico Dandalo bei der Plünderung Konstantinopels erbeutete. An die Basilika grenzt der Dogenpalast. Zu einer Zeit, als in Europa landwirtschaftlicher Feudalismus vorherrschte, gründete sich der Reichtum Venedigs auf den Handel. Aus der französischen Handschrift* Die Reisen des Marco Polo, *ca. 1399.*

DER DOGE DANDOLO: EIN HELD?

Nur wenige Teilnehmer des vierten Kreuzzugs sind so umstritten wie der Doge Enrico Dandolo. Der byzantinische Senator Niketas Choniates beschreibt ihn als »gerissenen Betrüger …, der wie kein anderer begierig nach Ruhm ist« und der den Kreuzzug zu seinen eigenen Zwecken missbrauchte. Die Einschätzung, Dandolo sei ein durchtriebener Gauner, dessen Religion nur aus Gier bestehe, hat sich in Historikerkreisen lange gehalten. Nach jüngsten Forschungen neigt man dazu, diese Ansicht zu revidieren. Erstens hat Choniates Dandolo niemals getroffen, und seine Schilderung beruht auf Mutmaßungen, die sicherlich durch das Erlebnis verstärkt wurden, mit ansehen zu müssen, wie seine geliebte Stadt Konstantinopel geplündert (und der eigene Palast zerstört) wurde. Zudem misstrauten die Byzantiner den Katholiken und verabscheuten Italiener, vor allem aber Venezianer.

Geoffroi de Villehardouin beschreibt ihn hingegen als »sehr klug, tapfer und energisch«. Abt Martin von Pairis nannte Dandolo »scharfsinnig«; jemand, der »seine Blindheit durch lebhaften Geist ausglich«. Der mächtige Hugo Graf von Saint-Pol pries den Dogen als »besonnen, diskret und entschlusskräftig«. Neuere Untersuchungen ergaben, dass Dandolo einer Familie entstammte, die für ihre Frömmigkeit und Befürwortung der Kreuzzüge bekannt war. Von daher spricht eigentlich nichts dafür, den Beschreibungen von Choniates Glauben zu schenken.

Kaiser Alexios IV. Angelus bittet Enrico Dandolo, seinen Vater Isaak II. zu befreien. Andrea Vicentinos Gemälde von 1578 zeigt den Dogen als recht jungen Mann.

GEBROCHENE VERSPRECHEN

Die Kreuzfahrerflotte verließ Venedig im Oktober 1202 und erreichte Zara im November. Dort überwinterte sie, um im Frühjahr 1203 über Dyrrhachion (heute Durrës) nach Korfu zu segeln. Im Mai umfuhr sie das Kap Malea und gelangte somit in die Ägäis. Ende Juni 1203 landete sie schließlich vor Konstantinopel.

Kurz nach der Unterzeichnung des Vertrages mit Venedig starb Theobald von Champagne, einer der Anführer des Kreuzzugs. Das tat der Begeisterung für das Unterfangen jedoch keinen Abbruch. In dem Marquis Bonifazius von Montferrat, dem Bruder des ermordeten Konrad, fand sich bald ein Ersatz für Theobald. Bonifazius wurde zum Oberbefehlshaber erkoren.

Anfang Juni 1202 begannen die Kreuzfahrer, nach Venedig zu strömen, wo man ihnen Quartiere auf der Insel San Nicolò di Lido zuwies – seinerzeit ein nahezu unbewohnter Landstrich. Wie vertragsgemäß vereinbart, stellten die Venezianer pünktlich am 29. Juni die Flotte bereit. Doch nun ergab sich ein anderes Problem: Anstatt der geschätzten 33 500 Kreuzfahrer trafen nur 11 000 ein, also knapp ein Drittel. Das bedeutete, dass jeder Mann dreimal so viel bezahlen musste, um die Rechnungen der Venezianer zu begleichen.

Man hoffte auf Nachzügler und wartete einen Monat ab. Es kamen zwar noch einige Truppen, aber nicht sonderlich viele. Ende Juli wollte Doge Enrico Dandalo nicht länger warten. Venedig war kein geeigneter Ort, um eine riesige Armee zu beherbergen. Der Doge bestand auf Tilgung der Schulden, damit die Flotte den Anker lichten konnte. Selbst als die Grafen sämtliche verfügbare Mittel ausgeschöpft hatten, fehlten immer noch 34 000 Mark: fast neun Tonnen Feinsilber. Sie konnten sich die angeforderte Flotte schlicht nicht leisten. Die Lage wurde zunehmend angespannt. Die Kreuzfahrer waren verstimmt, weil sie Schiffe und Proviant bezahlen mussten, die sie nicht benötigten, und die Venezianer waren verärgert, weil sie das nicht eingehaltene Versprechen der Kreuzfahrer teuer zu stehen kam. Schließlich hatten sie von ihrer Seite alles daran gesetzt, um den Vertrag zu erfüllen.

An diesem Punkt machte der Doge ein Angebot, das die Kreuzfahrer nicht ablehnen konnten. Zara (heute Zadar) an der dalmatinischen Küste, einst im Besitz Venedigs, war von König Emerich von Ungarn eingenommen worden. Wenn die Kreuzfahrer den Venezianern helfen würden, die Stadt zurückzuerobern, würde man ihnen die 34 000 Mark stunden, bis sie die Summe durch die Einnahme Ägyptens zurückzahlen könnten. Es war bereits zu spät im Jahr, um nach Ägypten zu segeln, aber man könne ja in Zara überwintern.

Dieses Angebot wurde heftig diskutiert, denn König Emerich hatte vor ein paar Jahren selbst das Kreuz genommen. Er zeigte zwar kein großes Interesse, sich am vierten Kreuzzug persönlich zu beteiligen, bestand aber auf dem Schutz der Kirche in seinen Gebieten.

Die Kreuzfahrer mussten sich entscheiden: Der Angriff auf Zara bot Zahlungsaufschub und einen Ort zum Überwintern, einzige Alternative wäre die Auflösung des Kreuzzugs. Man willigte ein.

Legat Kardinal Peter Capuano stand vor einem Dilemma. Ihm war bewusst, dass Zara unter päpstlichem Schutz stand, er wusste aber auch, dass sich die Kreuzfahrer auf den Kompromiss einlassen mussten, sonst wäre der gesamte Kreuzzug gefährdet. Er griff zu einer Notlüge und befahl allen Geistlichen, beim Kreuzzug zu bleiben. Sobald die Armee sicher in Zara angelangt sei, könnten sie sich gegen einen Angriff aussprechen. Denn zu diesem Zeitpunkt könnten die Venezianer den Kreuzfahrern nichts mehr abschlagen.

Lediglich Dandolo und Capuano wussten, dass der Papst einen Angriff auf Zara untersagt hatte, und das Schweigen des Legaten musste zwangsläufig den Verdacht des Dogen erregen. Der Doge wünschte keine weiteren Wortbrüche und informierte Capuano, seine Teilnahme am Kreuzzug sei nur gestattet, wenn er auf seine Autorität als päpstlicher Legat verzichte. Darauf konnte sich Capuano nicht einlassen und kehrte daher nach Rom zurück.

Im September 1202 nahm der blinde Dandolo selbst das Kreuz und schwor, die Venezianer bei ihrer heiligen Mission anzuführen. Im Oktober verließ die riesige Flotte die Lagune Venedigs. Sie bestand aus annähernd 50 Transportschiffen, 100 Galeeren für den Transport der Pferde und 60 Kriegsschiffen. Der Kreuzzug setzte sich endlich in Bewegung.

VERRÄTERISCHER VERTRAG

Die Christen im Heiligen Land waren bitter enttäuscht, dass der Kreuzzug niemals eintraf, um ihnen zu helfen. Einem Händlervolk wie den Venezianern traute seinerzeit niemand über den Weg, und manche zeitgenössische Chronisten witterten gar Verrat. Man bezichtigte Venedig, vorab mit dem Sultan von Ägypten einen Vertrag geschlossen zu haben, um den Kreuzzug von dessen Land fernzuhalten. Dieser Vertrag ist aber in keiner Quelle vermerkt, und 1877 konnte der französische Historiker Gabriel Hanotaux nachweisen, dass es nie einen gegeben hat. Trotzdem erwähnen Historiker noch heute im Zusammenhang mit dem vierten Kreuzzug einen »verräterischen« Vertrag zwischen Venedig und Ägypten.

Venedig war eine blühende Metropole, deren Wohlstand vom lukrativen Handel mit zahlreichen Städten im östlichen Mittelmeer herrührte. Prachtvolle Bauten zeugten vom Reichtum der Seemacht. Dieses Bild (16. Jh.) eines flämischen Meisters zeigt den Markusplatz mit den Säulen der Stadtheiligen Markus (rechts) und Theodorus.

DIE EROBERUNG VON ZARA

Doge Enrico Dandolo und seine Ritter erstürmen 1202 die Stadt Zara. Gemälde von Andrea Vicentino (1542–1617). Die Bewohner hatten an den Mauern Kreuze angebracht, um zu signalisieren, dass die Stadt christlich sei und unter dem Schutz des Papstes stünde. Das kümmerte die Angreifer wenig, sie eroberten die Stadt in fünf Tagen und plünderten sie nach Herzenslust. Die Franken angeblich mit schlechtem Gewissen, die Venezianer hingegen glaubten, sie hätten das Recht dazu.

Am 11. November 1202 landeten die Kreuzfahrer in Zara und schlugen vor der Stadt ihr Lager auf. Die Bewohner sahen die riesige Armee mitsamt ihren Belagerungsmaschinen und erkannten, dass Widerstand zwecklos wäre. Sie sandten eine Delegation, die erklärte, die Stadt würde kapitulieren, wenn ihre Bewohner verschont blieben. Das erschien dem Dogen akzeptabel, er forderte die Delegierten auf, in seinem Zelt zu warten, während er sich mit den Grafen beriet. In seiner Abwesenheit informierte Simon de Montfort der Ältere (1160–1218), der Anführer einer kleinen Fraktion war, die den Umweg über Zara ablehnte, die Delegation, dass die Führer des Kreuzzugs einen Brief von Papst Innozenz III. besäßen, in dem er jedem mit Exkommunikation drohe, der sein Schwert gegen Zara erhebe. Simon wollte ihnen weismachen, die einzige Gefahr ginge von den Venzianern aus, denn die Franken würden sich dem Papst niemals widersetzen. Die Delegation bedankte sich und kehrte in die Stadt zurück. Als der Doge und die Grafen zurückkamen, mussten sie zornerfüllt der Tatsache ins Auge blicken, dass die Chance auf eine friedliche Übernahme vertan war.

Der strenge Brief des Papstes stellte die Kreuzfahrer vor die Wahl, entweder exkommuniziert zu werden oder den Kreuzzug beenden zu müssen. Letzteres konnte nicht der Wille Gottes sein, außerdem mussten sie den Venezianern gegenüber Wort halten, das war eine Frage der Ehre. Simon und seine Fraktion verließen die Armee, die restlichen Kreuzfahrer rüsteten sich für den Angriff auf Zara. Die Satdt wurde am 24. November eingenommen. Kurze Zeit später exkommunizierte Papst Innozenz III. die gesamte Armee.

Eilig wurden Gesandte nach Rom geschickt, um den Papst um Vergebung zu bitten. Dieser erteilte die gewünschte Absolution, jedoch nur für die Franken. Er war inzwischen fest davon überzeugt, dass die Venezianer den Kreuzzug für ihre eigenen Zwecke missbrauchten. Er ließ die Kreuzfahrer wissen, dass sie sich von den Venezianern abwenden mussten, sobald sie das Heilige Land erreicht hätten. Die Venezianer ahnten von all dem nichts. Der Marquis de Montferrat zog es vor, ihnen diese Informationen vorzuenthalten.

Langsam wurden die Vorräte knapp, und die Kreuzfahrer waren hoch verschuldet. Die Venezianer hatten vertraglich zugesagt, neun Monate lang für Proviant zu sorgen. Da die Armee seit Juni 1202 verpflegt wurde, hätte sie ab März 1203 keine Nahrung mehr. Das waren nicht die besten Voraussetzungen für den geplanten Angriff auf Ägypten. Da traf eine Gesandschaft mit dem byzantinischen Prinzen

Diese Mosaike in der Johannes-Basilika in Ravenna zeigen die Eroberung Zaras (links) und eine venezianische Galeere, auf der ein Seemann ein Horn bläst (oben). Es handelt sich um die einzigen erhaltenen mittelalterlichen Darstellungen des vierten Kreuzzugs. Sie geben die Schilderungen des Venezianers Martino da Canal getreu wieder, der im 13. Jahrhundert lebte.

Alexios in Zara ein, der in den Westen geflohen war. Sein Vater Kaiser Isaak II. Angelus war von seinem Bruder Alexios III. 1195 geblendet und ins Gefängnis geworfen worden. Der Prinz versicherte, er wäre der rechtmäßige Kaiser von Konstantinopel. Wenn ihm die Ritter zum Thron verhelfen würden, erhielten sie Proviant, 200 000 Silbermark, 10 000 seiner Soldaten für den Kreuzzug, eine Garnison im Heiligen Land, und außerdem würde sich die griechisch-orthodoxe Kirche Rom unterordnen. Ein verlockendes Angebot, das die Kreuzfahrer aber von ihrem eigentlichen Ziel abbrachte.

VENEDIG UND DAS PAPSTTUM

Die Exkommunikation Venedigs beim vierten Kreuzzug beendete ein besonders enges Verhältnis zwischen Venedig und dem Papsttum. Die Venezianer trieben zwar mit dem Osten Handel, waren aber der Kirche Roms ergeben und hatten ihr bei Konflikten mehrfach beigestanden. Noch 1077 sprach Papst Gregor VII. von der »einzigartig engen Verbindung« zwischen Venedig und Rom. 1177 sorgte die Hilfe der Republik Venedig dafür, den Kampf zwischen dem Papst und dem deutschen Kaiser zu beenden.

Die Venezianer hatten auch an mehreren Kreuzzügen teilgenommen: Beim ersten Kreuzzug stellten sie eine Flotte, und 1122 hatte der Doge persönlich Tausende Venezianer ins Heilige Land geführt, die halfen, Tyros zu erobern und die Fatimiden zu vertreiben. Es ist daher kein Wunder, dass Innozenz III. beim vierten Kreuzzug Venedig um Unterstützung bat, doch so, wie sich die Dinge entwickelten, sollte er seine Entscheidung später bereuen.

EIN GNADENAKT

Das Angebot von Alexios Angelus löste unter den Kreuzfahrern heftige Debatten aus. Der Großteil der Truppen wollte umgehend nach Ägypten segeln. Schließlich hatten alle ein Gelübde abgelegt, um für Christus zu kämpfen, und nicht für einen byzantinischen Emporkömmling. Zudem würde ein Angriff auf Konstantinopel bedeuten, christlichen Glaubensbrüdern erneut Gewalt anzutun. Doch die Anführer beharrten darauf, der einzige Weg, das Heilige Land zu erobern, sei, das Angebot anzunehmen und danach nach Ägypten zu segeln. Die Armee war einfach zu hoch verschuldet. Die Einnahme Konstantinopels wurde auch als Chance begriffen, die dortige Bevölkerung von einem Tyrannen zu befreien, als Gnadenakt. Alexios versicherte ihnen, dass sein Onkel, der Kaiser, so verhasst sei, dass er mühelos gestürzt werden könne, sobald die Kreuzfahrer mit dem rechtmäßigen Thronanwärter auftauchen würden. Die Kreuzfahrer ließen dem Papst eine Botschaft zukommen: »Der Mangel an Proviant und sonstigen Mitteln ließe uns als Last und nicht als Hilfe ins Heilige Land ziehen. Wir glauben auch nicht, dass wir in diesem höchst verarmten Zustand erfolgreich im Gebiet der Sarazenen landen könnten.« Als Soldaten niederen Rangs das vernahmen, verließen viele, darunter auch Adlige, den Kreuzzug, um sich auf eige-

Die Kreuzfahrer greifen Konstantinopel von Land und See aus an. Aus der Handschrift La Conquête de Constantinople *(ca. 1330) von Geoffroi de Villehardouin, der am vierten Kreuzzug teilnahm. Als die Venezianer beim Einfall in die Stadt von kaiserlichen Garden zurückgedrängt wurden, setzten sie zahlreiche Gebäude in Brand. Das war nur ein Vorgeschmack auf die schreckliche Zerstörung, die noch folgen sollte.*

ne Faust ins Heilige Land zu begeben. Es kostete die Anführer große Überzeugungskraft, das restliche Heer zusammenzuhalten.

Im April 1203 lichtete der Kreuzzug in Zara die Anker, und Ende Juni erreichte er Konstantinopel. Die einst stolze byzantinische Flotte war durch Misswirtschaft auf ein paar wurmzerfressene Schiffe zusammengeschrumpft, die gegen die Kreuzfahrerflotte nichts ausrichten konnten. Man schickte Boten nach Konstantinopel, um die Bevölkerung wissen zu lassen, dass man keine feindlichen Absichten hege und den rechtmäßigen Herrscher dabei habe. Doch das Volk liebte den Emporkömmling nicht und reagierte abweisend.

Ein Angriff schien unvermeidbar, außerdem wollte man sich den Lohn für all die Mühe nicht entgehen lassen. Die Stadt verfügte über mächtige Befestigungen, die niemals zuvor eingenommen worden waren. Am 17. Juli griffen die Kreuzfahrer die Stadt im Nordosten vom Landweg aus an, die Venezianer attackierten vom Meer aus. Nach heftigen Kämpfen gelang es den Venezianern, einen Teil der Seemauer einzunehmen.

Alexios III. befürchtete einen Staatsstreich und floh. Kurzerhand wurde der blinde Isaak II. wieder auf den Thron gesetzt, der Prinz Alexios nach langwieriger Vermittlung durch die Kreuzfahrer als Thronerben anerkannte. Der Handel wurde mit Festen gefeiert. Unter großem Jubel wurde der Prinz am 1. August 1203 in der Hagia Sophia zu Kaiser Alexios IV. gekrönt.

DIE SCHÖNHEIT KONSTANTINOPELS

Eine Stadt wie Konstantinopel hatten die Kreuzfahrer noch nie gesehen. Die zehn größten Städte Westeuropas hätten mühelos zusammen in ihre Stadtmauern gepasst. Die mächtigen Befestigungsanlagen, prächtigen Kirchen und Paläste waren ein überwältigender Anblick für die Kreuzfahrer. Geofffroi de Villehardouin, der Marschall von der Champagne, schrieb:

»Diejenigen, die Konstantinopel nie zuvor erblickt hatten, staunten, da sie niemals gedacht hätten, dass es auf der Welt eine derart reiche Stadt geben könne. Sie betrachteten die hohen Mauern und starken Türme, die die Stadt ringsum umschlossen, und die prunkvollen Paläste und die mächtigen Kirchen – derer es so viele gab, dass es niemand glauben würde, der es nicht mit eigenen Augen gesehen hat – und die Größe und Ausdehnung dieser Stadt, die alle anderen Städte übertraf.«

Der mittellose Ritter Robert de Clari war nicht minder beeindruckt: »Wir schätzten, dass es in der Stadt gut dreißigtausend Priester gab, sowohl Mönche als auch andere. Wir werden davon absehen, Euch von den restlichen Griechen, klein und groß, arm und reich, von der Größe der Stadt, von den Palästen und den anderen dortigen Wundern zu erzählen. Denn kein Mensch auf Erden, wie lange er auch in der Stadt gelebt haben mag, könnte sie für Euch aufzählen oder schildern. Und wenn Euch jemand auch nur ein Hundertstel des Reichtums und der Schönheit und der Erhabenheit beschriebe, die sich in den Klöstern, Kirchen und Palästen der Stadt befanden, es klänge wie eine Mär, und Ihr würdet es nicht glauben.«

VERBITTERTE BEZIEHUNGEN

KONSTANTINOPEL AUS DER SICHT EINES BESUCHERS

Bevor die Kreuzfahrer in Galata ihr Lager aufschlugen, erhielten sie eine Stadtführung. Die Griechen zeigten ihnen die imposanten Bauwerke und erzählten ihnen die damit verbundenen Sagen. Der Ritter Robert de Clari berichtet über einige der Wunder von Konstantinopel:

»In der Stadt befand sich ein Tor aus Gold. Auf diesem Tor war eine Goldkugel, die so bezaubernd gearbeitet war, dass die Griechen behaupteten, so lange die Kugel da sei, könne kein Blitzschlag die Stadt treffen ... Dann gab es einen großen Platz, er hieß ‚Spiele des Kaisers', der von dreißig oder vierzig Sitzreihen umsäumt war, auf denen die Griechen die Spiele verfolgten. Eine gut fünfzehn Fuß [4,6 m] hohe und zehn Fuß [3 m] breite Mauer umgab den Platz. Auf dieser Mauer standen Figuren von Frauen und Männern, von Pferden, Ochsen, Kamelen, Bären, Löwen und vielen anderen Tieren. Alle waren aus Kupfer und wunderbar fein und naturgetreu gearbeitet, es gibt wohl im gesamten Christen- und Heidentum keinen Meister, der es vermag, solch herrliche Figuren herzustellen. Einst konnten sie sich durch einen Zauber bewegen, doch heute nicht mehr.«

Alles schien nach Plan zu verlaufen, als der neue Kaiser Alexios IV. begann, seine Versprechungen zu erfüllen. Er befahl dem Patriarchen von Konstantinopel, sich der Autorität des Papstes in Rom zu unterwerfen, und bezahlte die Hälfte der zugesagten 200 000 Mark. Dies erlaubte es den Kreuzfahrern, ihre Schulden bei den Venezianern zu begleichen. Der Kaiser hatte jedoch Schwierigkeiten, das restliche Geld aufzutreiben, selbst das versprochene Heer für die Eroberung des Heiligen Landes konnte nicht aufgestellt werden. Sein Bündnis mit den Kreuzfahrern erboste das Volk, auch die Unterordnung der Kirche unter Rom stieß auf erbitterten Widerstand.

Alexios bat die Kreuzfahrer, doch bis Ostern in Konstantinopel zu bleiben, damit er das Geld beschaffen könne und außerdem vor einer Palastrevolution sicher sei. Zum Ausgleich wollte er die venezianische Flotte auf eigene Kosten für ein weiteres Jahr anheuern.

Widerstrebend willigten die Kreuzfahrer ein. Das Heer wurde nach Galata, einer Stadt am nördlichen Ufer des Goldenen Horns, verlegt. Als die Monate verstrichen, erkannte Alexios, dass weitere Zahlungen an die Kreuzfahrer ihn beim Volk so verhasst machen würden, dass er sicherlich gestürzt würde. Die Volksstimmung gegen die Lateiner erreichte ihren Höhepunkt, als einige Kreuzfahrer Teile der Stadt in Brand setzten (siehe Kasten) und das Feuer eine Woche lang jenseits jeglicher Kontrolle tobte. Danach wagte kein Lateiner mehr, durch Konstantinopel zu gehen. Langsam dämmerte

Die Pracht und Größe Konstantinopels überwältigte die Kreuzfahrer. Diese Buchmalerei aus dem Luttrell-Psalter (um 1340) zeigt die Stadt mit englischen Mauern, einer Kirche mitsamt Wetterhahn und englischen Wirtshäusern. Auch die beiden Stadttore mit Fallgittern entsprechen der englischen Bauweise. Das Aussehen der Musiker und Tänzer entspricht wohl den damaligen Vorstellungen über die Physiognomie der Griechen.

DER GROSSE BRAND

Am 19. August 1203 überquerten Flamen, Pisaner und Venezianer das Goldene Horn und setzten eine Moschee in Brand. Ein starker Wind entfachte ein schreckliches Feuer, das auf den am stärksten bevölkerten Teil der Stadt übergriff. Tausende wurden obdachlos, und der angerichtete Schaden war enorm. Niketas Choniates, dessen Palast in Flammen aufging, schrieb: »Die Stadt hatte schon so manche Feuersbrunst erlebt ... doch dieses Feuer ließ alle anderen wie Funken aussehen.« Die Führer des Kreuzzugs, die das Feuer vom gegenüberliegenden Ufer aus beobachteten, waren entsetzt.

Geoffroi de Villehardouin berichtet, dass sie »gramerfüllt und voller Mitleid waren, als sie sahen, wie die großen Kirchen und die prunkvollen Paläste in sich zusammenstürzten, wie die Waren in den breiten Straßen in den Flammen verbrannten, doch sie konnten nichts tun«.

Blick auf Konstantinopel, aus einer osmanischen Handschrift von 1537.

es den Kreuzfahrern, dass sie ihr Geld niemals erhalten würden. Sie setzten sich über den Kaiser hinweg und plünderten seine Ländereien, um »uns zu entlohnen«, wie Robert de Clari es ausdrückte. Von Volk und Rittern verlassen, wurde Alexios im Januar 1204 gestürzt, ins Gefängnis geworfen und von einem seiner Berater ermordet. Dieser ließ sich als Alexios V. Murtzouphlos zum Kaiser krönen.

DIE PLÜNDERUNG KONSTANTINOPELS

»HEILIGE SAKRILEGIEN«

Bei der Plünderung Konstantinopels wurden zahllose wertvolle Reliquien geraubt, was von vielen Historikern verschwiegen oder schön geredet wird. Der Bericht des Mönches Gunther über das Verhalten des Abtes Martin von Pairis spricht hingegen eine klare Sprache:

»Während die Sieger rasch die gewaltsam eroberte Stadt plünderten, begann Abt Martin, über seine eigene Beute nachzudenken. Um nicht mit leeren Händen dazustehen, während alle anderen reich wurden, beschloss er, die eigenen geweihten Hände zur Plünderung einzusetzen. Er hielt es für unschicklich, heilige Beute mit den Händen zu berühren. Also ersann er einen Plan, um sich seinen Anteil an den Reliquien zu sichern, von denen er wusste, dass sie im Überfluss vorhanden waren. … Nur für eine heilige Sache wollte Martin ein Sakrileg begehen, er suchte einen entlegenen Ort auf, dessen Heiligkeit das Vorhandensein jener Objekte verhieß, die er so glühend begehrte. [Martin drohte dann einem alten Priester mit dem Tod, der ihm eine mit Reliquien gefüllte Truhe zeigte.] Der Abt fuhr gierig mit beiden Händen hinein, er und sein Kaplan schürzten ihre Röcke und füllten die Falten ihrer Gewänder mit heiligen Sakrilegien.«

Der Tod von Alexios I. brachte die Kreuzfahrer in eine schwierige Lage. Zusätzlich zum Geld- und Proviantmangel hatten sie nun auch keine Flotte mehr: Die Pacht war längst abgelaufen. Sie befanden sich in feindlichem Gebiet und waren praktisch unbeweglich.

Ihre Kirchenmänner erklärten, die Griechen hätten durch den Mord an ihrem Kaiser gegen die Kirche gesündigt und seien daher legitimes Ziel eines Kreuzzugs. Das entsprach zwar in keiner Form den Anweisungen des Papstes, der Klerus sah jedoch keine andere Möglichkeit. Den Soldaten wurde mitgeteilt, sie würden im Frühling nicht ins Heilige Land aufbrechen. Ihre Mission richte sich jetzt gegen Byzanz.

Am 9. April 1204 lancierten die Kreuzfahrer einen Angriff auf die Seemauer, wurden aber zurückgeschlagen. Eine erneute Attacke am 12. April war von mehr Erfolg gekrönt. Einer kleinen Truppe gelang es, so nahe an einen Wehrturm zu kommen, dass sie eine Bresche hineinschlagen konnten. Auf der anderen Seite der Mauer befanden sich viele griechische Soldaten. Trotzdem zwängte sich ein Priester namens Aleaumes von Clari durch die Maueröffnung und drang als

Rechts: *Die Eroberung Konstantinopels; Mosaik in der Johannes-Basilika in Ravenna. Die Stimmung zwischen Lateinern und Byzantinern war damals recht feindselig. Die Kreuzfahrer verachteten die Byzantiner für den Mord an ihrem Kaiser und für ihre nicht eingehaltenen Versprechen. Der byzantinische Staatsmann Niketas Choniates behauptete, die Kreuzfahrer seien schlimmer als die Sarazenen.*
Gegenüber: *Ein Kreuzfahrer mit erhobenem Speer; Mosaik in der Johannes-Basilika in Ravenna.*

Erster in die Stadt ein. Sein Bruder, Robert von Clari, wollte ihn zurückhalten, doch Aleaumes zog sein Schwert und rannte brüllend auf die Griechen zu, die erschreckt flohen. Innerhalb kürzester Zeit erstürmten die Truppen die Stadt.

In dieser Nacht versuchte Alexios V. Murtzouphlos, sein Volk zum Kampf aufzurufen. Doch die Griechen wollten keinen Krieg innerhalb ihrer Stadtmauern dulden und zogen es vor, die Krone Bonifazius von Montferrat anzubieten. Murtzouphlos floh mitsamt seiner Familie, und am Morgen des 13. April 1204 wurde die Stadt offiziell an den Marquis übergeben. Dieser hätte liebend gerne angenommen, doch die Kreuzfahrer hatten bereits im März beschlossen, dass nach der Eroberung ein neuer Kaiser gewählt werden würde. Sie hatten sich auch über die Aufteilung der Beute verständigt. Die Byzantiner waren getäuscht worden: Die Kreuzfahrer wollten keinen Thronwechsel herbeiführen, sondern die Stadt nach Herzenslust ausrauben.

Vor ihnen lag eine der reichsten Städte der Welt, die wehrlos war, und nun folgte ein dreitägiges Plündern und Morden. Kein Heiligtum und keine Kirche blieben verschont, unermessliche Schätze und wertvolle Reliquien wurden erbeutet. Die Venezianer sandten Kunstexperten aus, um die schönsten Stücke zu holen. Die vier Bronzepferde des Hippodrom schmücken heute noch die Basilika von Venedig. Die Plünderung Konstantinopels zählt zu den verheerendsten und gewinnträchtigsten Eroberungen der Menschheitsgeschichte. Sie führte zu einer unüberwindlichen Spaltung zwischen der Ost- und der Westkirche, die bis in die heutige Zeit besteht.

DER NIEDERGANG KONSTANTINOPELS

Das reiche und prächtige Konstantinopel war seinerzeit die größte Stadt des Christentums. Ironischerweise wurde ihr Ruin durch eine christliche Armee herbeigeführt, die ausgezogen war, um sie zu retten. Die Kreuzfahrer fügten der Stadt enormen Schaden zu. Brände verwüsteten große Teile der Stadt, jahrhundertealte Kunstschätze wurden zerstört oder eingeschmolzen. Von der Plünderung hat sich Konstantinopel während des gesamten Mittelalters nicht mehr erholt. Der byzantinische Staatsmann Niketas Choniates klagte: »Oh Stadt, einst thronest du über allen andern, deine Anmut und Gestalt waren unvergleichlich; nun sind deine prächtigen Gewänder und eleganten königlichen Schleier zerissen; deine strahlenden Augen sind dunkel geworden, und du gleichst einem alten Feuerweib, das mit Ruß bedeckt ist.«

Der Niedergang der Stadt sollte sich in den folgenden Jahrzehnten fortsetzen. Die lateinischen Kaiser (siehe Seiten 114–115) hatten keine Mittel für die Instandsetzung, und die Stadt zerfiel zunehmend. 1203 betrug die Bevölkerungsanzahl über 500 000; als die Byzantiner Konstantinopel 1261 zurückeroberten, gab es nur noch etwa 35 000 Einwohner.

DIE GRÜNDUNG DES LATEINISCHEN REICHS

Die Einnahme Konstantinopels erschütterte das gesamte Byzantinische Reich, das die Kreuzfahrer ursprünglich retten wollten. Verschiedene Herrscher Kleinasiens meldeten ihren Anspruch auf den Kaiserthron an und hofften, eine Exilregierung stellen zu können.

Da sie die Hauptstadt des Reichs erobert hatten, hielten sich die Kreuzfahrer für die rechtmäßigen Thronerben. Bei einer Versammlung im März 1204 hatten Franken und Venezianer bereits beschlossen, einen neuen Kaiser zu wählen, sobald die Stadt in ihren Händen wäre. Einfache Soldaten wurden verpflichtet, das Lateinische Reich ein Jahr lang zu verteidigen, um ihr Kreuzzugsgelübde zu erfüllen.

Balduin, der Graf von Flandern, wurde vom Wahlkommitee der Kreuzfahrer zum Kaiser gewählt und schließlich im Mai 1204 in der Hagia Sophia gekrönt (siehe Kasten). Das Byzantinische Reich wurde aufgeteilt: Ein Viertel unterstand direkt dem Kaiser, drei Achtel den Franken und drei Achtel den Venezianern (die Kreta und Teile des Peloponnes als Kolonie erhielten). Die endgültige Aufteilung, die am 1. Oktober erfolgte, bestand zunächst nur auf Papier, denn die Gebiete mussten noch erobert werden. Die Kreuzfahrer verteilten sich in alle Himmelsrichtungen, um griechische Territorien einzunehmen.

Der Abzug eines Großteils der Truppen aus Konstantinopel blieb den Feinden des Lateinischen Reichs nicht verborgen. Kalojan, der

DIE KAISERKRÖNUNG

Am 16. Mai 1204 wurde Balduin von Flandern in Konstantinopel zum ersten Kaiser des Lateinischen Reichs gekrönt. Die Zeremonie fand in der Hagia Sophia statt, der mächtigen Kirche, die im 6. Jahrhundert von Kaiser Justinian erbaut worden war. In ihr waren alle bisherigen Kaiser gekrönt worden, und nun mischten sich lateinische Bräuche unter die glanzvolle Zeremonie. Der Augenzeuge Robert von Clari beschrieb das Ereignis folgendermaßen:

»Der Kaiser kam vor den Altar und kniete nieder … dann traten alle Bischöfe vor, umfassten gemeinsam die Krone, segneten sie, machten das Zeichen des Kreuzes und setzten die Krone auf seinen Kopf. Eine sehr wertvolle Kette, die Kaiser Manuel einst für 62 000 Mark erworben hatte, wurde um seinen Hals gelegt. Als die Bischöfe ihn gekrönt hatten, setzten sie ihn auf einen hohen Thron, und dort saß er, während die Messe gesungen wurde, in einer Hand hielt er sein Zepter, in der anderen eine goldene Kugel, die oben mit einem Kreuz versehen war. Die Juwelen, die er trug, waren mehr wert als der Schatz eines reichen Königs.
Als die Messe vorüber war, brachte man ihm ein weißes Pferd, welches er bestieg. Die Grafen brachten ihn zurück in seinen Palast Bukoleon und setzten ihn dort auf den Thron des [römischen Kaisers] Konstantin [dem Großen].«

Zar der Walachen und Bulgaren, verbündete sich mit byzantinischen Herrschern von Thrakien, um die Kreuzfahrer zu bekämpfen. Er nahm Adrianopel (heute Edirne) ein. Kaiser Balduin machte sich mit Hugo von Saint-Pol und 140 Rittern auf den Weg, um die Stadt zu belagern. Es kam zur Schlacht von Adrianopel, bei der Hugo getötet und Balduin gefangen genommen wurde. Balduin starb in der Haft, und sein Bruder Heinrich übernahm die Kaiserkrone.

Im April 1205 war der vierte Kreuzzug endgültig beendet. Die meisten Ritter traten die Heimreise an, und die Macht Konstantinopels musste mit einer vergleichsweise kümmerlichen Militäreinheit aufrechterhalten werden. Der Doge Enrico Dandolo starb vor Ort und wurde in der Hagia Sophia bestattet. Der Kreuzzug war zwar nicht so verlaufen, wie Papst Innozenz III. es geplant hatte, dafür war die Ostkirche unterworfen, und Konstantinopel war ein idealer Stützpunkt für weitere Vorstöße ins Heilige Land. Die Hoffnung, Griechen und Lateiner im Kampf gegen die Heiden vereinen zu können, gehörte nun allerdings der Vergangenheit an. Zudem entsprach das Lateinische Reich nicht dem Bollwerk von Byzanz, das Europa so lange vor der muslimischen Expansion geschützt hatte.

Oben: *Das Innere der Hagia Sophia (»heilige Weisheit«). Die mächtige Kirche wurde von dem Mathematiker Isidor von Milet und dem Architekten Anthemios von Tralleis entworfen, die für den besonderen Lichteinfall sorgten. Die Kirche wurde unter dem byzantinischen Kaiser Justinian (527–565) in nur fünf Jahren erbaut. Als Sitz des Patriarchen von Konstantinopel beherbergte die Hagia Sophia einst 600 Mann Personal, darunter 80 Priester. Nach der Eroberung der Stadt durch die Osmanen wurde die Kirche 1453 in eine Moschee umgewandelt, heute ist sie ein Museum.*

Gegenüber: *Balduin von Flandern (1171–1205) wird zu Balduin I., dem ersten Kaiser des Lateinischen Reichs, gekrönt. Diese Buchmalerei zeigt sowohl seine Krönung als auch seine Großzügigkeit gegenüber einer Frau, die ihren Sohn in den Kreuzzug schickt. Aus einer französischen Handschrift (13. Jh.) über die Geschichte der Kreuzzüge von Wilhelm von Tyros (ca. 1130–1186).*

KRIEGSBEUTE

»Die Beute [von Konstantinopel] war so unermesslich, man konnte sie gar nicht aufzählen: Gold und Silber, Tafelservice, Juwelen, Seide, Satin und die feinsten Pelze; die auserlesensten Dinge, die man auf Erden nur finden konnte. Geoffroi de Villehardouin, der Marschall von der Champagne, erklärt hiermit, dass seit der Erschaffung der Welt in keiner Stadt so viel Beute gemacht wurde.«

Villehardouins Aussage ist keine Übertreibung. Konstantinopel war eine wohlhabende Stadt, und innerhalb ihrer Mauern lagerten die Schätze eines Weltreichs. Die Kreuzfahrer zeigten wenig Interesse für die Kostbarkeiten von Kultur und Kirche, sie hielten sich lieber an den Geldwert von Gold und Edelsteinen. Der byzantinische Staatsmann Niketas Choniates, der die barbarische Zerstörung verzweifelt mit ansah, hinterließ uns die Beschreibung von Kunstwerken, etwa von einer monumentalen Statue der griechischen Göttin Hera, deren »Kopf kaum von vier Ochsen gezogen werden konnte«.

Da waren die Venezianer kunstverständiger. Wahrscheinlich wirkten griechische Steinmetze an der Errichtung des Markusdoms in Venedig mit, der 1071 fertiggestellt wurde. Die byzantinische Kunst war ihnen also durchaus vertraut. Der Doge Enrico Dandolo erbeutete unglaubliche Kunstschätze. Der gesamte Dom wurde mit Beute aus Konstantinopel ausgeschmückt, und noch heute kann man dort viele geraubte Marmor- und Steinstatuen bewundern. An der Ecke des Doms steht die Gruppe der Tetrarchen, Statuen der spätrömischen Herrscher Diocletian, Maximilian, Galerius und Constaninus I. Doch die berühmteste Beute, die nach Venedig gebracht wurde, ist die Quadriga, eine Gruppe von vier Bronzepferden, die ursprünglich das Eingangstor des Hippodroms in Konstantinopel schmückten. Es mutet seltsam an, dass ausgerechnet in einer Stadt, in der es keine Pferde gab, vier vergoldete Rösser jahrhundertelang Symbol der venezianischen Macht waren.

Doch die Beute bestand nicht nur aus weltlichen Schätzen: Abt Martin von Pairis sorgte dafür, dass unzählige Reliquien in Europa landeten. Im Mittelalter war Reliquienraub nichts Verwerfliches, man glaubte, eine Reliquie könne nur gestohlen werden, wenn der betroffene Heilige dies auch wünsche. Unter den vielen Reliquien befanden sich der Kopf von Johannes dem Täufer, Teile des wahren Kreuzes Christi, Haare der Jungfrau Maria und zahllose Körperteile von verschiedenen Heiligen. Manche Reliquien wurden später von den lateinischen Kaisern Konstantinopels verkauft – 1240 erwarb König Ludwig IX. von Frankreich die Dornenkrone und ließ in Paris eine Kapelle für sie erbauen. Es soll auch das Turiner Grabtuch bei der Plünderung erbeutet worden sein, was jedoch nicht gesichert ist. Robert von Clari berichtet: »Es gab dort eine Kirche, wo das Tuch aufbewahrt war. Jeden Freitag wurde es in seiner ganzen Länge entfaltet und zur Schau gestellt, sodass man deutlich den Abdruck der Figur des Leichnams Christi von vorne und von hinten, als ob er aufrecht vor einem stünde, betrachten konnte. Aber keiner, weder Grieche noch Franzose, wusste, was mit dem Tuch geschehen war, als die Stadt genommen wurde.« 1357 tauchte es in Frankreich auf.

Oben: *Ein byzantinischer Kelch, der mit Edelsteinen und Perlen verziert ist. Er befindet sich heute im Markusdom.*
Rechts: *Zwei Pferde der Quadriga, riesigen Statuen aus Bronze, die im 2. oder 3. Jahrhundert n. Chr. entstanden.*
Gegenüber: *Eine byzantinische Tafel (10. Jh.), die mit Gold, Email und Edelsteinen verziert ist. Sie stellt die Kreuzigung dar.*

6

KREUZZÜGE IN EUROPA

UNGLÄUBIGE, HEIDEN UND KETZER

WILLIAM L. URBAN

DIE RECONQUISTA

Vor dem ersten Kreuzzug nach Palästina hatte die Kirche Roms christliche Regenten unterstützt, die Andersgläubige in Europa bekämpften. Der Feldzug gegen die Muslime in Spanien und Portugal ging unter der spanischen Bezeichnung Reconquista (Wiedereroberung) in die Geschichte ein. Er setzte nahezu drei Jahrhunderte vor dem ersten Kreuzzug ein und endete 1492 mit dem Fall von Granada. Der Begriff suggeriert einen einzigen systematischen Vorstoß gegen die Muslime Spaniens, in Wahrheit handelte es sich um einen endlosen Kleinkrieg. Bisweilen war der persönliche Ehrgeiz eines muslimischen Kalifen wichtiger als religiöse Belange.

711 drangen die Mauren unter ihrem Anführer Tariq ibn Ziyad über Gibraltar in Spanien ein. Sie eroberten von hier aus ein Königreich, das im 5. Jahrhundert von den Westgoten gegründet worden war. Ab 716 befand sich fast die gesamte iberische Halbinsel in muslimischer Hand. Bei dem Versuch, Gebiete nördlich der Pyrenäen zu erobern, wurden die Mauren 732 von den Franken unter Karl Martell zurückgeschlagen.

Nach dem blutigen Umsturz des umayyadischen Kalifats in Damaskus (siehe Seite 21) floh Abd al-Rahman, der letzte überlebende Fürst, nach Spanien und errichtete 756 in Córdoba sein eigenes Kalifat. 759 drängte der Sohn Karl Martells, König Pippin I. (741–768), die Mauren nördlich der Pyrenäen endgültig zurück.

Diese Deckenmalerei im Thronsaal der Könige in der Alhambra (14. Jh.) in Granada zeigt romantische Ritterszenen, die Legenden über maurische Herrscher darstellen. Die Malereien wurden von christlichen (wahrscheinlich italienischen) Künstlern ausgeführt. Das Kalifat Granada war das letzte muslimische Herrschaftsgebiet in Spanien, das 1492 an die Christen fiel.

Pippins Nachfolger, Karl der Große (768–814), galt als erbitterter Feind der Muslime. Das altfranzösische Versepos, das *Rolandslied*, das im 12. Jahrhundert entstand, schildert auch Karls Heldentaten gegen das heidnische Spanien. Dieser marschierte 778 als Verbündeter des maurischen Barcelona im christlichen Asturias ein und griff von dort aus die Baskenstadt Pamplona an. Karl der Große kehrte niemals nach Spanien zurück, doch seine Truppen unternahmen immer wieder Vorstöße gegen die Mauren. Als Folge dieser Auseinandersetzungen wurde 801 die Spanische Mark um Barcelona gegründet. Sie war ein Bollwerk gegen das maurische Spanien, und von dort nahm die Reconquista ihren Ausgang. 844 gelang es Ramiro I. von Asturien, die Mauren in Clavijo zu besiegen (siehe Kasten auf Seite 123).

1031 zerfiel das Kalifat von Córdoba in zahlreiche islamische Lehen, und die christlichen Reiche im Norden und Westen konnten ihre Macht verstärkt ausdehnen. Die Königreiche León und Navarra wurden gegründet, Aragon und Katalonien wurden wieder christlich. Schließlich wurde auch Kastilien 1085 durch den Fall Toledos an Alfons VI. von León-Kastilien christliches Königreich.

Das Leben in al-Andalus, dem maurischen Spanien, war damals von religiöser Toleranz geprägt. Christen, Juden und Muslime respektierten einander. In der frühen Phase der Reconquista erlaubten selbst christliche Herrscher unterworfenen Mauren, ihre Religion auszuüben und ihren Geschäften nachzugehen. Sie durften Steuern erheben und militärische Einheiten unterhalten. Tribute der maurischen Nachbarn waren wünschenswerter als der Kampf gegen sie.

EL CID

Das altspanische Epos *El Cantar de Mio Cid* (1235) aus der Zeit der Reconquista verherrlicht die Heldentaten eines Ritters namens Rodrigo Díaz, genannt El Cid (»mein Herr«), der im Dienst von König Alfons VI. von Kastilien stand. El Cid kämpfte aber nicht nur für seinen Herrn, sondern auch für die Mauren. 1094 eroberte er auf eigene Faust Valencia und fiel daher beim König in Ungnade. Nach seinem Tod im Jahr 1099 wurde seine Witwe aus Valencia verbannt.

Laut dem Epos hatte Cid am Hofe des Königs Alfons viele Widersacher, die ihn in Verruf brachten. Er soll ständig versucht haben, den König von seiner Vorstellung von Treue und Loyalität zu überzeugen. Tatsächlich reformierte Cid weder den König noch seinen korrupten Hof. Bei seiner Verehrung als Held der Reconquista wird gerne übersehen, dass El Cid auch maurischen Fürsten diente. Die Originalhandschrift des berühmten Epos wird heute in der Nationalbibliothek von Madrid verwahrt.

Im Laufe des 12. Jahrhunderts eroberten die Almohaden, eine Berberdynastie aus Nordafrika, al-Andalus und verteidigten ihre Herrschaft gegen die christlichen Reiche. Mauren ist eine Sammelbezeichnung für Berberstämme, die unter den Arabern islamisiert wurden und die den Kalifen von Córdoba zunächst unterstützten, bis sie eigene Machtansprüche anmeldeten. Es kam zu ständigen Kämpfen zwischen Arabern und Berbern, die letztlich zum Zerfall des Kalifats führten.

Der christliche Wallfahrtsort Santiago de Compostela war 997 von den Arabern eingenommen worden, und seitdem beteiligten sich französische Pilger immer wieder an Feldzügen gegen Muslime. Ab 1095 erklärten die Päpste diese Kämpfe zu Kreuzzügen, die mit dem Sündenerlass der Teilnehmer verbunden waren. Die Ritterorden spielten bei diesen kriegerischen Auseinandersetzungen eine wichtige Rolle, denn sie sorgten für den Schutz von Befestigungsanlagen und Burgen vor Ort. Die spanischen Orden sicherten die Grenzen, Templer, Johanniter sowie Ritter vom Deutschen Orden waren in neutralen Zonen zwischen den christlichen Staaten stationiert.

Oben: *Die Alhambra (arabisch »die Rote«) in Granada ist ein festungsartig erbauter Palast. Der Komplex zählt zu den bedeutendsten Schöpfungen islamischer Baukunst. 1984 wurde die Burganlage zum Weltkulturerbe der UNESCO erklärt.*

Unten: *Symbole königlicher Macht und des Todes im Zisterzienserkloster Santa Maria de Huerta in Kastilien. Das Kloster stammt aus dem 13. Jahrhundert. Es beherbergt das Grab von Erzbischof Jimenez, der 1212 an der großen Schlacht von Las Navas de Tolosa teilnahm. Aus dem Zisterzienserorden ging der erste spanische Ritterorden hervor.*

Portugal, durch Gebirgszüge von Spanien getrennt, war über den Landweg nur schwer zu erreichen. Im Sommer 1147 half eine Flotte des zweiten Kreuzzugs dem Grafen (und späteren König) von Portugal, Alfons-Heinrich I. (1128–1185), Lissabon einzunehmen. Zwei Flotten des dritten Kreuzzugs unterstützten die Portugiesen 1189 beim Kampf gegen die Mauren.

Im 13. Jahrhundert erfuhr die Reconquista einen Aufschwung. Die christlich beherrschten Gebiete Spaniens konnten sich wirtschaftlich etablieren, während der maurische Teil durch mangelnden Nachschub aus Nordafrika zusehends geschwächt wurde. In jener Zeit erlebte die Begeisterung für die Kreuzzüge einen Höhepunkt.

JAKOB DER MAURENSCHLÄCHTER

Die Christen betrachteten den Apostel Jakobus den Älteren als Schutzheiligen. Zentrum des Kults war sein angebliches Grab in Santiago de Compostela im Nordwesten Spaniens. Jakob soll 844 an der Schlacht von Clavijo teilgenommen und dabei Tausende Muslime getötet haben. Daher rührt auch sein Beiname »Heiliger Jakob der Maurenschlächter«. Er wurde zur Integrationsfigur des christlichen Spanien.

Die Verbindung von Pilgerfahrt und Heiligem Krieg gegen den islamischen Feind existierte in Santiago also bereits zweieinhalb Jahrhunderte, bevor Papst Urban II. zum ersten Kreuzzug aufrief. Pilger, die am Grab des Jakobus gebetet hatten, durften die Pilgermuschel tragen. Ab dem 12. Jahrhundert wurde Santiago nach Jerusalem und Rom zur drittwichtigsten Pilgerstätte des Christentums. Noch heute begeben sich jährlich Tausende Menschen aus aller Welt auf den Jakobsweg nach Santiago de Compostela.

Am 12. Juli 1212 kam es zur Schlacht bei Las Navas de Tolosa, in der die Truppen der verbündeten Königreiche von Kastilien, Aragon, Navarra und Léon sowie französische Kontingente die Almohaden besiegten. Die Schlacht war ein entscheidender Wendepunkt im Kampf zwischen christlichen und muslimischen Heeren, auch wenn die stark befestigen maurischen Städte im Süden nur langsam erobert werden konnten. Jakob I. von Aragon (1213–1276) nahm Valencia zwischen 1229 und 1245 ein, Ferdinand III. von Kastilien (1217–1252) besetzte Córdoba 1236 und Sevilla 1248. Somit wurden die Mauren in den äußersten Süden zurückgedrängt. Die eroberten Gebiete wurden mit Christen besiedelt, die muslimischen Bewohner vertrieben oder getötet, um etwaigen Aufständen vorzubeugen.

Die Wiedereroberung Portugals war 1249 abgeschlossen. Danach lancierten die Ritterorden Angriffe auf das muslimische Afrika, und Heinrich der Seefahrer (1394–1460) machte das Land mithilfe der Ritterorden zur führenden Handels- und Seemacht Europas mit Kolonien in Afrika, Indien, Brasilien und China.

Die Heirat zwischen Ferdinand von Aragon und Isabella von Kastilien im Jahr 1469 schuf ein vereintes spanisches Königreich, das 1492 schließlich die letzte muslimische Bastion in Granada unterwerfen konnte. Dies war auch das Geburtsjahr der Inquisition: Alle Juden mussten entweder zum Christentum übertreten oder Spanien verlassen. Den Muslimen erging es nicht besser – die noch im Land Verbliebenen wurden zehn Jahre später zwangskonvertiert.

SPANISCHE RITTERORDEN

Die spanischen Monarchen schenkten den Templern und Johannitern im 12. Jahrhundert ausgedehnte Besitzungen. Diese beiden Orden beteiligten sich zwar an der Reconquista, aber ihr Hauptaugenmerk lag natürlich auf dem Heiligen Land. Angesichts der maurischen Herrschaft in ihrem Land sahen sich die Christen Spaniens ab 1146 daher gezwungen, nach dem Vorbild der Templer eigene Ritterorden zu gründen. Die wichtigsten waren der Orden von Calatrava, der 1158 gegründet wurde, der Orden von Santiago (1170) sowie der Orden von Alcántara (1176). Santiago war der größte von allen und sehr weitverbreitet.

Um 1166 gründeten die Portugiesen den Orden von Évora, der später Orden von Aviz genannt wurde. Bis 1319 war er der einzige Ritterorden Portugals. Eine Reihe kleinerer Orden wie der Orden von Monte Gaudio, der 1173 entstand, wurde mit einem der größeren Orden vereint.

Die spanischen Ritterorden stellten 1212 bei der siegreichen Schlacht von Las Navas de Tolosa das Herz der Truppen dar. Die Eroberung des muslimischen Granada 1492 wurde auch durch die Unterstützung von Burgen ermöglicht, die in der Hand der Orden von Santiago, Calatrava und Alcántara waren.

FRUCHTBARE GLAUBENSVIELFALT

Mit al-Andalus bezeichneten die Araber ihr Herrschaftsgebiet der iberischen Halbinsel, das im Mittelalter bis nach Südfrankreich reichte und wesentlich größer war als das heutige Andalusien. Bis zu seinem Zerfall 1031 war das Kalifat von Córdoba ein unabhängiger muslimischer Staat, in dem sich drei großartige Kulturen vereinten und gegenseitig befruchteten – die arabische, die persische und die griechische.

Die Bevölkerung von al-Andalus setzte sich aus Spaniern, Westgoten, Arabern, Berbern und Syrern zusammen, aus Christen, Juden sowie Muslimen. Die vorherrschende Toleranz und Glaubensvielfalt wurde *convivencia* genannt (Zusammenleben). Sie war damals einzigartig und brachte eine unglaublich reiche Kultur und einen geistigen Austausch hervor, die andernorts unvorstellbar gewesen wären. In Córdoba wirkten jahrhundertelang bedeutende Gelehrte, wertvolle Bibliotheken wurden angelegt, Baukunst und Handwerk erlebten eine unvorstellbare Blütezeit, deren Zeugnisse noch heute bewundert werden können, etwa die große Moschee (siehe Foto Seiten 118–119). In ganz Westeuropa gab es keine derartige Hochkultur, die sich mit der von al-Andalus hätte messen können.

Die Kalifen holten Dichter und Gelehrte aus aller Welt an ihre Höfe, die zu sämtlichen denkbaren Themen Texte verfassten. Papier war in jener Zeit im restlichen Europa unbekannt, in Spanien hingegen wurde es in großen Mengen hergestellt. Der Universalgelehrte Ibn Hazm (starb 1064) schrieb unzählige historische und religiöse Werke, darunter auch das berühmte Traktat über die Liebe: *Das Halsband der Taube*. Der Dichter und König al-Mu'tamid (1078–1095) gründete in Córdoba eine Kunstakademie, an der sich die klügsten Köpfe der damaligen Welt versammelten.

Naturwissenschaften und alle schönen Künste florierten. Wichtige Erkenntnisse auf den Gebieten der Mathematik, Medizin und Philosophie fanden über al-Andalus Eingang in das übrige Europa, zum Beispiel das arabische Zahlensystem.

Die Gelehrten von al-Andalus waren besonders an der Astronomie interessiert und erstellten neuartige Beschreibungen des Sonnensystems. Das von az-Zarqali (starb 1100) erfundene *Azafea* (Astrolabium), ein Sternhöhenmesser, wurde in der Schifffahrt jahrhundertelang genutzt. Sechs Jahrhunderte vor Kepler konnte der Sternenkundler nachweisen, dass die Laufbahn der Planeten elliptisch verläuft.

Auch in der Medizin waren die andalusischen Gelehrten führend: Sie erweiterten die *Materia Medica*, ein enorm umfangreiches medizinisches Nachschlagewerk, das Generationen von Ärzten als Richtlinie diente. Es handelte sich um eine arabische Übertragung eines antiken griechischen Werkes (1. Jh.) von Pedanios Dioscurides, das von arabischen, jüdischen und

Links: *Das Hamam (11. oder 12. Jh.) in Jaen ist das größte erhaltene arabische Badehaus in Spanien.*
Gegenüber oben: *Ein arabisches Astrolabium von ca. 1430. Es wurde von az-Zarqali erfunden (siehe Haupttext) und in ganz Europa bei der Schifffahrt genutzt.*
Gegenüber unten: *Eine Seite aus dem berühmten Hauptwerk von Maimonides,* Führer der Unschlüssigen, *das 1190 verfasst wurde.*

christlichen Medizinern überarbeitet und erweitert wurde. Im 13. Jahrhundert enthielt es Beschreibungen von über 1400 Pflanzen. Es wird heute noch von Homöopathen genutzt.

Der bedeutendste jüdische Gelehrte des Mittelalters, Moses ben Maimon (Maimonides, 1135–1204), wurde in Córdoba geboren. Maimonides war stark von arabischen Philosophen beeinflusst, die wiederum von dem Griechen Aristoteles geprägt waren. Er verfasste das berühmte Werk *Führer der Unschlüssigen*, in dem er den Widerspruch zwischen dem in der Tora offenbarten Wort Gottes und naturwissenschaftlichen Erkenntnissen aufzulösen versuchte. Die Beobachtung der Natur könne der Menschheit helfen, den Ewigkeitsgedanken besser zu verstehen. Das Buch wurde in viele Sprachen übersetzt und prägte für lange Zeit in hohem Maß die religionsphilosophischen Debatten in Judentum und Christentum. Auch Thomas von Aquin (1227–1274) studierte das Werk gründlich.

Die Hochkultur von al-Andalus bescherte Europa die intellektuellen Früchte der arabischen, persischen und griechischen Zivilisation. Aufgrund der Vielsprachigkeit wurden unzählige Werke übersetzt. Arabische Versionen der griechischen Philosophen wurden ins Lateinische übertragen. Auf diese Weise gelangte zum Beispiel der Großteil der Schriften von Aristoteles in den Westen. Dessen Einfluss auf die christliche Kultur lässt sich kaum in Worte fassen und führte unter anderem zur Gründung der ersten Universitäten und zur Wiederbelebung der Antike in der Renaissance.

DER WENDENKREUZZUG

Die Germanen, die in den ersten Jahrhunderten nach Christi Geburt in den Süden und Westen gezogen waren, ließen große Teile Norddeutschlands unbesiedelt. In dem Gebiet zwischen Elbe, Trave und Oder wurden ab dem 8. Jahrhundert slawische Einwanderer ansässig, die sogenannten Elbslawen, die von ihren sächsischen und dänischen Nachbarn als Wenden bezeichnet wurden.

Wie die Sachsen und Dänen in jener Zeit waren die Wenden Heiden. Konflikte zwischen diesen Volksgruppen hatten zunächst keinen religiösen Hintergrund, bis die Sachsen durch Karl den Großen christianisiert wurden. Im 10. und 11. Jahrhundert entbrannten zwischen den Sachsen und Wenden schreckliche Kriege. Dabei diente die Elbe als natürliche Grenze. Die Sachsen konnten schließlich Frieden schaffen, indem sie Tributzahlungen leisteten.

Im 11. Jahrhundert wurde Skandinavien zum Christentum bekehrt, was die heidnischen Wenden unter Druck setzte. Ihre christlichen Nachbarn wurden immer mächtiger, und es war ihnen nicht länger möglich, von den Sachsen Tribut zu fordern oder sie westlich der Elbe zurückzudrängen. Ab 1110 mussten die Wenden den Sachsen Abgaben liefern, und 1111 mussten ihre Herrscher den Germanen bei ihrem Kampf auf Rügen gegen die Wikinger helfen.

DER DRANG NACH OSTEN

Der Begriff *Drang nach Osten* wurde im 19. Jahrhundert von deutschen Nationalisten genutzt, um damit die germanische Machtausdehnung im Mittelalter zu erklären. Die Nazis im Dritten Reich rechtfertigten damit ihre Vernichtungsfeldzüge im Osten und verbanden damit ihre Theorie über die deutschen »Herrenrasse«, die einfach mehr Lebensraum benötigte.

Im Mittelalter war der Drang nach Osten aber mehr durch wirtschaftliche als durch militärische Motive begründet. Die deutschen Herrscher der neu eroberten Gebieten versprachen Neueinwanderern niedrige Steuern und Abgaben. Sobald die Grenzen gesichert waren, strömten viele Siedler ins Land. Die polnischen Herzöge und Kirchenmänner wiederum versuchten, deutsche Ritter, Bauern, Kaufleute und Juden in ihre spärlich besiedelten Gebiete im Osten zu locken. Der Osten Europas war im Mittelalter ein wildes Völker- und Sprachengemisch.

In der Folgezeit wanderten Sachsen in das wendische Holstein ein. 1143 besetzten Sachsen, Dänemark, Brandenburg und Holstein Gebiete, die dünn von Wenden besiedelt waren. Die Wenden setzten das Christentum mit Knechtschaft und Fremdherrschaft gleich und widersetzten sich einer Missionierung.

Bernhard von Clairvaux, der in Deutschland für den zweiten Kreuzzug predigte, fand es an der Zeit, die Wenden mit Waffengewalt zu konvertieren. 1147 war es für ihn ein Leichtes, sächsische und dänische Fürsten von einem Feldzug gegen die Wenden zu überzeugen, den Papst Eugen III. zum Kreuzzug erklärte. Ein Truppenverband aus Sachsen und Dänen griff die wendischen Festungen Dobin und Demmin an, die dänische Flotte belagerte Stettin und Lübeck. Die Wenden entkamen ihrer Vernichtung, indem sie sich entweder heftig zur Wehr setzten oder sich taufen ließen.

Obwohl die Wenden nach Abzug des Kreuzzugsheeres weiterhin heidnische Bräuche ausübten, blieben die in ihren Gebieten errichteten Klöster nicht ohne Wirkung. Die militärischen Angriffe der Christen endeten erst 1185. Im Anschluss erklärten sich die wendischen Fürsten bereit, christliche Vasallen ihrer mächtigen Nachbarn zu werden. Mithilfe von neugegründeten Bistümern bekehrten sie ihr Volk allmählich zum Christentum, was zur Folge hatte, dass neue deutsche Siedler in die einst wendischen Ländereien einwanderten und die Gegend so wohlhabend wurde, wie es die sandigen Böden des Nordens erlaubten. Nach dem Abschluss der Germanisierung beteiligten sich die aus der Verschmelzung von Wenden und deutschen Siedlern hervorgegangenen Neustämme selbst an Kreuzzügen, zum Beispiel in Preußen, Livland und im Heiligen Land.

GÖTTER DER BALTEN

Der Pantheon der Balten bestand aus mächtigen Gottheiten und übernatürlichen Wesen. Er ähnelte der Götterwelt der Wikinger. Die wichtigste Gottheit war Perkunas, ein Donner- und Gewittergott, der in den Wäldern unter freiem Himmel verehrt wurde. Am unteren Ende der Skala befanden sich minder mächtige Gottheiten: der Gott des Hauses, des Waldes, der Felder, des Wassers usw. Sie wurden täglich angerufen, vor allem bei Geburt und Tod.

Heidnische Priester spielten eine wichtige Rolle in der Gemeinschaft. Bei kriegerischen Feldzügen lauschten sie auf den Ruf der Vögel, beobachteten das Wetter und warfen Knochen, um den Willen der Götter herauszufinden. Bei schlechten Vorzeichen wurde von wichtigen Unternehmungen abgesehen. Unser Wissen über die Bräuche und Lebensweise der Heiden ist sehr begrenzt, da diese alle Dinge mündlich überlieferten und der Schrift nicht mächtig waren. Die spärlichen Informationen, die wir haben, stammen von christlichen Chronisten, die ihre Beobachtungen natürlich interpretierten. Versuche, diese Naturreligion mit Riten zu verbinden, die vor den Griechen und Römern üblich waren, trugen nur noch mehr zur Verfälschung dieser höchst komplexen Götterwelt bei.

Oben: *Die Insel Rügen vor der deutschen Ostseeküste war ein wichtiges Kultzentrum der heidnischen Wenden und Wikinger. Die dem Gott Svantovit geweihte Tempelburg Arkona war Hauptheiligtum aller heidnischen Nordwestslawen. Die Überreste dieser Kultur bilden Hünengräber, die man heute auf Rügen besichtigen kann.*

Gegenüber: *Statue einer unbekannten heidnischen Gottheit auf Rügen. Die meisten heidnischen Heiligtümer wurden 1168 von den Christen zerstört, darunter auch die Tempelburg Arkona. Die hölzerne Statue der Gottheit Svantovit soll mehrere Köpfe und ein mit Wein gefülltes Trinkhorn in der Hand gehabt haben. Da aber auch andere Gottheiten so dargestellt wurden, weiß man nicht genau, wie Svantovit wirklich aussah.*

KREUZZÜGE IM ÖSTLICHEN BALTIKUM

SCHLACHT AUF DEM EIS: DER KREUZZUG IN NOWGOROD

Im Zuge des fünften Kreuzzugs (siehe Kapitel sieben) gerieten die katholischen baltischen Staaten im 13. Jahrhundert in Konflikt mit den russischen Fürstentümern, die dem orthodoxen christlichen Glauben anhingen. Letztlich ging es auch um die wirtschaftliche Vorherrschaft.

1240, nachdem die Mongolen große Teile Russlands verwüstet hatten, organisierte ein päpstlicher Legat einen Kreuzzug gegen den letzten bedeutenden unabhängigen russischen Staat: Nowgorod. Anfangs waren die Ritter siegreich, doch dann schlug der russische Fürst Alexander die Schweden am Ufer der Newa, was ihm den Beinamen Newski einbrachte. 1242 kam es zur Entscheidungsschlacht auf dem Eis des zugefrorenen Peipussees, bei der die deutschen und dänischen Ritter vernichtend geschlagen wurden. Damit waren die Invasionspläne des Deutschen Ordens im Osten erst einmal vereitelt.

Der Wendenkreuzzug war ein Vorbote auf Attacken gegen heidnische Völker im Baltikum durch christliche Herrscher wie Waldmar I. von Dänemark (1157–1182). Auch Polen wollte seine Macht in der Region ausdehnen, während die Schweden weiter östlich gegen die heidnischen Finnen vorgingen. 1171 erklärte Papst Alexander III. alle Feldzüge gegen die Heiden des Nordens für gleichbedeutend mit den Kreuzzügen im Heiligen Land. Zur Kontrolle der Kämpfe sandten die Päpste ihre Legaten. Selbst Legaten und Bischöfe durften zum Kreuzzug aufrufen, ohne vorher die Genehmigung des Papstes einzuholen. Dieser Umstand ermöglichte es den dänischen Königen, ein baltisches Reich zu schaffen, und die Polen konnten weiter nach Preußen sowie nach Russland vordringen. Der Deutsche Orden nutzte den »Freibrief« für eigene Kreuzzüge.

Preußen und der Deutsche Orden

Die Ostseeküste war im 12. Jahrhundert nur spärlich besiedelt, und die polnischen Monarchen glaubten, die baltischen Volksstämme in Preußen leicht unterwerfen zu können. Der Feldzug von König Boleslaw IV. (1146–1173) im Jahr 1173 begann vielversprechend, doch nach seinem Tod ließ das Interesse des polnischen Adels an dem Vorstoß stark nach. Außerdem verfügte die polnische Kirche über zu wenige Missionare, um den Glauben in Preußen durchzusetzen. 1215 wurde in Preußen ein neuer Bischof ernannt, der vom mächtigen Herzog Konrad von Masowien unterstützt wurde. Der Bischof hoffte, mit der Zeit die gesamte Region konvertieren zu können. Dies war in Pommern gelungen, schlug in Preußen jedoch fehl, vielleicht auch, weil es dort keinen Einzelherrscher gab, den man beeinflussen konnte.

Hilfesuchend wandte sich Konrad an verschiedene Ritterorden und bot ihnen Landrechte für den Bau von Burgen und die Gründung von Garnisonen an. Sie durften auch Bauern mitbringen, um die Versorgung zu sichern. Templer, Johanniter und selbst der spanische Orden von Calatrava schickten kleine Einheiten. Konrad gründete sogar einen eigenen Ritterorden, doch es waren immer noch zu wenige Ritter, und die Preußen konnten alle Angriffe erfolgreich abwehren. 1225 rief Konrad den Deutschen Orden zu Hilfe, der in enger Verbindung zu Kaiser Friedrich II. stand. Dieser hatte Preußen, sprich die Gebiete, die vom Deutschen Orden erobert werden sollten, unter kaiserlichen Schutz genommen. Auch die Kirche unterstützte das Vorhaben des Deutschen Ordens.

Herzog Konrad übertrug dem Deutschen Orden das Kulmerland sowie alle künftigen Eroberungen in Preußen mit allen zugehörigen Rechten als Schenkung. Gegen Ende des 13. Jahrhunderts hatte der Orden ganz Ostpreußen eingenommen. Die polnischen und deutschen Einwanderer waren den konvertierten Balten nun zahlenmäßig überlegen, und in dem Niemandsland zwischen Preußen und Polen wurde ein Ordensstaat gegründet. Dieser musste sich gegen Einmischungen durch Polen und den Papst zur Wehr setzen.

Der Nachschub für den Deutschen Orden kam aus Deutschland, doch beim Kreuzzug gegen Litauen wurde er von Polen und sogar von Russland unterstützt. Dieses Bündnis endete allerdings 1309, als der Orden Pommern und Danzig besetzte, das die Polen für sich beanspruchten. Der darauffolgende Konflikt mit Polen unterbrach den Kreuzzug in Litauen, bis es 1343 zum Frieden von Kalisch kam.

Die polnischen Könige und der Erzbischof von Riga fanden es langsam an der Zeit, dem Eroberungsdrang des Deutschen Ordens Einhalt zu gebieten. Im Gegensatz zu den Templern unterstand der Orden jedoch nicht nur dem Papst, sondern auch dem Kaiser. Geschickt spielte er die beiden Parteien gegeneinander aus, um seinen Willen durchzusetzen. Die vom Orden in Preußen eingesetzten Landmeister weigerten sich, mit päpstlichen Legaten zu verhandeln, was zur Folge hatte, dass nachkommende Generationen stets nur eine Seite des Konfliktes zwischen dem Orden und Polen sowie dem Erzbischof zu hören bekamen. Bald stand der Orden im Ruf, brutal und rücksichtslos zu sein.

Unter Ordenshochmeister Winrich von Kniprode (1352–1382) entwickelte sich der Kreuzzug gegen Litauen zum Inbegriff des Rittertums, der Adlige aus dem Heiligen Römischen Reich, Frankreich, England und Schottland anzog. Höhepunkt jedes Feldzugs (neben Plünderungen) war die Versammlung um den runden Tisch, an der nur die bedeutendsten Ritter teilnehmen durften, in Nachempfindung der Tafelrunde der Artussage. Höchste Ehre wurde jenen zuteil, die das Banner des heiligen Georg in die Schlacht trugen.

Die Planung des Kreuzzugs erfolgte nach praktischen Gesichtspunkten. Im Hochsommer und Herbst konnten die Ritter am besten über Land und See reisen. Im Winter waren hingegen

Gegenüber: *Der Minnesänger Tannhäuser (ca. 1220–1270) wird in dieser Handschrift (14. Jh.) als Ritter des Deutschen Ordens dargestellt. Er trägt den weißen Umhang, auf dem ein schwarzes Kreuz ist. Die Ordensritter galten als gnadenlose Kämpfer, die selbst von ihren Feinden wegen ihrer Disziplin, Frömmigkeit und Hingabe geachtet wurden. Die Ordensgroßmeister in Preußen waren fähige Machtpolitiker, deren Ehrgeiz allerdings durch strikte Einhaltung einer religiösen Lebensweise abgemildert wurde. Regelmäßiges Fasten, Beten und Andachthalten waren selbstverständlich. In Friedenszeiten widmeten sie sich der Förderung des Handels und des Ackerbaus.*

Unten: *In Mittel- und Osteuropa fanden viele Kreuzzüge statt, etwa der Wendenkreuzzug an der westlichen Ostseeküste. Die baltischen Stämme wurden in Preußen, Livland und Litauen bekämpft, die Hussiten im Königreich Böhmen. Der Kinderkreuzzug verlief entlang des Rheins und gelangte über die Alpen nach Italien.*

viele Seen, Sümpfe und Flüsse zugefroren, die natürliche Grenzen bildeten, sodass das Heer mühelos in feindliches Gebiet eindringen konnte. Von daher wurde der Winter die bevorzugte Jahreszeit, um Litauen an der Memel entlang anzugreifen.

Die Konvertierung Jogailas von Litauen zum Christentum um 1386–1387 beendete den Kreuzzug. Er hatte Jadwiga von Polen (Hedwig von Anjou) geheiratet und war dadurch polnischer König geworden. 1399 schlossen sich Polen und Litauen dem Deutschen Orden an, um die Samogiten, den letzten heidnischen Stamm Litauens, zu unterwerfen. Das Bündnis währte aber nicht lange, vielmehr wandten sich Polen und Litauen zunehmend gegen die Expansionsbestrebungen des Ordens und fügten seiner Streitmacht 1410 bei der Schlacht von Tannenberg eine verheerende Niederlage zu.

Livland und die Schwertbrüder

Livland, das heute zu Estland und Lettland gehört, war von zahlreichen Stämmen bevölkert und verfügte über keinen Einzelherrscher, der christianisiert werden konnte. 1188 begab sich der deutsche Priester Meinhard an die Ufer der Düna in Livland, um die dortigen Einwohner zu missionieren. Er wurde zum ersten Bischof des Gebietes ernannt (seine Nachfolger wurden Erzbischöfe von Riga), doch die Konversion ging langsam vonstatten, deshalb ordnete Papst Cölestin III. 1195 einen Kreuzzug an, der 1198 durch Innozenz III. bestätigt wurde. Die ersten Kreuzfahrer, die unter der Führung von

Der Hauptsitz des Deutschen Ordens war die Marienburg in Westpreußen (heute Malbork, Polen) am Ufer des Nogat, einem Mündungsarm der Weichsel. Marienburg wurde zwischen 1270 und 1300 errichtet. Der größte Backsteinbau Europas ist Festungsanlage, Kloster und Stadt in einem. Ab 1309 wurde Marienburg der Hochmeistersitz des Ordens, da man befürchtete, der Orden könne ein ähnliches Schicksal erleiden wie die Templer. Bis zum Fall von Akkon im Jahr 1291 befand sich der Hochmeistersitz im Heiligen Land.

Bischof Berthold in Livland eintrafen, waren Kaufleute der Insel Gotland. Sie traten die Heimreise an, bevor die Ostsee zufror. Bertholds Nachfolger Albert gelang es trotz des günstigen Stützpunkts in Riga nicht, seine Burgen ausreichend zu schützen. Erst 1202, nach der Gründung des Ritterordens der Schwertbrüder, konnte er seinen Machtbereich ausdehnen. Dabei wurde er teilweise von Einheimischen unterstützt, die auf diese Weise ihre Erzfeinde bekämpften, sowie von deutschen und dänischen Rittern. Gemeinsam unterwarfen sie die Heiden in Estland, wehrten russische sowie litauische Angriffe ab und nahmen dann Kurland ein.

Allmählich erkannten die Schwertbrüder, dass Bischof Albert sie fallen lassen würde, sobald sie ihre Aufgabe erledigt hätten, und verweigerten daher jegliche weitere Zusammenarbeit. Der Bischof wandte sich an den Papst, und 1227 wurde Livland zwischen dem Bischof von Riga und den Schwertbrüdern aufgeteilt, wobei die Souveränität des Ordens ungeklärt blieb. 1237 erlitten die Schwertbrüder bei Schaulen eine schwere Niederlage, danach wurden sie in den Deutschen Orden eingegliedert. Ihre Besitztümer in Livland gingen auf den Orden über, das Recht auf Selbstverwaltung wurde ihnen allerdings gewährt, sodass ein livländischer Ordensstaat entstand. Die Nachfolger Alberts versuchten, die Macht dieses Staates zu unterminieren, wurden darin aber nicht von den Päpsten unterstützt, die Livland als Bollwerk gegen das orthodoxe Russland aufrechterhalten wollten. Rom betrachtete den ehemaligen Orden der Schwertbrüder als rechtmäßigen Herrscher von Livland.

Der Livländische Orden beteiligte sich an zahlreichen Feldzügen des Deutschen Ordens gegen Litauen. Auch bei Konflikten mit den russischen Fürstentümern und beim Kreuzzug gegen Nowgorord (siehe Seite 128) kämpften sie Seite an Seite mit Schweden, Dänen und anderen christlichen Rittern.

Nach der Schlacht von Tannenberg fielen die Streitmächte des Livländischen Ordens mehrmals erfolglos in Litauen ein, und 1435 wurden sie gemeinsam mit verbündeten Russen, Deutschen und Tartaren von den Litauern vernichtend geschlagen. Der Orden blieb trotzdem Landesherr von Livland. Ein Umstand, den sie der effektiven Zusammenarbeit ihrer Landmeister mit dem Bistum von Riga zu verdanken hatten.

1500 konnten die Truppen des Livländischen Ordens bei Pskow einen schwer erkämpften Sieg gegen Iwan den Großen (1462–1505) erringen. Doch mit dem Einsetzen der Reformation in Livland ab 1524 waren die Tage des Ordens gezählt.

Die Statuten des Deutschen Ordens. Diese Ausgabe entstand um 1442, als der Orden durch die Niederlage in Tannenberg schwer angeschlagen war.

DAS ENDE DES DEUTSCHEN ORDENS IN PREUSSEN

Nachdem der Deutsche Orden 1410 in Tannenberg geschlagen worden war, erwog man, entlang der Donau in die Ukraine vorzudringen. Die Großmeister befürchteten jedoch, dortige Garnisonen seien zu weit von Preußen entfernt, um sie halten zu können. 1525 wurde der letzte Großmeister Preußens, Albrecht von Hohenzollern, Markgraf von Brandenburg-Anhalt und Herzog von Preußen (1525–1568), Protestant und säkularisierte das Land. Der Ordensstaat wurde in das Herzogtum Preußen umgewandelt. Damit war das Ende des Deutschen Ordens in Preußen besiegelt.

Der Livländische Orden verlor dadurch seinen wichtigsten Verbündeten und seine Nachschubquelle. Die Anzahl der Ritter schrumpfte beträchtlich, Mittel waren auch keine vorhanden. 1557 marschierte die Armee von Iwan dem Schrecklichen in Livland ein, und 1559 wurde die kleine Streitmacht des Ordens geschlagen. Als Schweden, Dänemark und Polen in den Krieg eintraten, wurde Livland zwischen diesen Ländern aufgeteilt.

DER ALBIGENSERKREUZZUG

Das Languedoc, eine Provinz in Südfrankreich, war im 12. Jahrhundert ein blühender und wohlhabender Landstrich. Das milde Klima begünstigte reiche Ernten, und der dort ansässige Adel konnte es sich leisten, seine Zeit mit der Kultivierung von Liebeslyrik und vollendeten Manieren zu verbringen. Burgen und Schlösser konnten in der mitunter schroffen Gebirgslandschaft mühelos verteidigt werden. Die Hauptstadt der Provinz war Toulouse.

Diese Region war die Heimat einer religiösen Bewegung, den Katharern (die »Reinen«, von griechisch: *katharos*). Verbreitet ist auch der Name Albigenser, nach der südfranzösischen Stadt Albi, einer ehemaligen Katharerhochburg. Die Albigenser waren eine der größten Laienbewegungen des Mittelalters und vom 11. bis zum 13. Jahrhundert in Gebieten zwischen dem Rhein und den Pyrenäen aktiv. Der Ursprung ihrer Lehre ist unklar, manche behaupten, er ginge auf die Mazdaktiten, eine Sekte der Spätantike, zurück. Fest steht, dass die Katharer die materielle Welt als sündhaft ablehnten und die Armen und Reinen als wahre Nachfolger Christi begriffen. Vermutlich waren sie auch von der Verderbtheit und Gier des Klerus abgestoßen, worin sie vom freiheitsliebenden Adel des Languedoc unterstützt wurden. Aus dem Wort Katharer wurde von der römisch-katholischen Kirche später der Begriff Ketzer für alle Abweichler des herrschenden Glaubens abgeleitet.

Auf dem Konzil von Tours im Jahr 1163 wurden die Katharer erstmals als Häretiker verdammt. Kardinal Alberich von Ostia war bereits 1145 in das Languedoc gesandt worden, um gegen sie zu predigen, auch Bernhard von Clairvaux (1090–1153) hatte sie unermüdlich bekämpft. Die Bemühungen der Kirchenmänner zeigten wenig Erfolg, zudem waren sie bald damit beschäftigt, den zweiten Kreuzzug zu propagieren. 1148, auf dem Konzil von Reims, exkommunizierte die Kirche alle Beschützer der »Häretiker in der Gascogne und in der Provence«, 1163 erging dann ein Erlass an die Fürsten, Andersgläubige einzukerkern und ihr Eigentum zu konfiszieren. Auf dem dritten Laterankonzil 1179 wurden alle weltlichen Herrscher aufgerufen, mit Waffengewalt gegen die Häretiker vorzugehen. Dies gestaltete sich jedoch schwierig, da viele der angesprochenen Adligen Anhänger der Albigenser waren. 1195 wurde Raimund VI., dessen Nähe zu den Katharern bekannt war und der deshalb von der Kirche bekämpft wurde, Graf von Toulouse. Man schätzt, dass die Bewegung in jener Zeit in über 1000 Städten und Dörfern des Languedoc Anhänger hatte.

DIE WALDENSER

Die Waldenser können als eine der ältesten vorreformatorischen Laienbewegungen bezeichnet werden. Ihr Name geht auf Peter Valdès (Waldo) zurück, einen wohlhabenden Kaufmann aus Lyon.

Um 1173 fühlte sich Valdès durch Stellen in der Bibel veranlasst, seine Reichtümer an Arme zu verteilen und Laienprediger zu werden. Es handelte sich um die Passage, in der Jesus einem reichen jungen Mann rät, sein Hab und Gut unter den Armen zu verteilen und ihm zu folgen (Matthäus 19,21, Markus 10,21–22). Valdès ließ Teile der Bibel in die Volkssprache übersetzen, damit die Botschaft ohne den Umweg über den Klerus verkündet werden konnte.

Seine Anhänger nannten sich die »Armen Männer von Lyon« und waren fest davon überzeugt, die Erlösung durch ein Leben in Armut zu erlangen. 1179 bestätigte Papst Alexander III. Valdès' Armutsgelübde, verbot ihm jedoch, zu predigen. Valdès fühlte sich Gott, aber nicht der Menschheit verpflichtet und predigte weiter. 1184 exkommunizierte Papst Lucius III. die Waldenser und erklärte sie zu Ketzern. Über das weitere Schicksal von Valdès ist nichts bekannt, die Waldenser wurden jedoch gnadenlos verfolgt und gaben ihre Lehre heimlich weiter. Im Zuge der Reformation schlossen sie sich den Calivinisten an. Ihre Gemeinde existiert noch heute.

DIE LEHRE DER KATHARER

Die Katharer sahen sich selbst als die wahre christliche Kirche. Kern ihrer Lehre war eine dualistische Weltsicht, die Unvereinbarkeit von Materie (Fleisch) und Seele. Der gute Gott des Neuen Testaments lag in ständigem Kampf mit dem Schöpfergott des Alten Testaments, der in ihren Augen eine böse Welt erschaffen hatte. Das Körperliche war das Reich Satans, das man nur überwinden konnte, wenn der Geist oder die Seele den Körper beherrschte.

Für sie war Jesus das Idealbild einer reinen Seele, daher führten sie ein Leben in Armut und Keuschheit, um das Gute im Menschen (die Seele) aus der materiellen Welt in das Himmelreich zu bringen. Um Mitglied der katharischen Kirche zu werden, mussten Männer und Frauen wie Novizen leben, um sich dem *Consolamentum*, der Geisttaufe, unterziehen zu können, die ihnen den Status eines *Perfectus* (lateinisch: »vollkommen«) verlieh. Sie glaubten, die menschliche Seele sei von Natur aus männlich. Beim Tod eines weiblichen Mitglieds wurde die Seele in ihren ursprünglichen Zustand zurückverwandelt. Das Zeugen von Kindern wurde abgelehnt, da Adam und Eva im Paradies keinen Sex ausübten.

Oben: *Peyrepertuse im Languedoc-Roussillon war die größte und letzte Festungsanlage der Katharer, die 1240 fiel.*

1198 rief Papst Innozenz III. zum vierten Kreuzzug ins Heilige Land auf. Er sagte den Albigensern den Kampf an und schickte 1204 den Zisterzienserabt Arnaud-Amaury als Legaten ins Languedoc. Er forderte vom französischen König Philipp II., die Unterdrückung der Häresie in seinem Land notfalls zu erzwingen. Doch Philipp war mit der Rückeroberung der englischen Besitzungen in Frankreich beschäftigt. Kurz darauf sandte Papst Innozenz den späteren Begründer des Dominikanischen Ordens, den Spanier Domingo de Guzmán (ca. 1170–1221), als Wanderprediger ins Languedoc.

DIE INQUISITION

Um die aus Sicht der römisch-katholischen Kirche ketzerischen Irrlehren zu bekämpfen, wurde 1232 durch Papst Gregor IX. ein Glaubensgericht eingeführt. Die Inquisition (lateinisch: »Befragung, Untersuchung«) wurde anfangs von Bischöfen, später von Ordensgeistlichen, meist Dominikanern und Franziskanern, geleitet. Bei dem Verfahren stand die Befragung zur Ermittlung der möglichst durch ein Geständnis zu offenbarenden Wahrheit im Zentrum, nicht die Anklage.

Die Inquisition erlaubte die Anwendung des Gottesurteils und seit 1252 der Folter. Die Strafen reichten von Kirchenstrafen (Wallfahrten, Geldbußen, Tragen des Ketzerkreuzes) bis zum Tod durch Verbrennen. Der Feuertod galt im theologischen Verständnis als Akt der Rettung der sonst zur ewigen Verdammnis verurteilten Seele des Ketzers. Die spanische Inquisition forderte zwischen 1481 und 1808 rund 31 000 Todesopfer, 270 000 Menschen wurden eingekerkert und enteignet.

Die Kirche wendet Gewalt an

Dominikus verband seine Predigten in Südfrankreich mit diszlipinierter Lebensweise und intensivem Studium der Bibel, um den Katharern argumentativ die Stirn bieten zu können. Gleichzeitig versuchte er, einen Gegensatz zu dem ungebildeten, korrupten Klerus zu bilden, der letztlich ja zur Entstehung der Gegenkirche geführt hatte. 1208 wurde der päpstliche Legat Pierre de Castelnau ermordet, vermutlich auf Befehl des Grafen Raimund von Toulouse, den der Legat kurz zuvor offiziell exkommuniziert hatte. Der Vorfall lieferte Papst Innozenz den gewünschten Anlass, zum Kreuzzug gegen die Albigenser aufzurufen. Die eroberten Gebiete sollten vom Papst an adlige Kreuzzugsteilnehmer als Lehen vergeben werden.

Zwei Legaten wurden damit beauftragt, ein Kreuzzugsheer aufzustellen, und 1208 versammelten sich etwa 20 000 Ritter in Lyon. Raimunds Versuch, das Blatt zu wenden, indem er der Kirche seine Loyalität versprach, wurde abgelehnt. Oberbefehlshaber des Heeres war Simon von Monfort, der bereits am vierten Kreuzzug teilgenommen hatte. Erstes Ziel der Kreuzfahrer war Béziers, das am 22. Juli 1209 eingenommen wurde. Praktisch die gesamte Bevölkerung, darunter viele Katholiken, wurde massakriert. Die Nachricht vom Blutbad verbreitete sich rasch und löste Angst und Schrecken aus. Das Heer zog weiter nach Carcassonne, das sich nach zweiwöchiger Belagerung ergab. Die meisten Bewohner waren durch die unterirdischen Gänge der Stadt in die umliegenden Wälder geflohen, die restlichen wurden als Ketzer verbrannt.

Unter der Führung von Simon von Montfort eroberten die Kreuzfahrer in rascher Folge Albi, Montréal, Limoux und andere Städte. Die Lehre der Katharer gestattete ihnen keine Waffengewalt, daher wurde die Verteidigung von angeworbenen Söldnern und Belegschaften des Adels übernommen. Raimund VI. von Toulouse hatte seine Kooperation mit den Päpstlichen wieder aufgekündigt und war erneut exkommuniziert worden. In seinem Gefolge rebellierten viele der bereits eroberten Städte neuerlich. Ab 1211 konzentrierte sich der Kreuzzug auf den Kampf zwischen Rittern und den Männern Graf Raimunds. König Peter II. von Aragon, der Schwager Raimunds, schloss sich dem Verteidigungsheer an. Er fiel am 12. September 1213 bei der Schlacht von Muret. Raimund floh nach England und söhnte sich 1215 mit der Kirche aus. Seine Ländereien wurden allerdings Simon von Montfort übergeben. König Philipp II. schickte eine Armee unter seinem Sohn Ludwig, um Simon zu unterstützen.

Als Raimund 1217 mit seinem Sohn Raimund VII. nach Toulouse zurückkehrte, wurde er jubelnd begrüßt. Rasch entwarf man einen Schlachtplan, um Simon von Monfort zu schlagen. Dieser starb 1218 bei der Belagerung von Toulouse, und damit hätte der Krieg eigentlich zu Ende sein können, doch der neue Papst Honorius III. drängte den französischen König, die Führung des Kreuzzugs zu übernehmen. Philipps Sohn Ludwig belagerte daraufhin Toulouse erfolglos. In den frühen 1220er-Jahren verschlechterten sich die Erfolgsaussichten für den Albigenserkreuzzug rapide. Es mangelte an Kreuzfahrern, Eroberungen gingen verloren und die Katharer wagten sich wieder an die Öffentlichkeit. Nach dem Tod Graf Raimunds VI. von Toulouse im Jahr 1222 übernahm dessen Sohn Raimund VII. die Führung des Widerstandes.

1226 führte der französische König einen neuerlichen Angriff in Südfrankreich. Zwar starb König Ludwig VIII. noch im selben Jahr, der Krieg wurde jedoch von seinem Sohn Ludwig IX. unvermindert fortgesetzt. 1228 gab Graf Raimund VII. von Toulouse nach einem zermürbenden und zerstörerischen Krieg von fast zwanzig Jahren den Widerstand auf. Am 12. April 1229 schloss er in Meaux einen Friedensvertrag mit der französischen Krone. Darin wurde die Eingliederung Okzitaniens in den französischen Staat besiegelt, Raimund VII. musste große Gebietsverluste hinnehmen. Ebenfalls 1229 fand in Toulouse ein Konzil statt, das sich mit dem weiteren Vorgehen gegen die Katharer befasste. Damit war der Albigenserkreuzzug offiziell beendet. Der letzte Katharer wurde 1321 verbrannt.

Gegenüber: *Die Verbrennung häretischer Bücher, Ausschnitt von* Szenen aus dem Leben des heiligen Dominikus, *Gemälde des Renaissance-Malers Fra Angelico (1387–1455). Bei seiner Mission im Languedoc stellte Dominikus fest, dass der Großteil der Priester zu schlecht ausgebildet war, um den Argumenten der Häretiker begegnen zu können. Bei seinem Orden legte er deshalb größten Wert auf sorgfältige Schulung der Novizen. Der Orden wurde 1215 in Toulouse gegründet und ein Jahr später vom Papst genehmigt.*

Unten: *Der Tod von Simon von Montfort dem Älteren am 25. Juni 1218 bei der Belagerung von Toulouse während des Albigenserkreuzzugs. Aus einer Handschrift des 13. Jahrhunderts.*

VOLKSKREUZZÜGE

Auch das einfache Volk wurde von der Begeisterung erfasst, gegen die Feinde Christi kämpfen zu dürfen. Das lag zwar nicht im Interesse der Päpste, Urban II. soll von den Kräften, die durch seinen Aufruf zum ersten Kreuzzug entfesselt wurden (siehe Seite 37) ernsthaft entsetzt gewesen sein, doch letztlich konnte man gegen den Aufruhr der Massen wenig ausrichten.

Im Frühjahr 1212 machte sich eine Gruppe Jugendlicher unter der Führung eines charismatischen Kölner Jungen namens Nikolaus auf den Weg in den Süden. Nikolaus behauptete, von einem Engel aufgefordert worden zu sein, die Grabeskirche in Jerusalem aus den Händen der Sarazenen zu befreien. Die Gruppe zog am Rhein entlang und soll auf ihrem Weg etwa 20 000 Anhänger um sich geschart haben. Der ungewöhnlich heiße Sommer forderte viele Opfer, die mühsame Alpenüberquerung tat ihr Übriges und schließlich sollen nur noch 7000 Genua erreicht haben.

Die Kinder waren tief enttäuscht, dass sich das Mittelmeer nicht wie erwartet vor ihnen teilte, und der Zug teilte sich in zwei Gruppen auf. Die eine versuchte, nach Rom zu gelangen, um den Papst

Beim Kinderkreuzzug von 1212 scheint es zu keinen Übergriffen auf Juden gekommen zu sein. Das kann man von den »Hirtenkreuzzügen«, die 1251 und 1320 erfolgten, nicht behaupten. Diese Miniatur aus einer französischen Handschrift (14. Jh.) zeigt Bauern, die einen Turm in Verdun-sur-Garonne im Languedoc anzünden. Über 500 Juden begingen lieber Selbstmord, als massakriert zu werden. In ihrer Verzweiflung sollen sie ihre Kinder von den Zinnen geworfen haben. Papst Innozenz III. hatte 1215 gefordert, dass sich alle Juden durch das Tragen bestimmter Kleidung und Farben kenntlich machen müssen, hier sieht man die weiß-roten Aufnäher bei den Opfern.

zu treffen, die andere soll nach Marseille marschiert sein, in der Hoffnung, sich dort nach Jerusalem einschiffen zu können. Nur wenige kehrten in ihre Heimat zurück, die meisten blieben wohl in Italien und verdingten sich dort als Bedienstete.

In Frankreich wurde der Zug 1212 in Cloyes von einem Schafhirten namens Stephan angeführt, der einen Brief vorwies, den Christus an den französischen König Philipp II. (1180–1223) geschrieben haben soll. Stephan und seine 30 000 Anhänger zogen in das 120 km entfernte Paris, um den König zu überreden, in das Heilige Land zurückzukehren, um das Kreuz Christi wieder an sich zu bringen. Nachdem einige Gelehrte festgestellt hatten, dass der Brief gefälscht war, soll der König der Menge befohlen haben, nach Hause zu gehen. Die meisten gehorchten, doch etwa 5000 sollen auf ihrem Weg in Nordafrika in die Sklaverei verkauft worden sein.

Die Meinung der Kirche über diese Bewegungen war gespalten. Papst Innozenz III. soll von der Reaktion des Volkes tief beeindruckt gewesen sein. Seine Vorgänger hatten die Teilnahme von unterernährten und nicht ausgebildeten Massen stets abgelehnt und sie als Hindernis der Kreuzzüge gesehen. Doch 1213 forderte Innozenz III. die Bevölkerung offen auf, sich aktiv am Kreuzzug zu beteiligen.

Ein weiterer Volkskreuzzug war der sogenannte Hirtenkreuzzug. Ein geheimnisvoller Mönch, der sich »Meister aus Ungarn« nannte, sammelte 1251 Anhänger um sich, um König Ludwig IX. von Frankreich, der sich auf dem Kreuzzug befand, zu retten. Blanka von Kastilien, die Mutter Ludwigs, die in seiner Abwesenheit regierte, soll anfangs vom Eifer der »Hirten« gerührt gewesen sein. Doch als es zu Ausschreitungen gegen Juden und den Klerus kam, ordnete sie an, dem Treiben ein Ende zu setzen. Das war leichter gesagt als getan, denn die Horden streiften ziellos durch Nordfrankreich. Die vom »Meister« geführte Gruppe leistete in Villeneuve-sur-Seine Widerstand, wurde überwältigt und ihr Anführer getötet.

Ein ähnlicher Kreuzzug ereignete sich 1320, als Hirten und einfache Männer behaupteten, von Erscheinungen ins Heilige Land geschickt worden zu sein. Sie marschierten nach Paris und forderten König Philipp V. (1314–1328) auf, sie gegen die Ungläubigen zu führen. Dieser hatte 1313 das Kreuzzugsgelübde abgelegt, es aber noch nicht erfüllt. Er weigerte sich, die Menge zu empfangen, die daraufhin gen Süden zog und Juden sowie Geistliche angriff. Das war kein Kreuzzug, sondern eine Revolte gegen die reichen Juden und die wohlhabende Kirche. Papst Johannes XXII. (1316–1334) drohte jedem mit Exkommunikation, der die Hirten in irgendeiner Form unterstützte, und erlaubte den weltlichen Machthabern, den Zug gewaltsam aufzulösen.

Carcassonne in Südfrankreich. Hier wurden 1320 die plündernden Horden des zweiten Hirtenkreuzzugs vernichtet. Das gleiche Schicksal ereilte Gruppierungen in Aragon, Avignon (dort hatten sie den Papst bedroht) und in Genua.

DER KINDERKREUZZUG VON 1212

Jeder Volkskreuzzug, der 1212 stattfand, wurde zunächst »Kinderkreuzzug« genannt, weil Chronisten die Teilnehmer mit dem Begriff *Pueri* (lateinisch: »Jugendliche«) umschrieben. Mit *Puer* wurde für gewöhnlich ein Junge unter 14 Jahren bezeichnet, der nicht verheiratet war. Ob die Teilnehmer wirklich so jung waren und ob es die Kinderkreuzzüge wirklich gab, ist nicht gesichert.

Möglicherweise beruht die Vorstellung eines Kinderkreuzzugs tatsächlich auf einem sprachlichen Missverständnis, da das lateinische Wort *Puer* nicht nur Knabe bedeuten, sondern auch einen jungen Menschen aus armen, sozial niederen Schichten meinen kann. Viele *Pueri* waren ja wirklich Schafhirten.

POLITISCHE KREUZZÜGE

Schon vor dem ersten Kreuzzug hatte Rom Armeen gesegnet, die sich dem Dienst der Kirche verschrieben. Papst Alexander II. (1061–1073) schickte Wilhelm dem Eroberer (1066–1087) eine geweihte Fahne, die dieser 1066 bei seinem Einfall in England tragen sollte. Bis zum Feldzug gegen die Albigenser ab 1209 hatte es keinen Kreuzzug gegeben, der sich gegen Christen richtete. Die Katharer erkannten die Hoheit des Papstes nicht an, also nutzte Innozenz III. den Kreuzzug als politisches Machtwerkzeug. Zu einem offenen Kampf zwischen der Kirche und einem weltlichen Herrscher kam es, als der Staufer Friedrich II. die politische Bühne betrat.

Nach dem Tod Kaiser Heinrichs VI. war Friedrich II. (1194–1250) als dessen Sohn zum deutschen König gewählt, jedoch nicht anerkannt worden. Unter der Vormundschaft von Innozenz III. erhielt Friedrich 1197 die Krone von Sizilien, die auch Neapel und Süditalien umfasste. Das Territorium umschloss große Teile des Kirchenstaates, der von Friedrich 1213 in der Egerer Goldbulle in seiner bestehenden Form zwar rechtlich anerkannt worden war, aber dennoch zum Konfliktherd wurde. Als Friedrich 1220 die Lombardei besetzen wollte, belegte ihn Papst Gregor IX. (1227–1241) mit dem Kirchenbann. 1228 zog Friedrich nach Jerusalem, zu dessen König er sich 1229 krönte (siehe fünfter Kreuzzug). Er hatte die Stadt jedoch nicht erobert, sondern durch Friedensverhandlungen eingenommen, und zwar ohne Absprache mit dem Papst, der ihn daraufhin aus der christlichen Gemeinschaft ausschloss. Päpstliche Truppen

RUF NACH KIRCHENREFORMEN

Die politischen Kreuzzüge des Papsttums sollten weitreichende Konsequenzen haben. Die Ablehnung der Kirche wurde im Verlauf des turbulenten 14. Jahrhunderts immer stärker, bis selbst Katholiken forderten, sie solle sich von ihren enormen Reichtümern trennen und von der Politik ausgeschlossen werden. Die ursprüngliche Funktion der Kirche, sich um das Seelenheil ihrer Mitglieder zu kümmern, wurde als stark gefährdet betrachtet. Das abendländische Schisma zwischen 1378 und 1407, bei dem mehrere Personen Anspruch auf das Papsttum erhoben, führte zu einem Höhepunkt der Kritik an der Kirche. Der Ruf nach Reformen wurde laut, und dieser sollte im 16. Jahrhundert in der Reformation gipfeln.

Ein Mosaik mit dem Wappen Friedrichs II. von Hohenstaufen, dem Heiligen Römischen Kaiser und König von Sizilien, in der Capella Palantina in Palermo. Der Kaiser brachte weite Teile Italiens unter seine Herrschaft und baute Palermo zu einer prachtvollen Residenz aus. Der letzte bedeutende Staufer galt bereits unter Zeitgenossen als »stupor mundi« (der die Welt in Erstaunen versetzt), er sprach sechs Sprachen, darunter auch arabisch.

fielen in das Königreich Sizilien ein, das sich erfolgreich zur Wehr setzte und den Papst zwang, den Bann zu lösen. Als Friedrich nach seinem Sieg über den Lombardenbund bei Cortenuova 1237 die Unterwerfung Mailands und der Lombardei forderte, verhängte Gregor IX. 1239 erneut den Bann über ihn. Innozenz IV. (1243–1254) erklärte den Kaiser beim Konzil von Lyon 1245 für abgesetzt und ließ deutsche Gegenkönige (Heinrich Raspe, Wilhelm von Holland) wählen. Friedrich konnte sich jedoch behaupten.

Papst Klemens V. (1305–1314) nutzte den Kreuzzug als Waffe bei seinem Konflikt mit der Seemacht Venedig und versprach katalanischen Söldnern die gleichen spirituellen Verdienste wie den Kreuzfahrern. Politische Unruhen in Italien veranlassten ihn 1309, Zuflucht in Avignon zu nehmen, das bis 1377 Exilsitz der Päpste war.

Papst Johannes XXII. (1316–1334) weigerte sich, Ludwig IV. von Bayern (1314–1347) als Heiligen Römischen Kaiser anzuerkennen, und exkommunizierte ihn 1324. Ludwig marschierte 1327 in Italien ein, ließ sich dort vom Volk zum Kaiser krönen und sorgte für die Wahl des Gegenpapstes Nikolaus V. (1328–1330). Daraufhin erklärte Johannes 1328 den Kreuzzug gegen Ludwig. Der Konflikt wurde erst 1346 beigelegt, als es Klemens VI. (1342–1352) gelang, Karl IV. (1355–1378) als Kaiser an die Macht zu bringen. In der Goldenen Bulle (1356) legte Karl IV. dann die Modalitäten der Wahl und der Krönung der römisch-deutschen Könige durch die Kurfürsten fest, um den Einfluss des Papsttums für alle Zeiten auszuschließen.

MARSILIUS VON PADUA

Der Staatstheoretiker Marsilius von Padua (1270–1342) verfocht Aristoteles' Ansicht, dass ein Staat aus seinen Bürgern und nicht aus den Herrschern bestehe, um dafür zu plädieren, dass es sowohl in der Kirche als auch in der Regierung Volksvertreter zu geben habe. Während des Konflikts zwischen Papst Johannes XXII. und Kaiser Ludwig IV. um 1320 verfasste Marsilius sein Hauptwerk *Defensor Pacis (Verteidiger des Friedens)*. Darin argumentierte er, der Staat müsse der Kirche überlegen sein: »Nur der Bürgerschaft, respektive ihrer Mehrheit, ist es vorbehalten, Gesetze zu erlassen.« Ausschlaggebend sei der Wille des Volkes, nicht der einer kirchlichen Autorität.

Marsilius wurde vom Papst zum Ketzer erklärt, exkommunziert und erbittert verfolgt. Er floh zum späteren Kaiser Ludwig IV. von Bayern nach München, den der Papst 1324 ebenfalls exkommunzierte. Marsilius blieb bis zu seinem Tod unter kaiserlicher Schutzherrschaft.

DER HUSSITENKREUZZUG

Im 14. und frühen 15. Jahrhundert war das Königreich Böhmen ein mächtiger Staat, dessen Könige Karl IV. (1347–1378), Wenzel IV. (1378–1419) und Sigismund (1419–1437) gleichzeitig das Amt des römisch-deutschen Kaisers bekleideten. Hier entstanden mehrere reformatorische beziehungsweise revolutionäre Bewegungen, die unter dem Begriff Hussiten zusammengefasst wurden, deren Name sich vom Theologen Jan Hus ableitet. Die Hussiten wurden vom böhmischen Adel unterstützt, der sich damit gegen das Heilige Römische Reich, also auch gegen den Papst auflehnte. Jan Hus war Prediger und Rektor der Prager Universität. Er forderte einen nachvollziehbaren, einfacheren Glauben und Gottesdienste in tschechischer Sprache. Der zumeist deutsche Klerus in Böhmen reagierte dementsprechend: 1410 belegte der Prager Erzbischof Hus mit einem Predigtverbot.

1411 musste Wenzel die Kaiserkrone seinem Halbbruder Sigismund von Ungarn überlassen. Vorausgegangen war ein erfolgloser Versuch, die Machtkämpfe innerhalb der Kirche zu beenden: 1409 beanspruchten gleich drei Päpste das Amt von Rom. Nun war es Sigismund vorbehalten, einen von ihnen anzuerkennen. Auf sein Anraten rief Papst Johannes XXIII. (1410–1415) 1414 ein Konzil in Konstanz ein, das sich über vier Jahre hinziehen sollte und bei dem alle wichtigen Herrscher, Bischöfe sowie Kardinäle Europas anwesend waren. Man beschloss die Absetzung aller drei Päpste und wählte Martin V. (1417–1431) zum neuen Kirchenoberhaupt. Das Konzil verurteilte die Lehren von John Wycliff, Jan Hus und anderen. Hus war 1415 nach Konstanz gereist, um seine Theorien dort zu verfechten. Trotz eines Geleitbriefs von Sigismund wurde er verhaftet, angeklagt und als Ketzer auf dem Scheiterhaufen verbrannt.

Danach wollte der böhmische König alle Hussiten aus Kirchen- und Staatsämtern ausschließen. Das führte zu einem Aufstand, dessen bedeutendster Führer Ziska (1370–1424) in Tabor war. Am 30. Juli 1419 kam es zum Prager Fenstersturz, bei dem die Hussiten das Rathaus stürmten und einige Ratsherren aus dem Fenster warfen. König Wenzel traf bei der Nachricht der Schlag, Sigismund wollten die Hussiten aber nicht anerkennen, weil dieser Jan Hus nicht geschützt hatte. Hussitische Volksmassen unterwarfen in Prag Kirchen und Klöster gewaltsam der Kelchkommunion oder zerstörten und verbrannten sie. Die Gräuel dauerten mehrere Wochen, und 1420 rief Papst Martin V. zum Kreuzzug gegen die Hussiten auf.

Sigismund floh aus seinem Königreich und versprach seinen Söldnern die von den Aufständischen eroberten Gebiete. 1421 und

Schlacht zwischen Hussiten und Kreuzfahrern, aus einer böhmischen Handschrift (16. Jh.). Die Hussiten trugen eine rote Fahne, auf der ein Kelch abgebildet war. Dieser stand für ihre Forderung nach dem Laienkelch, d.h. dass das Abendmahl (Wein und Brot), das dem Klerus vorbehalten war, auch von der Gemeinde geteilt werden durfte. Sie verlangten auch den Verzicht der Kirche auf Reichtum, politische Macht und das Monopol der Predigt.

1422 fielen deutsche und ungarische Kreuzfahrer in Böhmen ein; eine einzige Armee soll 125 000 Truppen umfasst haben. Aus dem Aufstand war ein Krieg geworden, und das Kreuzheer stand einer schlagkräftigen Armee unter der Führung von Ziska gegenüber.

Zwischen 1428 und 1431 stießen die Hussiten bis nach Schlesien, Sachsen, Ungarn und in die Oberpfalz vor. Ihr erbittertster Feind war der Deutsche Orden in Westpreußen: 1433 fiel eine hussitische Streitmacht in Preußen ein und drang bis zur Ostsee vor, mit stillem Einverständnis des polnischen Königs Jagiello, der zwar Katholik war, den Deutschen Orden aber sein Leben lang bekämpfte. Die Hussiten waren derart siegreich, dass sie ihre Überfälle als »hübsche Spazierritte« betitelten.

Schließlich war der alternde Sigismund des Kämpfens müde geworden, und die Kirchenmänner, die sich gegen jegliche Reformen heftig gewehrt hatten, mussten ihre Niederlage eingestehen. Beim Baseler Konzil (1431–1449) wurden die Hauptforderungen der Hussiten anerkannt: Gottesdienst in Landessprache, freie Predigt und Laienkelch (die Darreichung des Weines auch an die nicht zum Klerus gehörenden Gläubigen). Dies waren ähnliche Konzessionen, wie man sie damals auch an die griechisch-orthodoxe Kirche machen musste, um die Einheit des Christentums gegen die aufkommende osmanische Bedrohung aufrechtzuerhalten. 1436, nachdem sich der gemäßigte Flügel der Hussiten gegen die Taboriten durchgesetzt hatte, kehrte Böhmen in den Schoß der katholischen Kirche zurück.

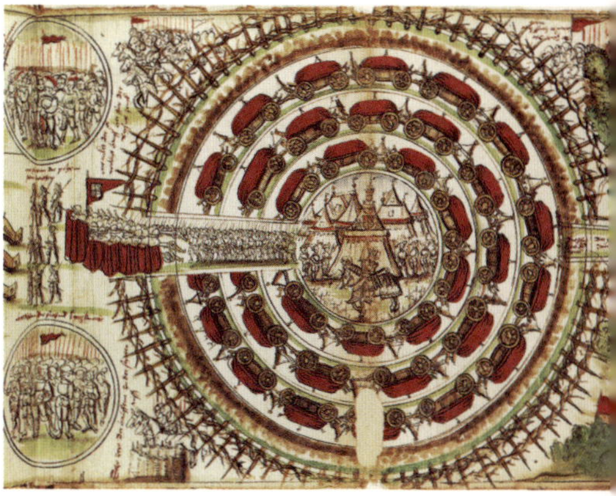

Eine hussisitische Wagenburg, aus einer Handschrift von ca. 1450. Dabei wurden Wagentrosse kreisförmig miteinander verkettet und mit Kanonenrohren versehen. Ein äußerst effektives Verteidigungsmittel, das den Kreuzfahrern so manche Niederlage bescherte. Wagenburgen wurden bereits seit der Antike eingesetzt, die Hussiten waren aber berühmt dafür, ihre Wagenburgen in Windeseile errichten zu können.

DAS ABENDLÄNDISCHE SCHISMA

Die Wahl von Urban VI. (1378–1389) zum Papst erwies sich als Fehlentscheidung, da der leicht aufbrausende Urban zur Gewalt neigte. Einmal ohrfeigte er öffentlich einen Kardinal, der ihm widersprochen hatte. Eine Reihe von Kardinälen wählte daraufhin den Gegenpapst Klemens VII. (1378–1394), der seinen Sitz nach Avignon verlegte. Es kam zur Entzweiung der zerstrittenen Kurie und zu zwei Päpsten – einen in Rom und einen in Avignon. Das darauffolgende Machtspiel ergriff ganz Europa: Frankreich, Schottland und Spanien unterstützten Avignon; England, Italien und Deutschland Rom. Die päpstliche Autorität in moralischen Fragen war schwer angeschlagen, die Gier der Päpste nach weltlicher Macht war schlicht zu offensichtlich.

Der englische Priester John Wycliff (1320–1382), bezweifelte sogar, ob ein Papst noch moralisches Oberhaupt der Kirche sein könne. Seiner Ansicht nach war die Bibel höchste Autorität für alle Christen, die in die jeweilige Volkssprache übersetzt werden müsse, damit jedermann Zugang zur Botschaft bekäme. Wycliff erstellte die erste Übersetzung der Bibel ins Englische. Er war Doktor der Theologie in Oxford und außerdem Gemeindepfarrer. Seine Lehren wurden von der Kirche bekämpft, und er verlor seine Universitätsstelle, durfte aber Pfarrer bleiben. Jan Hus war stark von ihm beeinflusst. Das abendländische Schisma dauerte von 1378 bis 1417 an, und im Zuge dieser Machtkämpfe waren fällige Kirchenreformen nur noch eine Frage der Zeit.

...int. s; predictu
... fecerant cum
... cautelam
...ent i eos. hui
...npetu facto
...contra xpianos
... tribuli fos
...ac ponte tem
...ucis defende
...bus suis ab eqs

tentoriis in insidiis, manebat. de p...
Exercitus autem xpi cum ducibus inte...
usu petrariarum et trebuculorum alia...
machinarum muros civitatis subu...
non quaquam perfecissent a prudencioribus ...
sui et veraci intellectu non sola n un...
mietam fore capiendam. Unde int...
mur murmuratio in castris comunibus ...
cordie fomentis. Nam quidam fuit
dano qui non longe xpianorum fixis tent...

7

DER FÜNFTE KREUZZUG

DER VERLUST DES HEILIGEN LANDES

JAMES M. POWELL

DIE KREUZFAHRERSTAATEN

Im frühen 13. Jahrhundert umfassten die Kreuzfahrerstaaten das Königreich Zypern, das Fürstentum Antiochia und das Königreich Jerusalem. Auch einige Küstenstädte wurden von den Christen beherrscht, die wichtigsten waren Akkon und Tyros; Jerusalem selbst war in muslimischer Hand. Nach dem Tod Saladins im Jahr 1193 waren dessen Erben mit inneren Konflikten beschäfigt. Da sich der vierte Kreuzzug letztlich gegen Konstantinopel gerichtet und 1204–1205 zur Gründung des Lateinischen Reichs von Konstantinopel geführt hatte (siehe Kapitel fünf) war die Unterstützung der Kreuzfahrerstaaten vernachlässigt worden.

Akkon, das Herz des Königreichs Jerusalem, und die umliegenden Gebiete waren relativ stabil geblieben und hatten sich mit ihren Nachbarn arrangiert. Es mangelte jedoch an starken königlichen Herrschern. Figuren wie Heinrich von Champagne und Amalrich von Lusignan wurden nur durch die Heirat mit Königin Isabella von Jerusalem (siehe Seite 94) Könige, das Gleiche galt für Johann von Brienne, der Isabellas Tochter Maria ehelichte. Im Zuge des fünften Kreuzzugs (1217–1221, siehe Seiten 148–151) drängte die Kirche Kaiser Friedrich II., Isabella, die Tochter von Johann und Maria, zu heiraten, um sein Kreuzzugsgelübde zu erfüllen. Als Herrscher des Lateinischen Reichs versuchte Friedrich, die königliche Autorität zu stärken, stieß aber auf heftigen Widerstand der Barone, die Akkon in eine sich selbst verwaltende Kommune verwandelten, sobald der Kaiser das Land verlassen hatte, um sich seinem absolutistischen Herrschaftsanspruch zu entziehen. Natürlich stritten auch die Barone untereinander um die Macht, sodass die Krone in der zweiten Hälfte des 13. Jahrhunderts stark geschwächt war.

Trotzdem war die Lage der Kreuzfahrer in der Region besser als nach dem Siegeszug Saladins, vor allem, weil es gelungen war, Akkon beim dritten Kreuzzug wieder einzunehmen. König Richard I. von England hatte die Küste bis Jaffa erobert, und Konrad hatte Tyros erfolgreich verteidigt. Akkon unterhielt gute Beziehungen zu seinen syrischen Nachbarn und war zum wichtigsten Handelshafen im östlichen Mittelmeer geworden.

Inzwischen bereitete Papst Innozenz III. den Aufruf zu einem neuen Kreuzzug vor. Das Ergebnis des vierten

DIE AYYUBIDEN NACH SALADIN

Saladins Tod im Jahr 1193 wirkte sich auf die Entwicklung sämtlicher Gebiete von Ägypten bis zum Euphrat und Tigris aus. Nachfolger waren seine Söhne und andere Familienmitglieder der Ayyubiden: al-Afdal Ali herrschte in Damaskus, al-Zahir Gazi in Aleppo und al-Aziz Utman in Kairo. Die nördlichen Territorien, die die kurdische Heimat der Ayyubiden umfassten, unterstanden Saladins Bruder, al-Adil Sayf ad-Din, und dessen Sohn al-Muazzam kontrollierte Transjordanien. Die Nachbarreiche wurden von Zengiden, Seldschuken und Artukiden beherrscht.

Bei den Machtkämpfen unter den Ayyubiden konnte sich al-Adil als Herrscher Ägyptens und Südsyriens durchsetzen. Er entmachtete die Söhne Saladins und setzte seine eigenen Söhne an deren Stelle. Sein Sohn al-Kamil wurde sein Vertreter in Ägypten, Syrien ging an al-Muazzam. Unter al-Adil und seinem späteren Nachfolger al-Kamil währte die stabile Herrschaft der Ayyubiden mehr als 50 Jahre.

Doch die Regentschaft der Ayyubiden war ständigen Angriffen ausgesetzt. Ihre Beziehung zu den Kreuzfahrerstaaten war eigentlich gut: In Ägypten gab es immerhin 3000 europäische Kaufleute. Doch der fünfte Kreuzzug (siehe Seiten 148–151), der Kreuzzug Kaiser Friedrichs II. (siehe Seiten 154–155) und der erste Kreuzzug König Ludwigs IX. von Frankreich (siehe Seiten 158–159) bedrohten ihr Herrschaftsgebiet. Dennoch gelang es al-Adil und al-Kamil, das Erbe Saladins zu bewahren. Zwei Angriffe der Kreuzfahrer in al-Mansurah in Ägypten konnten erfolgreich zurückgeschlagen werden. 1229 schloss al-Kamil einen Friedensvertrag mit Friedrich II., der seine Herrschaft kaum einschränkte und der es ihm zudem gestattete, seine Macht in Transjordanien und Syrien zu festigen.

Die Herrschaft der Ayyubiden-Dynastie wurde 1250 durch mameluckische Truppen beendet, die von Sultan as-Salih, dem Sohn von al-Kamil, angeworben worden waren (siehe Seiten 160–161).

Kreuzzugs hatte nicht seinen Erwartungen entsprochen – er hoffte immer noch, dass die Rückgewinnung der Grabeskirche in Jerusalem der krönende Akt seiner päpstlichen Oberherrschaft über alle Könige des Christentums werden würde. Innozenz plante, die gesamte Christenheit zu einem Kreuzzug zu bewegen.

Am 19. April 1213 berief er das vierte Laterankonzil ein. Es war das bedeutendste und größte Konzil des Mittelalters, anwesend waren 71 Patriarchen und Metropoliten, 412 Bischöfe, 900 Äbte und Priores sowie Gesandte der Könige. Neben der Verteidigung des katholischen Glaubens gegen die Häretiker zählte der Aufruf zum Kreuzzug ins Heilige Land zu den erklärten Zielen von Innozenz, der diesen allerdings nicht mehr erlebte, da er 1216 starb.

Gegenüber: *Das Grab von Johann von Brienne (ca. 1148–1237). Der französische Graf galt als herausragender Ritter und wurde von König Ludwig VII. auserkoren, die Thronerbin von Jerusalem zu ehelichen. Er spielte beim fünften Kreuzzug eine wichtige Rolle und beendete seine bemerkenswerte Karriere als Kaiser von Konstantinopel (1228–1237).*

Rechts: *Ein türkischer Kriegshelm mit Goldintarsien. Ab dem 11. Jahrhundert wurde der Nahe Osten zunehmend von nicht arabischen Dynastien beherrscht. Der Zusammenschluss von Seldschuken, Mamelucken und Osmanen dauerte bis 1918 an.*

KONZIL UND KREUZZUG

Innozenz III. war seit 1198 Papst, und in den fünfzehn Jahren, in denen er, wie er es formulierte, als Statthalter Jesu auf Erden fungierte, sah er sich mit vielen Problemen der Kirche konfrontiert. Er hatte auch das Scheitern des vierten Kreuzzugs miterleben müssen. Die Einberufung des vierten Laterankonzils wurde von ihm sorgfältig vorbereitet, um sowohl den Ablauf des nächsten Kreuzzugs als auch das Wesen der christlichen Gemeinschaft genau zu regeln.

Seine Vorhaben wurden in drei Briefen niedergeschrieben, die durch die ersten Worte des lateinischen Textes bekannt wurden: *Quia maior*, *Pium et sanctum* und *Vineam Domini*. Diese drei Schriftstücke stellen die umfassendste Planung für einen Kreuzzug und für ein Konzil dar, die von einem Papst bis zu jenem Zeitpunkt jemals vorgenommen wurde.

Quia maior, der Aufruf zu einem neuen Kreuzzug, ist mit einer Dringlichkeit formuliert, die die Frustration des Papstes über den Fehlschlag vorheriger Bemühungen deutlich widerspiegelt. Offenbar war er vom Übel der damaligen Zeit regelrecht besessen und verweist auf die jüngste muslimische Eroberung des Berges Tabor,

Unten: *Die Jesreelebene mit dem Berg Tabor, wo Jesus in göttlicher Gestalt erschienen sein soll. Der erneute Kreuzzugsaufruf von Papst Innozenz III. wurde auch durch die ayyubidische Einnahme der Befestigungsanlage auf dem Berg Tabor ausgelöst, obwohl dies keine unmittelbare Bedrohung für die Kreuzfahrerstaaten darstellte.*

REFORM DES CHRISTENTUMS

Auf den ersten Blick enthielten die 70 Dekrete, die auf dem vierten Laterankonzil vorgelegt wurden, keinen direkten Hinweis auf einen neuen Kreuzzug im Heiligen Land. Doch aus der Sicht von Papst Innozenz III. war die Reform der christlichen Gemeinschaft Grundvoraussetzung für den Erfolg jeglichen Kreuzzugs. Dies hatte sich seit dem fehlgeschlagenen zweiten Kreuzzug zunehmend herauskristallisiert.

Viele Dekrete befassten sich mit der Ausbildung der Priester, zum Beispiel wurde die Errichtung öffentlicher Schulen für Angehörige des Klerus beschlossen. Jeder Christ wurde verpflichtet, seine Sünden dem Priester mindestens einmal jährlich zu beichten. Jeder Priester, der gegen das Beichtgeheimnis verstieß, konnte seines Amtes enthoben und in ein Kloster verbannt werden. Den Priestern wurde auch jegliche ärztliche Betätigung untersagt.

dem Schauplatz der Verklärung Christi, die in den Evangelien geschildert wird. Sein Versprechen auf Sündenerlass bezieht sich nicht nur auf diejenigen, die auf Kreuzzug gehen, sondern auch auf jene, die ihn unterstützen. Das herausragende Merkmal der *Quia maior* ist tatsächlich die besondere Betonung der Finanzierung und der materiellen Förderung des Unterfangens. In *Pium et sanctum* beschreibt Innozenz detailliert die Anforderungen, die auserwählte Kreuzzugsprediger erfüllen müssen. In *Vineam Domini* kündigt er seinen Plan an, ein Laterankonzil einzuberufen. Zum ersten Mal in der Geschichte des Papsttums gehörte ein Kreuzzug zum erklärten Ziel einer groß angelegten Kirchenversammlung.

Auf dem Konzil wurden 70 Dekrete präsentiert, die sich mit nahezu allen Aspekten der kirchlichen Organisation befassten (siehe Kasten). Der neue Kreuzzug wird besonders im *Ad liberandum* abgehandelt. Dieser Text verdeutlicht, dass Priester die Kreuzfahrt mit persönlicher Läuterung verbinden müssen. Der vierte Kreuzzug wird als Negativbeispiel genannt, und die Kreuzfahrer werden verpflichtet, ihr Gelübde zu erfüllen, sofern es keinen ernsthaften Hinderungsgrund gibt. Streitigkeiten unter westlichen Herrschern, die zum Scheitern früherer Kreuzzüge führten, sollen vermieden werden, daher erfolgt ein Aufruf zum Frieden. Allen Christen, die in Kriegszeiten mit Muslimen Handel treiben, wird mit Exkommunikation gedroht. Zuletzt verspricht der Papst den Kreuzfahrern die Vergebung all ihrer Sünden, die sie gebeichtet haben: Auf dem Konzil wurde erstmals die jährliche Beichtpflicht festgelegt.

AUFRUF ZUM FRIEDEN

Auf dem vierten Laterankonzil wurden auch Anliegen weltlicher Herrscher diskutiert, etwa die Rückforderung Raimunds von Toulouse von Gebieten, die er durch den Albingenserkreuzzug verloren hatte. Die Beilegung solcher Konflikte zeigt das Bestreben Innozenz' III., die Christenheit zu einen und zu befrieden, bevor man sich erneut auf Kreuzzug begab. Vor allem das Dekret *Ad liberandum* forderte Frieden:

»Um diese Angelegenheit weiterführen zu können, ist es äußerst wichtig, dass Fürsten und Christenvölker untereinander in Frieden leben. Die Heilige Synode verlangt: Wir verpflichten uns, in der gesamten christlichen Welt für die Dauer von mindestens vier Jahren Frieden zu halten, damit die zerstrittenen Parteien durch die Kirchenprälate dazu gebracht werden mögen, Frieden oder einen dauerhaften Waffenstillstand zu schließen.«

DER FÜNFTE KREUZZUG

DER FALL VON DAMIETTE

Der arabische Historiker Ibn al-Athir (1160–1233) verfasste einen berühmten Bericht über die Einnahme Damiettes beim fünften Kreuzzug im Jahr 1219:

»Die Franken belagerten Damiette, sie griffen die Stadt von Land und Wasser aus an. Nach langer Gegenwehr waren die Belagerten am Ende ihrer Kräfte; außerdem hatten sie fast keine Lebensmittel mehr. Die Franken waren in der Überzahl und konnten viele Kämpfe zu ihren Gunsten entscheiden, Damiette verfügte einfach über zu wenige Soldaten. Dennoch konnte die Stadt erstaunlich lange gegenhalten und erlitt hohe Verluste; in der Schlacht und durch Krankheiten. Die Belagerung dauerte bis [5. November], als die wenigen Überlebenden die Stadt nicht länger verteidigen konnten. Einige flohen, einige, die sich nicht mehr rühren konnten, blieben; die Einwohner der Stadt wurden getötet.«

Am 16. Juli 1216, kurz nach Beendigung des vierten Laterankonzils, starb Papst Innozenz III. Die Vorbereitungen für den neuen Kreuzzug wurden von seinem Nachfolger Honorius III. übernommen. Im Frühjahr darauf waren die ersten Kreuzfahrer zum Abmarsch bereit, und am 29. Mai 1217 verließ ein friesisches und rheinländisches Kontingent Vlerdingen in den heutigen Niederlanden. In Dartmouth kamen einige englische Kreuzfahrer hinzu, dann segelte man die französische und spanische Küste entlang. Die Fahrt wurde an der Pilgerstätte Santiago de Compostela unterbrochen und erneut in Portugal, wo man dem Bischof von Lissabon half, das muslimische Fort al-Qasr einzunehmen. Im Mai 1218 kam das Kontingent schließlich in Akkon an.

Ein Kreuzzugsheer unter König Andreas II. von Ungarn und Herzog Leopold VI. von Österreich war von Spalato (heute Split) aus in Richtung Akkon gesegelt und traf dort im September 1217 ein. Das Gebiet rund um den Berg Tabor, auf dem Sultan al-Adil erst kürzlich eine Festung errichtet hatte, wurde ausgekundschaftet. Der Versuch, das Hauptheer al-Adils am Ostufer des Sees Genezareth zu stellen, scheiterte, da das muslimische Heer auswich. Auch die Belagerung der Festung Tabor brachte keine Fortschritte. Im Januar 1218 trat König Andreas die Heimreise an. Die Kreuzfahrer versuchten nun, die Burgen von Château Pélerin und Caesarea zu festigen.

KREUZZUGSFINANZIERUNG

Beim ersten Kreuzzug finanzierten sich die Kreuzfahrer in der Regel selbst, ähnlich wie Vasallen, die ihrem Herrn dienten. Ein Kreuzzug war eine kostenspielige Angelegenheit, die viele Ritter zwang, ihre Ländereien zu verkaufen oder Anleihen bei Juden zu nehmen. Letztere Option verschlechterte die christlich-jüdischen Beziehungen beträchtlich (siehe Seite 60).

Am zweiten und dritten Kreuzzug nahmen auch Könige teil, die dafür sorgten, dass die Feldzüge durch Steuern finanziert wurden. Die erste Kreuzzugssteuer wurde von Ludwig VI. von Frankreich erhoben, Philipp II. und Richard I. von England folgten seinem Beispiel (siehe Seite 81). Unter Papst Innozenz III. wurde die Kirche erstmals für einen Kreuzzug zur Kasse gebeten: 1199 wurde der Klerus verpflichtet, jeweils ein Vierzigstel seines Einkommens für diesen Zweck abzugeben, der Anteil des Papstes und seiner Kardinäle lag wesentlich höher. Die Anordnung stieß auf wenig Gegenliebe, und 1215 wurde auf dem vierten Laterankonzil beschlossen, das Einkommen des Klerus für die Dauer von drei Jahren mit einem Zwanzigstel zu besteuern.

Berichte an Papst Gregor X. (1272–1276) enthüllen eine zunehmende Sorge über den Missbrauch unterschiedlicher Kreuzzugssteuern, die bald zum Alltag gehörten. Trotz der osmanischen Bedrohung wurden diese kritischen Stimmen zunehmend lauter.

Im Frühjahr 1218 trafen die rheinischen, friesischen sowie englischen Kontingente in Akkon ein. Johann von Brienne, der König von Jerusalem, stellte sich an die Spitze der Kreuzfahrer. Der Feldzug gegen das Ayyubiden-Reich war bereits auf dem vierten Laterankonzil beschlossen worden. Erstes Ziel der Kreuzfahrer war die ägyptische Hafenstadt Damiette an der Ostseite des Nildeltas. Am 27. Mai 1218 landeten die Kreuzfahrer vor der Stadt.

Damiette war strategisch deshalb wichtig, weil man von dem auf einer kleinen Insel befindlichen vorgelagerten Befestigungsturm aus mit einer schweren Kette den einzigen befahrbaren Nil-Arm versperren konnte. Die Kette wurde durch Schiffe gesichert. Der Kanal zwischen Turm und Ufer war ungeschützt, aber zu seicht für große Schiffe. Im August gelang es den Kreuzfahrern, den Turm einzunehmen. Für einen Angriff auf die Stadt war das Kreuzheer allerdings zu klein. Viele deutsche und friesische Kreuzfahrer planten bereits, heimzukehren, da traf Verstärkung aus England, Frankreich, Spanien sowie Italien ein, gemeinsam mit dem päpstlichen Legaten, dem portugiesischen Kardinal Pelagius von Albano.

Angriff der Kreuzfahrer auf den Turm von Damiette, aus einem Bericht des englischen Chronisten Matthew Paris. Der Turm stand vermutlich am Westufer des Nils und war mit der Stadt am Ostufer durch eine schwere Kette und eine Pontonbrücke verbunden. Die Kreuzfahrer bauten eine Belagerungsmaschine, die auf einem Boot installiert wurde, um den Turm einzunehmen.

Bevor die Kreuzfahrer einen Vorstoß unternehmen konnten, wurden sie von den Truppen al-Kamils (dem Sohn von al-Adil, der kurz zuvor gestorben war) angegriffen, die jedoch zurückgeschlagen werden konnten. Um Damiette einkesseln zu können, verbreiterten die Kreuzfahrer einen Kanal, der im Süden der Stadt in den Nil mündete. Ein schwerer Sturm machte ihre Arbeit allerdings fast zunichte.

Anfang Januar 1219 befürchtete al-Kamil, gestürzt zu werden, und gab sein Lager in al-Adiliya auf. Die Kreuzfahrer überquerten den Nil und eroberten den Stützpunkt mithilfe von al-Muazzam, der mit seinem Bruder al-Kamil im Wettstreit um die Macht über Ägypten lag. Al-Muazzam hatte von seinem Vater zwar Syrien erhalten, rechnete sich jedoch Chancen aus, auch das Reich seines Bruders beherrschen zu können.

Im Sommer 1219 geriet der Kreuzzug ins Stocken. Al-Kamil verfügte über stärkere Truppen, zog es jedoch vor, in seinem neuen Lager in Fariskur zu bleiben, anstatt Risiken einzugehen. Die Kreuzfahrer warteten auf die Ankunft Kaiser Friedrichs II. und verharrten in Abwehrhaltung. Friedrich hatte sein Kreuzzugsgelübde bereits 1215 abgelegt, seine Teilnahme aber mehrfach verschoben. Ein Angriff der Kreuzfahrer auf das Heer des Sultans Ende August schlug fehl. Zu dieser Zeit hielt sich Franz von Assisi im Lager der Kreuzfahrer auf (siehe Kasten). Die Belagerung Damiettes zog sich in die Länge, und viele Ritter starben an Krankheiten. Aber schließlich gelang die Eroberung der Stadt am 5. November 1219. Nur 10 000 Menschen der einst 60 000 Einwohner überlebten den Angriff.

Al-Kamil war zu Verhandlungen bereit und bot die Rückgabe Jerusalems einschließlich aller Gebiete des ehemaligen Königreichs Jerusalem an. Transjordanien wollte er aber behalten, denn das sicherte ihm den Zugang zu Syrien, auf den auch die Kreuzfahrer erpicht waren. Zudem waren sie zuversichtlich, den Feldzug gegen Ägypten erfolgreich beenden zu können, sobald Kaiser Friedrich eingetroffen wäre. Pelagius lehnte das Angebot al-Kamils daher ab.

Die Anführer des Kreuzzugs und der Papst waren wegen des verspäteten Eintreffens Friedrichs langsam beunruhigt, noch größeres Kopfzerbrechen bereitete ihnen jedoch das Zusammenhalten des Kreuzzugsheeres. Anfang 1220 hatte al-Muazzam die Festungen in Caesarea und Château Pélerin angegriffen, was Johann von Brienne zwang, mit einem beträchtlichen Teil der Truppen nach Akkon zurückzukehren. Die Führung in Ägypten übernahm Kardinal Pelagius. Einige Kreuzfahrer wollten sofort zum Angriff auf al-Kamil

Oben: *Kreuzzugs-Monarchen: Die Krönung von Kaiser Friedrich II. (1220, links) und König Ludwig IX. von Frankreich (1224). Aus dem Psalter von Pierre Lombard (frühes 15. Jh.).*

Gegenüber: *Reliquienbehältnis aus Gold und Email zu Ehren von Franz von Assisi. Es entstand 1226, kurz nach seinem Tod. Er predigte in Damiette vor Rittern und Sultan al-Kamil.*

FRANZ VON ASSISI AUF KREUZZUG

Der Ruf von Franz von Assisi (ca. 1180–1226), dem Begründer des Franziskanerordens (ca. 1210), liegt hauptsächlich in seiner charismatischen Persönlichkeit begründet. Um sein Leben ranken sich viele Legenden, die sich bereits bildeten, als er noch wirkte. Im August 1219, mitten im fünften Kreuzzug, als die Kreuzfahrer außerhalb von Damiette lagerten, traf Franz mit einem einzigen Begleiter dort ein. Er erhielt die Erlaubnis, zu predigen, und warnte die Kreuzfahrer, dass sie die geplante Schlacht verlieren würden. Vermutlich predigte er sogar das Scheitern des gesamten Feldzugs, diesen Umstand erwähnten die zeitgenössischen Chronisten aber lieber nicht. Jedenfalls erlitten die Kreuzfahrer am nächsten Tag beim Versuch, das ägyptische Lager anzugreifen, eine empfindliche Niederlage. Während des darauffolgenden Waffenstillstands wurde es Franz gestattet, das ägyptische Lager aufzusuchen. Die Muslime hielten ihn vielleicht für einen Gesandten. Sultan al-Kamil empfing ihn freundlich und lauschte seiner Botschaft, die scheinbar eine friedliche Lösung durch den Übertritt zum Christentum beinhaltete. Im Wesentlichen dürfte Franz al-Kamil aufgefordert haben, kritische Selbstbetrachtung zu üben, das hatte er auch den Kreuzfahrern nahegelegt. Er konnte den Sultan zwar nicht bekehren, der Vorfall inspirierte aber viele Maler und Gegner des Kreuzzugs.

Die Begegnung hatte keine unmittelbaren Auswirkungen, könnte al-Kamil aber dazu veranlasst haben, die Waffenstillstandsverhandlungen fortzusetzen.

übergehen, andere wollten auf den Kaiser warten. Im Frühjahr 1221 war Friedrich immer noch nicht da, schickte jedoch unter Herzog Ludwig von Bayern 500 Ritter. Pelagius drängte Ludwig, umgehend zu handeln, dieser verlangte aber zuerst gebührende Anerkennung seiner Stellung. Im Juli war man schließlich zum Angriff bereit. Bald würde die jährliche Nilschwemme einsetzen. Al-Kamil, der wusste, dass seine Brüder mit Verstärkung aus Syrien eintreffen würden, erneuerte sein Waffenstillstandsangebot. Pelagius weigerte sich, darauf einzugehen, und drängte zum Angriff.

Das Kreuzzugsheer rückte ins Nildelta Richtung Kairo vor und erreichte am 18. Juli Sharamsah, wo es von türkischen berittenen Bogenschützen angegriffen wurde. Johann von Brienne, der zurückgekehrt war, riet zum Rückzug, doch Pelagius wollte nichts davon wissen. Bei einer Landzunge gegenüber al-Mansura wurden die Kreuzfahrer von den Truppen al-Muazzams angegriffen, und bereits am 26. August war das Kreuzzugsheer zum Rückzug gezwungen. Die Nilschwemme hatte nun eingesetzt, und al-Kamil zerstörte die Flutdämme. Damit waren die Kreuzfahrer völlig abgeschnitten, und der Rückzug verwandelte sich in eine verheerende Niederlage. Damiette musste nach Verhandlungen im September wieder geräumt werden, zur großen Enttäuschung der Truppen, die Kaiser Friedrich unter Graf Heinrich von Malta als Verstärkung geschickt hatte. Ein Sieg schien in weite Ferne gerückt, was blieb, waren gegenseitige Schuldzuweisungen für das Scheitern des Feldzugs.

WEISSAGUNGEN

Möglicherweise prophezeite Franz von Assisi beim fünften Kreuzzug die Niederlage der Kreuzfahrer in der kommenden Schlacht, vielleicht gar das Scheitern des gesamten Feldzugs. Jedenfalls kursierten unter den Kreuzfahrern während der Belagerung Damiettes verschiedene apokalyptische Weissagungen – allen voran *Die Offenbarung des Petrus.* Oliver von Paderborn zufolge, der am fünften Kreuzzug teilnahm, enthielt dieser Text viele Prophezeiungen, die bereits eingetroffen waren, er beschrieb, wie ein mächtiger Herrscher des Ostens, »König David« (den man für den Mongolenführer Dschingis Kahn hielt, 1206–1227), sich in Jerusalem mit einem König aus dem Westen (das konnte nur Kaiser Friedrich II. sein) vereinen würde. *Die Offenbarung des Petrus* prophezeite den Fall einer »Stadt am Wasser« (vielleicht Tanis, östlich von Damiette) an die Kreuzfahrer und auch jenen von Damiette und Alexandria. Diese Weissagungen wurden von den Führern des Kreuzzugs sehr ernst genommen, und der Bischof von Akkon berichtete über sie in einem Brief an Papst Honorius III.

Die Offenbarung des Petrus hatte im Mittelalter eine enorme Wirkung, da man ohnehin dazu neigte, Prophezeiungen Glauben zu schenken. Während der Kreuzzüge ereigneten sich zahlreiche prophetische Vorfälle, etwa die Vision, die zur Entdeckung der Heiligen Lanze in Antiochia beim ersten Kreuzzug führte. Das Ereignis vertrieb die Niedergeschlagenheit der Ritter und ließ sie siegreich werden (siehe Seite 42).

Um das Zustandekommen des zweiten Kreuzzugs voranzutreiben, hatte Bernhard von Clairvaux die Worte des Propheten Jesaja zitiert: »Ich habe dich erhört zur Zeit der Gnade.« (Jesaja 49,8) Kurz vor dem dem vierten Kreuzzug übermittelte Papst Innozenz III. dem byzantinischen Kaiser Alexios III. Aussagen von Bernhard, der behauptete hatte, es liege in Gottes und nicht in Menschen Hand, zu welchem Zeitpunkt die heiligen Orte befreit werden würden.

Im 13. Jahrhundert lösten die Prophezeiungen, die der italienische Abt Joachim von Fiore verfasst hatte, heftige Kontroversen aus, die auch auf den Kreuzzug übergriffen. Als sich König Richard I. im Winter 1190–1191 in Sizilien aufhielt, traf er dort Joachim, der die Bibel dahingehend interpretierte, um die Zukunft der Welt vorherzusagen. Joachim war überzeugt, dass das siebenköpfige Ungeheuer, von dem in Kapitel 13 der *Offenbarung des Johannes* die Rede ist, sieben Könige beschreibt, die sich gegen die Kirche stellen: Fünf waren bereits tot, einer war am Leben (Saladin) und der siebte (Antichrist) würde noch kommen. Joachim prophezeite, dass Richard Saladin besiegen würde, doch auf den Sieg würde die Ankunft des Antichristen folgen, der versuchen würde, alle Christen und die Kirche zu vernichten. Nach seiner Niederschlagung würde ein Goldenes Zeitalter heraufziehen. Richard war nicht mit allen Aussagen Joachims einverstanden, und die beiden Männer trennten sich im Streit. Was den Sieg Richards über Saladin

anging, so war Joachim etwas optimistisch gewesen, dennoch hatten seine Auslegungen der Bibel großen Einfluss auf viele Christen. Seine Vorstellung, die Ankunft des Antichristen sei unausweichlich, doch dass nach seiner Vernichtung das Zeitalter des Heiligen Geistes anbrechen würde, übte auf fromme Christen eine starke Anziehungskraft aus.

Ab etwa 1250 war die Prophezeiung »Zeder des Libanon« populär, sie schilderte den Fall von Tripoli und Akkon und sagte dem Westen fatale Ereignisse voraus. Obwohl der Glaube an Prophezeiungen ungebrochen war, spielten Weissagungen beim tatsächlichen Fall von Akkon im Jahr 1291 (siehe Seiten 170–171) interessanterweise offenbar keine Rolle. In der Zeit danach beschränkte man sich auf Weissagungen praktischer Natur, um erfolgreichere Kreuzzüge herbeizuführen.

Gegenüber: Der heilige Franziskus und Szenen aus seinem Leben, *Tempera auf Holz, Bonaventura Berlinghieri zugeschrieben.*
Oben: *Menschen werfen sich vor dem Ungeheuer der Apokalypse nieder, aus einer englischen Handschrift vom 13. Jahrhundert.*
Rechts: *Die Entdeckung der Heiligen Lanze in Antiochia beim ersten Kreuzzug. Aus der französischen Ausgabe (15. Jh.)* Geschichte der Taten jenseits des Meeres *von Wilhelm von Tyros.*

DER KREUZZUG VON FRIEDRICH II.

Marmorrelief an der Kanzel in der Kathedrale von Bitonto in Apulien (errichtet 1198–1250), als Friedrich II. König von Sizilien war. Die Figur rechts, die ein Zepter hält, stellt den Kaiser dar. Das Königreich Sizilien umfasste seinerzeit neben der Insel ganz Süditalien, also auch Apulien. Friedrich war sowohl Enkel des Normannenkönigs Roger II., dem Begründer des Königreichs, als auch der von Friedrich Barbarossa.

Der fünfte Kreuzzug scheiterte auch am Mangel einer effektiven Führungskraft. Papst Honorius III. schrieb an Friedrich II., sie seien beide für den Fehlschlag verantwortlich, doch ein neuer Feldzug würde die alten Wunden heilen. 1225 schlossen die beiden in San Germano einen Vertrag, in dem der Ablauf des Kreuzzugs festgelegt wurde. Der Kaiser erklärte sich einverstanden, Ende August 1227 gen Osten aufzubrechen oder exkommuniziert zu werden. Er wollte auch Isabella II., die Thronerbin von Jerusalem, ehelichen. Der Papst glaubte, diese Heirat würde den Kaiser enger an den Kreuzzug binden, und diesem verschaffte die Ehe mit Isabella ein weiteres Königreich. Johann von Brienne musste wohl oder übel auf seinen Anspruch auf die Krone verzichten.

Doch die Aussichten auf einen erfolgreichen Feldzug so kurz nach dem letzten Kreuzzug waren eher gering. Es fehlte an erfahrenen Soldaten, Friedrich musste sich mit Rittern aus Deutschland und dem Königreich Sizilien begnügen. Sein Aufbruch im August 1227 musste wegen einer Seuche verschoben werden. Gregor IX., der im März 1227 Nachfolger von Honorius III. geworden war, ließ den Kaiser sogleich die päpstliche Autorität spüren und bannte ihn. Einem Gebannten war die Teilnahme an einem Kreuzzug verboten, doch Friedrich ließ sich nicht von seinem Vorhaben abbringen, seine Interessen im Königreich Jerusalem zu wahren. Er hoffte, ein Erfolg im Osten würde ihm die Gunst des Papstes wieder verschaffen. Um dies zu erreichen, war er bereits in Verhandlungen mit Sultan al-Kamil getreten. Der hochgebildete Friedrich sprach mehrere Sprachen, darunter auch arabisch, und galt als intimer Kenner der arabischen Mentalität. Am 28. Juni 1228 stach er mit etwa 40 Schiffen in See und erreichte schließlich im September Akkon.

Europäer treffen im Heiligen Land ein; aus einer böhmischen Handschrift (frühes 15. Jh.) über die Reisen von Sir John Mandeville. Rechts oben nähert sich ein Boot Jaffa, dem Hafen, den alle Pilger nach Jerusalem nutzten. Eine Sehenswürdigkeit im damaligen Jaffa war die »Rippe eines Riesen«, die hier an der Stadtmauer hängt. Im unteren Bildteil sieht man Reisende, die Zoll entrichten, um Tyros betreten zu dürfen.

Der Rivale al-Kamils, sein Bruder al-Muazzam, war inzwischen verstorben, und der Sultan hatte wenig Interesse an einem Heiligen Krieg. Kaiser Friedrich wiederum wollte über Jerusalem regieren, bei einer friedlichen Übergabe hätte der Sultan aber das Gesicht verloren. Deshalb marschierte Friedrich im November 1228 an der Spitze einer Armee von 3000 Mann nach Jaffa, um Jerusalem scheinbar zu bedrohen, er hatte sich mit dem Sultan aber längst verständigt. 1229 schlossen die beiden Männer den Vertrag von Jaffa. Jerusalem, Bethlehem, Nazareth und der Pilgerweg nach Jaffa wurden den Christen übergeben. Das Abkommen galt für zehn Jahre. Der Felsendom und die al-Aksa-Moschee blieben in muslimischer Hand.

Friedrich begab sich nach Jerusalem, um sich zum König krönen zu lassen, die Mitwirkung eines Priesters bei der Zeremonie war allerdings unmöglich, weil der Kaiser immer noch exkommuniziert war. Inzwischen waren päpstliche Truppen in Sizilien eingefallen, und im Mai 1229 kehrte Friedrich nach Italien zurück.

Der Vertrag von Jaffa brachte den Kreuzfahrern zwar weniger ein als das frühere Angebot al-Kamils an Pelagius, aber immerhin war die Grabeskirche nach 40 Jahren wieder unter christlicher Hoheit. Trotz einer Einigung, die Friedrich 1230 mit Gregor IX. erzielte, war er nach wie vor politischer Widersacher des Papstes, auch weil er mit dem Feind verhandelt hatte, anstatt ihn zu bekämpfen.

ERRINGUNG DES FRIEDENS

Für al-Kamil und Friedrich II. war es schwierig, den Vertrag von Jaffa gegenüber ihren Untertanen zu rechtfertigen. Ihr Verhalten war ausschlaggebend, um den Waffenstillstand, der Bestandteil des Vertrages war, durchzusetzen. Schließlich sollte der Vertrag für ein ganzes Jahrzehnt gelten. Al-Kamil behauptete, es sei besser, den Kreuzfahrern ein unbefestigtes Jerusalem zurückzugeben, als einen uneingeschränkten Krieg mit Friedrich zu risikieren. Die heiligen Stätten des Islam blieben in muslimischer Hand, und eines Tages würde man die Stadt zurückerobern. Al-Kamil sprach mit großem Respekt von Friedrich, um seinem Volk den Vertragsabschluss schmackhaft zu machen.

Friedrich wiederum bemühte sich um die Unterstützung der weltlichen Herrscher Europas. In einem Brief, den er 1229 an Heinrich III. von England schrieb, betonte er die tiefreligiöse Motivation seines Vorgehens und die erfolgreichen Vertragsverhandlungen mit al-Kamil. Er versicherte dem englischen König, all dies sei das Werk Gottes und dass der Sultan nur beschränkte Rechte habe, um Festungen zu errichten. Er erwähnte weder seine Exkommunikation noch die Beschränkungen, die der Vertrag auch ihm auferlegte.

WIRREN IM KÖNIGREICH JERUSALEM

Bis zum Auslaufen des Vertrages von Jaffa im Jahr 1239 hatten beide Seiten Gelegenheit, ihre Interessen relativ unbehelligt verfolgen zu können. Friedrich II. hatte die päpstlichen Truppen im Königreich Sizilien rasch besiegt, und nach langen Verhandlungen löste Papst Gregor IX. 1231 den Kirchenbann über ihn. Friedrichs Gattin Isabella war 1228 im Kindbett gestorben, und der Kaiser regierte anstelle des gemeinsamen Sohnes Konrad über Jerusalem. Er selbst blieb in Europa und überließ die Verwaltung des Königreichs Jerusalem kaiserlichen Beamten. Diese hatten jedoch keinen leichten Stand, da sie sich gegen die Ambitionen von Johann Ibelin, dem mächtigen Herrn von Beirut, durchsetzen mussten. Johann hatte von 1205 bis 1210 das Amt des Regenten Jerusalems für Maria von Montferrat ausgeübt. Er und die Barone wollten ihren Einfluss im Reich natürlich nicht so ohne Weiteres aufgeben, außerdem hofften

Ein Kreuzfahrer im Gebet, aus dem Westminster-Psalter, einer englischen Handschrift (13. Jh.). Der prächtige Helm verrät die königliche oder adlige Abstammung des Kreuzfahrers.

sie, Königin Alice von Zypern auf den Thron Jerusalems setzen zu können. Da viele dieser Barone von Zypern Geld und militärische Unterstützung erhielten, war es kaum vorstellbar, wie sie ohne dieses Bündnis hätten überleben können. Johann und die Barone hintertrieben sämtliche Bemühungen Friedrichs und des Papstes, aus dem Vertrag von Jaffa den größtmöglichen Nutzen zu ziehen.

1234 bat Papst Gregor IX. den Grafen Theobald IV. von Champagne, der einer der angesehensten Kreuzfahrer-Familien entstammte und König von Navarra war, einen neuen Kreuzzug anzuführen. Theobald traf im September 1239 an der Spitze vieler bedeutender französischer Adliger in Akkon ein. 1238 war al-Kamil gestorben, und man überlegte, wie man die Uneinigkeit der Ayyubiden, die durch den Tod des Sultans ausgelöst worden war, gewinnbringend nutzen könnte.

Kurz nach dem Auslaufen des Vertrags von Jaffa hatten muslimische Truppen Jerusalem besetzt. Der Versuch der Kreuzfahrer, Tripoli zu erobern, schlug fehl. Theobald kehrte nach Akkon zurück und trat in Verhandlungen mit dem Sultan von Damaskus, der sich bereit erklärte, eine Allianz gegen Ägypten zu bilden. Im Gegenzug bot er die Rückgabe von Jerusalem, Sidon, Tiberias und Galiläa an. Gemeinsam mit seinen neuen Verbündeten zog Theobald gegen Jaffa, doch als ruchbar wurde, dass ägyptische Truppen im Anmarsch seien, desertierten viele Soldaten des Sultans. Trotzdem gelang es Theobald, die Rückgabe der erwähnten Städte und Gebiete von Ägypten zu erzwingen. Jerusalem war erneut in christlicher Hand, und Theobald konnte im September 1240 nach Hause zurückkehren.

Im Oktober traf Richard von Cornwall, der Bruder von Heinrich III. von England, mit einer großen Streitmacht in Akkon ein, um dafür zu sorgen, dass Theobalds Errungenschaften auch erhalten blieben. Er ließ Askalon befestigen und sicherte Jerusalem durch einen Vertrag mit Ägypten. Er verließ das Heilige Land im Mai 1241. Wäre er länger geblieben, hätte er vielleicht verhindern können, dass die Intrigen der Barone das Königreich derart schwächten, dass Jerusalem 1244 an die Chorosanen fiel, türkische Söldner, die im Dienst Ägyptens standen. Die Heilige Stadt sollte nie wieder in christliche Hände gelangen. Die inneren Machtkämpfe, die die fränkischen Barone unter der Führung der Ibelins für sich entscheiden konnten, beeinträchtigten die militärische Schlagkraft des Landes erheblich. 1243 setzten die Barone Alice von Zypern als Regentin ein. Von dieser Zeit an war das Königreich Jerusalem nur noch ein unbedeutender Kleinstaat, der Zypern unterstellt war.

Das Siegel Richards, des Grafen von Cornwall und Poitou (1209–1272). Der Sohn des englischen Königs Johann (und Neffe von Richard Löwenherz) war der jüngere Bruder von Heinrich III. von England. Er wurde in voller Ritterrüstung und zu Pferde dargestellt.

DER ERSTE KREUZZUG VON LUDWIG IX.

König Ludwig IX. begibt sich auf Kreuzzug. Aus einer französischen Handschrift (15. Jh.).

Der Verlust Jerusalems im Jahr 1244 rief in Europa keine unmittelbare Reaktion hervor. Papst Innozenz IV. forderte auf dem Konzil von Lyon 1245 zwar einen neuen Kreuzzug, Hauptanliegen des Konzils war jedoch die Absetzung Kaiser Friedrichs II., der mit dem Papst im Wettstreit über die Vorherrschaft Norditaliens lag. Heinrich III. von England war mit rebellierenden Baronen beschäftigt. Der einzige unangefochtene Herrscher befand sich in Frankreich: König Ludwig IX. Gegen den Willen seiner Mutter Blanka von Kastilien und seiner Berater nahm Ludwig 1244 das Kreuz.

In der Person Ludwigs vereinten sich religiöser Idealismus und kühle Entschlossenheit. Als frommer Christ wollte er aus Frankreich »die älteste Tochter der Kirche« machen, Kreuzzug und Monarchie waren für ihn eins. Er war auch einer der reichsten Herrscher der damaligen Zeit, obwohl er mit Geld sehr sorgsam umging. Um den Kreuzzug zu finanzieren, setzte er auf dem Konzil von Lyon durch, dass ihm die Kirche drei Jahre lang ein Zwanzigstel ihrer Einkünfte ablieferte, der französische Klerus erhöhte diese Abgabe sogar auf ein Zehntel. Diese Abmachung wurde später um zwei weitere Jahre verlängert, sodass über zwei Drittel der Kosten für Ludwigs Kreuzzug von der Kirche getragen wurden, der Beitrag der französischen Krone war verschwindend gering. Für die Kreuzzugsvorbereitungen ließ Ludwig riesige Proviantlager errichten, die nach Zypern geschafft wurden. Seine Streitmacht bestand aus 1500 Rittern nebst deren Gefolge, insgesamt waren es etwa 25 000 Mann, darunter 5000 Bogenschützen. Fast alle Ritter waren Franzosen, einige Engländer, Schotten, Deutsche sowie Norweger waren auch dabei.

Ende August 1248 stach Ludwig mit seiner Armee in See und erreichte im September Zypern. Dort beschloss er, auf weitere Truppen zu warten. Er setzte die Reise im Mai 1249 fort und landete am 5. Juni in der Nähe von Damiette in Ägypten. Die Kreuzfahrer konnten die wichtige Stadt nahezu kampflos einnehmen. Kurz darauf starb Sultan as-Salih. Das ägyptische Heer zog nach al-Mansura, um die Ankunft des neuen Sultans Turan Schah mitsamt seiner mameluckischen Elitetruppe abzuwarten.

Ende November setzte sich die Armee Ludwigs in Richtung Kairo in Marsch, im Januar 1250 erreichte sie 80 km südlich von Damiette das Nildelta und setzte am 7. Februar auf die Seite von al-Mansura über. Der Bruder des Königs, Robert von Artois, begab sich rasch nach al-Mansura selbst, wurde aber auf den schlechten Wegen von den Ägyptern überwältigt und getötet.

GEFANGENNAHME LUDWIGS IX.

Der arabische Historiker Ibn al-Furat (1334–1405) beschrieb die Gefangennahme Ludwigs IX. Ein Auszug:

»[Die Franken] begaben sich zu Pferd und zu Fuß gen Damiette, ihre Schiffe fuhren den Fluss entlang. Die Ägypter setzten auf ihre Seite über und blieben ihnen dicht auf den Fersen. Bei Tagesanbruch des Mittwoch [7. April] hatten die Ägypter sie umzingelt … [Ludwig] und die Führer des fränkischen Königs, möge der allmächtige Allah sie verfluchen, zogen sich auf einen Hügel zurück, wo sie Halt machten, bereit, sich zu ergeben. Sie baten um Quartier. Das wurde ihnen gewährt … daraufhin kamen sie herunter und wurden umstellt. Ludwig wurde mit den anderen nach al-Mansura gebracht, dort wurde er an den Füßen gefesselt und eingesperrt.«

Ludwig, der im Lager geblieben war, konnte die Ägypter in die Flucht schlagen. Er war nur ein kurzer Triumph, denn die Mameluckengarde von Turan Schah war äußerst schlagkräftig. Außerdem positionierte der Sultan hinter den Kreuzfahrern Schiffe auf dem Nil, womit ihnen der Rückzug über Wasser verwehrt war. Sie mussten sich ergeben, und Ludwig wurde gefangen genommen. Mithilfe seiner Königin Margarete, die Damiette erbittert verteidigte, konnte er für sich und sein Gefolge Konditionen aushandeln. Die Hälfte des Lösegelds, 400 000 *livres tournois* – seine jährlichen Einkünfte beliefen sich auf etwa 250 000 *livres tournois* –, wurde sofort bezahlt, und Ludwig wurde freigelassen. Der Rest wurde nie ausgezahlt.

Anstatt nach Frankreich zurückzukehren, segelte Ludwig nach Akkon. Dort ließ er vier Jahre lang die Verteidigungsanlagen des Königreichs Jerusalem verstärken und kümmerte sich um eine effektivere Verwaltung. Als Ludwig schließlich 1254 abreiste, ließ er 100 Ritter für die Verteidigung von Akkon zurück.

DIE ALLIANZ MIT DEN MONGOLEN

Im frühen 13. Jahrhundert sahen sich die christliche und die islamische Welt von einer neuen Gefahr aus dem Osten bedroht: den Mongolen. Das Nomadenvolk aus der asiatischen Steppe war für seine tapferen Krieger zu Pferde berühmt, die Nordchina erobert hatten, bevor sie weiter westwärts zogen. In den späten 1230er-Jahren hatten sie in Südrussland, Polen und Ungarn Verwüstungen angerichtet. 1241 rief Papst Gregor IX. zum Kreuzzug gegen sie auf, das Gleiche tat Innozenz IV. 1243.

1243 schlugen die Mongolen die Rumseldschuken in Kleinasien und verwandelten die Region in mongolisches Hoheitsgebiet. Ludwig IX. erwog, sich mit ihnen gegen die Muslime zu verbünden. Als er sich Anfang der 1250er-Jahre in Akkon aufhielt, trat er mit den Mongolen in Verhandlungen. Am Hof des Mongka Khan (1251–1259) befanden sich nestorianische Christen, und Ludwig hoffte, das Nomadenvolk zum Christentum bekehren zu können.

Mongka willigte in eine Allianz mit Ludwig ein, allerdings nur, wenn Ludwig sein Vasall sei, was der französische König natürlich ablehnte. Da die Mongolen ihren Kampf gegen die Muslime aber fortsetzten, schien eine christlich-mongolische Allianz sinnvoll. Sie wurde später von Lord Eduard von England wieder aufgegriffen (siehe Seite 167).

Der Fall von Bagdad 1258 an die Monogolen unter Hulagu, dem Enkel des Dschingis Khan, persische Miniatur (14. Jh.). Die brutale Verwüstung der Stadt schockierte Muslime und Christen gleichermaßen. Sie beendete das ayyubidische Kalifat, obwohl die Kalifen von Bagdad nur nominelle Herrscher des Islam gewesen waren.

DAS SULTANAT DER MAMELUCKEN

Der Sieg Turan Schahs über König Ludwig IX. in al-Mansura 1250 stellte für die Muslime einen großen Triumph dar. Doch weshalb wurde der Sultan im gleichen Jahr ermordet? Dies ist auf innere Machtkämpfe zurückzuführen: Turan Schah war Ayyubide, er wurde von einem Mameluckenemir getötet, als er versuchte, den Einfluss der Mameluckentruppen zu begrenzen. Die Mamelucken waren türkische Sklaven, die seit dem 9. Jahrhundert im abbasidischen Kalifat als Leibwache eingesetzt worden waren. Auch die Leibgarde Saladins bestand aus Soldaten, die meist im Kindes- und Jugendalter auf den Sklavenmärkten des nördlichen Anatolien oder des Kaukasus gekauft und dann durch eine Schulung zu Reitersoldaten und eine islamische Erziehung auf ihren Dienst vorbereitet wurden. Unter Sultan as-Salih (1238–1249) bestand der Großteil des Regiments, das Kairo beherrschte, aus Mamelucken.

Die Ayyubiden verdankten ihren Sieg über Ludwig IX. also hauptsächlich den Mamelucken, doch Turan Schah besetzte wichtige Ämter in seinem Reich mit Untertanen aus Mesopotamien. Die Mamelucken gehörten zwar einer Militärelite an, ihre jeweilige Stellung konnte aber nicht an ihre Söhne vererbt werden, da nur ehemalige Sklaven Mamelucken werden konnten, und als Muslime konnten die Söhne nicht versklavt werden. Ihr Einfluss hing von ihrem Verhältnis zum Sultan ab, der sie wiederum als militärisches Rückgrat benötigte. Als der Sultan ihre Dienste nicht entsprechend würdigte, kam es zum blutigen Umsturz.

Turan Schah wurde am 2. Mai 1250 ermordet. An dem Komplott war an vorderster Front al-Zahir Baibars Bunduqdari (Baibars) beteiligt, der den Kreuzfahrerstaaten später verheerende Niederlagen zufügen sollte. Unter Aybek, dem ersten Sultan (1250–1259) der Mamelucken, konnten diese ihre Macht ausbauen. Ein Krieg zwischen Mamelucken und syrischen Ayyubiden führte 1253 dazu, dass die Mamelucken über Südpalästina und Äygpten herrschten und die Ayyubiden über Nordpalästina sowie Syrien.

Im September 1260 schlugen der Mameluckensultan Qutuz und sein General Baibars die Mongolen bei Ain Jalut in Syrien. Damit war das Mameluckenreich in Ägypten das einzige Land im Nahen Osten, das sich gegen die Mongolen behaupten konnte. Im gleichen Jahr wurde Qutuz ermordet, und Baibars ernannte sich zum Sultan. Der Aufstieg der Mamelucken kam für das Königreich Jerusalem zum denkbar ungünstigsten Zeitpunkt. Nach der Abreise König Ludwigs IX. 1254 wurde das Land von ständigen inneren Macht-

TURAN SCHAHS ERMORDUNG

Der mamelucken-freundliche Historiker Ibn al-Furat lieferte über ein Jahrhundert nach dem Vorfall drei Versionen über die Ermordung Turan Schahs. Hier ein Auszug aus der ersten Version:

»Als der Kampf gegen die Franken vorüber war und sie besiegt waren …, erfuhren die Mamelucken von Bahriya [durch Turan Schah] eine derartige Zurückweisung und Bedrohung, dass sie ganz befremdet waren. Daraufhin verbündeten sich die Mamelucken gegen ihn und beschlossen, ihn zu töten … im Jahr 648 [1250]… saß er auf seinem Thron, der Tisch war wie üblich gedeckt. Ein Mamelucke näherte sich und schlug ihn mit dem Schwert. Turan Schah wehrte den Hieb mit der Hand ab und verlor einige Finger. Er erhob sich, um zu fliehen, begab sich in seinen Turm und rief: ‚Wer hat mich verwundet?' Die Antwort lautete: ‚Die Assassinen.' Er sprach: ‚Nein, bei Allah, es war einer aus Bahriya. Bei Allah, ich werde keinen von ihnen verschonen.' Dann rief er den Barbier, der ihm die Hand verband, während er weiter den Mamelucken drohte. Deshalb sagten sie zueinander: ‚Führ sein Ende herbei, oder er wird dich vernichten.' Da gingen sie hin und erhoben ihre Schwerter gegen ihn.«

kämpfen erschüttert und befand sich in gefährlich schwachem, angreifbarem Zustand. Nachdem die Gefahr durch die Mongolen abgewendet war, hatte Baibars nur noch ein Ziel: Er wollte die Kreuzfahrer endgültig aus dem Heiligen Land vertreiben.

1263 eroberte Baibars die schwach befestigte Stadt Nazareth und bedrohte Akkon. Als der Sultan 1265 zum Vernichtungsfeldzug gegen die Kreuzfahrer ansetzte, konnten sie ihm nur wenig Widerstand entgegenhalten. Den größten Triumph Baibars stellte 1268 der Fall von Antiochia dar. Die größte christliche Stadt Syriens hatte sich seit 1098 in der Hand der Kreuzfahrer befunden.

Vier mameluckische Reiter, aus Handbuch der Kriegskunst *von Mohammed ibn-Isa ibn-Ismail al-Hanafi al-Aqsarai, 14. Jahrhundert.*

DAS ENDE DES LATEINISCHEN REICHS

Die Plünderung und Besetzung Konstantinopels beim vierten Kreuzzug war für die Byzantiner eine traumatische Erfahrung gewesen. Gleichzeitig schadete die Gründung des Lateinischen Reichs von Konstantinopel den Kreuzzügen. Wäre sie erfolgreich gewesen, hätte sie die Position der Christen im Nahen Osten stärken können. Doch das Reich verschlang die letzten Ressourcen. Als König Ludwig IX. dabei war, Geld für seinen ersten Kreuzzug aufzutreiben, bedrängte der lateinische Kaiser Balduin II. den Papst, die Mittel doch lieber ihm zukommen zu lassen.

Balduin I., der 1204 zum ersten Kaiser gewählt worden war, verfügte von Anfang an über zu wenig Kapital und Militär, um eine Zentralmacht errichten zu können. Er herrschte lediglich über Konstantinopel selbst und die umliegenden Gebiete. Bonifazius von Montferrat hielt in Thessalien Stellung, nachdem er Kreta an die Venezianer verkauft hatte. Balduin I. wurde auch von Zar Kalojan bedroht, dem nach der Union der bulgarischen mit der römisch-katholischen Kirche von Papst Innozenz III. die Königskrone verliehen worden war. Kalojans Heer aus Bulgaren, Walachen und Kumanen schlug die Kreuzfahrer 1205 bei der Schlacht von Adrianopel, Balduin wurde gefangen genommen und starb kurz darauf in der Haft. Nachfolger wurde sein Bruder Heinrich, der die Bulgaren zurückdrängte und einen Vertrag mit dem Byzantiner Theodoros

Unten: *Christliche und muslimische Herrschaftsbereiche im Nahen Osten in der Mitte des 13. Jahrhunderts.*

- *byzantinisch*
- *lateinisch [Franken]*
- *lateinisch [Venezianer]*
- *Sultanat der Rumseldschuken*
- *Königreich Armenien*
- *Ayyubidisches Sultanat*

Laskaris, der über Nicäa herrschte, schloss. Die weise Regentschaft Heinrichs endete mit seinem Tod im Jahr 1216. Auf Heinrich folgte eine ganze Reihe schwacher lateinischer Kaiser. Die zunehmende Erstarkung Nicäas sorgte dafür, dass das Kaiserreich bald auf die unmittelbare Umgebung der Hauptsatdt zusammenschrumpfte.

Angesichts der Uneffektivität Peter von Courtenays (1216–1219) sowie von seinen Söhnen Robert (1218–1228) und Balduin II. (1228–1261) wurde 1231 Johann von Brienne, der einstige König Jerusalems, auf den Plan gerufen. Johann wurde zum Mit-Kaiser des fünzehnjährigen Balduin II. ernannt. Er brachte 500 Ritter sowie eine große Einheit an Fußsoldaten mit. Mit Unterstützung von Papst Gregor IX. gelang es ihm, ein Heer aus Bulgaren und Soldaten aus dem Reich Nicäa zu schlagen. Johann starb 1237. Zu diesem Zeitpunkt befand sich das Reich bereits in finanzieller Bedrängnis. Die Venezianer, die die wirtschaftliche Vorherrschaft übernommen hatten, leisteten nur geringe Hilfe. In seiner Not bot Balduin II. den Venezianern die Dornenkrone Christi zum Verkauf an, die schließlich von Ludwig IX. erworben wurde, der in Paris die Sainte-Chapelle für deren Aufbewahrung errichten ließ.

Johannes III. Dukas Batatzes (1222–1254), dem Herrscher von Nicäa, gelang es, in Westkleinasien ein wirtschaftlich blühendes Staatswesen aufzubauen. Nach seinem Tod übernahm der erfolgreiche Feldherr Michael Palaiologos die Regentschaft, der 1261 Balduin II. in Konstantinopel stürzte und sich als Michael VIII. den byzantinischen Kaiserthron sicherte.

Der Arimondi-Brunnen in der Altstadt von Rethymnon auf Kreta. Er wurde von den Venezianern erbaut, als diese über die Insel herrschten. Erst 1669, als die Osmanen Kreta eroberten, musste Venedig die Insel aufgeben.

DAS WIEDERERSTARKEN VON BYZANZ

Die größten Widersacher des Lateinischen Reichs waren das Despotat Epirus und Nicäa. Nicäa konnte unter Johannes III. Dukas Batatzes seine Macht gegenüber den Lateinern behaupten. 1258 übernahm der mächtige Feldherr Michael Palaiologos die Regentschaft für den minderjährigen Johannes Laskaris, und innerhalb eines Jahres ernannte er sich selbst zum Kaiser. 1261 ergriff Michaels General Alexios Strategopulos die Chance, in das schwach befestigte Konstantinopel einzufallen. Balduin II. floh, und die Stadt wurde von den Byzantinern zurückerobert.

Kaiser Michael VIII. setzte seine militärischen und taktischen Fähigkeiten erfolgreich ein, um die Macht von Byzanz wiederherzustellen. Er zerschlug eine Koalition unter Wilhelm von Villehardouin, dem Fürsten von Achaia, einem lateinischen Staat in Südgriechenland, und verteidigte das Reich gegen Epirus und die Bulgaren. Diese Bemühungen scheinen jedoch seine Mittel erschöpft zu haben und zwangen ihn zur Zurückhaltung. Dennoch gelang es ihm, Karl von Anjou, den neuen König Siziliens, davon abzuhalten, das Lateinische Reich wiederherzustellen. Michael starb 1282. Mit der Regentschaft seines Sohnes Andronikos II. setzte der langsame Verfall des Byzantinischen Reichs ein. Die nachfolgenden Kaiser waren in erster Linie daran interessiert, die Herrschaft ihrer Dynastie zu erhalten.

KÖNIGREICH OHNE KÖNIG

DROHENDER REALITÄTSVERLUST

Offenbar erkannten viele fränkische Führer den Ernst der Lage nicht, als Sultan Baibars zu seinem Eroberungsfeldzug ansetzte. Davon zeugt der folgende Vorfall. Nach der Einnahme Antiochias im Jahr 1268 schickte Baibars eine Gesandtschaft nach Tripoli, um mit Bohemund VI., dem Fürsten von Antiochia und Grafen von Tripoli, einen Waffenstillstand auszuhandeln. Baibars selbst befand sich inkognito unter den Gesandten.

Die Gesandten des Sultans sprachen Bohemund als Grafen an, dieser bestand aber auf seinem Fürstentitel. Dagegen wehrten sich die Gesandten, schließlich herrschte er nicht mehr über Antiochia. Baibars trat einen der Gesandten und befahl ihm, dem Wunsch Bohemunds nachzukommen. Nach der Rückkehr in sein Lager spottete der Sultan: »Zum Teufel mit dem Fürsten und dem Grafen!«

Als Ludwig IX. 1254 Akkon verließ, hatte das Königreich Jerusalem praktisch kein Oberhaupt. Der zweijährige Konrad III. (1254–1268) wurde offiziell Nachfolger von König Konrad II. (Konrad IV. von Deutschland, 1250–1254), dem Sohn von Friedrich II. und Isabella von Brienne. Konrad II. hat Jerusalem nie betreten.

Vorherrschende Macht der Region waren damals die Mongolen, und deren Präsenz bescherte den Kreuzfahrerstaaten tatsächlich eine kurze Periode des friedlichen Zusammenlebens mit ihren Nachbarn. Doch die inneren Spannungen des Reichs verhinderten, dass die Kreuzfahrer die Situation zu ihrem Vorteil nutzten. Die Abwesenheit einer königlichen Autorität erlaubte es den verschiedenen Fraktionen, ihre Machtkämpfe untereinander ungehemmt auszutragen.

Mit von der Partie waren die Genueser und Venezianer, die die Vorherrschaft des östlichen Mittelmeers anstrebten. Weitaus schwieriger für Konrad II. war es jedoch, nicht zwischen den beiden Fraktionen der Familie Ibelin zerrieben zu werden. Deren Machenschaften hatten bewirkt, dass ein minderjähriger Regent, Hugo II. von Zypern, gegen einen anderen, Konrad III., ausgespielt wurde. Hugos Mutter Plaisance wiederum regierte anstelle ihres Sohnes. Eigentlich wurde das Reich von Zypern aus beherrscht.

DER FALL ANTIOCHIAS

Als Sultan Baibars 1268 Antiochia eroberte, wurde die christliche Bevölkerung entweder niedergemetzelt oder in die Sklaverei verkauft. Den Eroberern fiel reiche Beute zu. Der Chronist Ibn al-Furat liefert einen anschaulichen Bericht über die Einnahme der Stadt:

»[Der Sultan] wartete, bis die Priester und Mönche [eine Friedensmission] die Stadt betreten hatten, dann gab er das Zeichen zum Angriff. Die Truppen umzingelten die ganze Stadt und die Zitadelle. Die Bewohner von Antiochia kämpften tapfer, doch die Muslime erklommen die Mauern über den Hügel [Silpius] nahe der Zitadelle und stürmten in die Stadt. Die Menschen flüchteten in die Zitadelle, und das muslimische Heer begann zu plündern, zu morden und Gefangene zu machen. Jeder Einwohner fiel durch das Schwert – und ihre Zahl betrug mehr als einhunderttausend.«

Zwischen 1265 und 1270 erlitten die Kreuzfahrerstaaten durch den Malmeluckensultan Baibars empfindliche Verluste. Im Westen versuchte Karl von Anjou, den Staufern die Macht über das Königreich Sizilien zu entreißen, worin er von der Kirche bestärkt wurde. Das Hauptaugenmerk des Christentums lag zu diesem Zeitpunkt deutlich außerhalb des Königreichs Jerusalem, ein Umstand, der die Expansion der Mamelucken begünstigte. Rom schickte weder Gelder noch Soldaten, und die zerstrittenen Barone waren nicht in der Lage, für stabile Verhältnisse zu sorgen.

Mitte der 1260er-Jahre entbrannte ein neuer Streit um die Regenschaft Hugos II., und zwar zwischen Hugo von Brienne und Hugo von Antiochia-Lusignan. Die fränkischen Barone favorisierten Antiochia-Lusignan, einen der mächtigsten Männer Zyperns. Sie hielten Zypern bereits für das Wohl ihrer Zukunft.

In dieser Situation eroberte Baibars eine Kreuzfahrerburg und -stadt nach der anderen. Er nahm Caesarea, Haifa, Toron und Arsuf ein, im Juli 1266 fiel Safad, die große Burg der Templer, die die Gebiete rund um Akkon gesichert hatte. Im gleichen Jahr fiel die äygptische Armee in Kikilien ein. 1268 eroberte Baibars Jaffa und die Burg Beaufort. Am gut befestigten Tyros zog er vorbei und belagerte am 14. Mai Antiochia. Am 18. Mai fiel die Stadt. Sie wurde geplündert und fast völlig vernichtet.

Antiochia hatte sich seit 1098 in christlicher Hand befunden. Die Stadt war bedeutendes Zentrum des Christentums gewesen, und ihr Verlust war eine Katastrophe. Sie hatte den armenischen Christen als Basis gedient. Schließlich erkannte auch der Westen die Gefahr, der die Kreuzfahrerstaaten ausgesetzt waren. König Ludwig IX. von Frankreich nahm erneut das Kreuz. Lord Eduard von England, der spätere König Eduard I., wollte sich ihm anschließen.

Gegenüber: *Die Ruinen der Stadtmauern von Antiochia (heute Antakya, Türkei). Die Stadt wurde 1268 durch Baibars fast völlig zerstört.*

Unten: *Die Burg Montfort (Starkenberg) in Nordgaliläa war bis 1271 der Hauptsitz des Deutschen Ordens im Heiligen Land. Nach wochenlanger Belagerung musste sie sich letztlich Sultan Baibars ergeben.*

DER ZWEITE KREUZZUG VON LUDWIG IX.

König Ludwig IX. von Frankreich hatte die dreizehn Jahre nach seiner Rückkehr aus Akkon genutzt, um die Macht seines Reichs zu festigen. 1267 erneuerte er sein Kreuzzugsgelübde: als der Mameluckensultan Baibars eine Kreuzfahrerstadt nach der anderen einnahm. Ludwig war das Oberhaupt einer Familie, die starkes Interesse am Mittelmeerraum hatte. Sein Bruder Karl von Anjou hatte den Staufern das Königreich Sizilien mit päpstlicher Unterstützung entrissen. Ludwig hatte heimlich beschlossen, zuerst nach Tunis zu segeln, bevor er zu seinem neuen Kreuzzug aufbrach. Er hoffte, den dortigen Sultan zum Christentum bekehren zu können. Aus heutiger Sicht erscheint dieses Ansinnen etwas naiv, doch damals gab es viele Gerüchte über die Konversion von Muslimen und Mongolen. Jedenfalls würde eine Allianz mit dem Sultan von Tunis die Cancen auf einen erfolgreichen Feldzug gegen Ägypten deutlich erhöhen.

Ludwigs Reise nach Tunis wurde eventuell durch den Missionarseifer der Dominikaner verursacht, und nicht so sehr durch die Ambitionen seines Bruders Karl. Dieser ahnte 1269 nichts von den Plänen Ludwigs, er hatte auch nicht vor, am Kreuzzug teilzunehmen. Erst im Jahr darauf, mitten im Kreuzzug Ludwigs, erfuhr Karl von dem Missionsvorhaben in Tunis und sagte seine Unterstützung zu. Auf seinen Befehl hin wurden Truppen von Syrakus in den Hafen von Trapani verlegt, als Verstärkung für die Tunisexpedition.

Die Kreuzfahrer unter König Ludwig IX. von Frankreich landen in Tunis. Aus den Annalen von Saint-Denis, *die zwischen 1325 und 1350 in Frankreich entstanden.*

DER WESTEN IST GEGEN DEN NEUEN KREUZZUG

Kurz nach seiner Wahl zum Papst begann Gregor X. (1271–1276) mit den Vorbereitungen für das Konzil von Lyon, das sich 1274 mit den drängenden Problemen der Kirche beschäftigte. Für den Papst war der Kreuzzug ein zentrales Thema, doch die Diskussion über die Einheit der Kirche nahm so viel Zeit ein, dass das Kreuzzugsthema in den Hintergrund geriet. Der byzantinische Kaiser Michael Palaiologos VIII. regte die Vereinigung der orthodoxen mit der römisch-katholischen Kirche an, um dem Machtstreben Karls von Anjou Einhalt zu gebieten. Dieser Plan stieß in Griechenland auf große Ablehnung, war aber ein geschickter Schachzug, um Karl vom geplanten Kreuzzug für die Wiederherstellung des Lateinischen Reichs abzuhalten.

Der Papst hatte Mühe, die Teilnehmer des Konzils zu einem neuen Kreuzzug zu überreden. Die Repräsentanten der weltlichen Herrscher und die Ritterorden waren nicht bereit, sich einem neuen Kreuzzug zu verpflichten, obwohl die Kirche die Finanzierung des Unterfangens zusagte.

Gregors Bemühungen zum Trotz standen alle Zeichen gegen einen Kreuzzug. Einige Historiker führen das auf die Weigerung der Anwesenden zurück, die Führung des Feldzugs zu übernehmen, wichtiger war aber vielleicht, dass es einfach niemanden gab, der nach dem Scheitern des zweiten Kreuzzugs von Ludwig IX. als oberster Feldherr in Frage kam. Man sollte also nicht davon ausgehen, dass sich die Haltung des Westens in Bezug auf die Kreuzzüge geändert hätte. Die mangelnde Bereitschaft für einen neuen Kreuzzug schwächte die Lage der Kreuzfahrerstaaten zusätzlich, und letztlich führte sie zum Fall von Akkon im Jahr 1291.

Kurz nach der Landung in Tunis erkrankte Ludwig IX. an Ruhr, und am 25. August 1270 erlag er der Krankheit. Unter Karl von Anjou nahmen die Kreuzfahrer mühelos Karthago ein, doch dann brach die Ruhr unter dem Heer aus, und im November wurde der Kreuzzug abgebrochen. Er hatte zu nichts geführt. Ludwig IX. wurde 1297 heilig gesprochen. Er sollte der letzte westliche Herrscher sein, der sich auf einen Kreuzzug in den Nahen Osten begab.

Anhänger von Ludwigs zweitem Kreuzzug war Lord Eduard, der 31-Jährige Sohn Heinrichs III. von England (1216–1272), dem er als Eduard I. (1272–1307) nachfolgen sollte. Eduard traf verspätet in Tunis ein und entschied sich, weiter gen Osten zu ziehen. 1271 kam er in Akkon an, gerade als Baibars dabei war, die nördlichen Kreuzfahrerburgen von den Ritterorden zu erobern. Eduard konnte nur wenig tun. Er blieb mehr als ein Jahr in Akkon. Immerhin gelang es ihm, dem zusammengeschrumpften Königreich Jerusalem eine Atempause zu verschaffen, indem er mit Baibars für die Dauer von zehn Jahren einen Waffenstillstand schloss.

Unter Eduards Gefolge befand sich der Erzbischof von Liège, Teobaldo Visconti, der 1271 als Gregor X. zum Papst gewählt wurde. Auch er setzte sich für die Kreuzzüge ein, doch sein 1274 erfolgter Kreuzzugsaufruf verhallte ungehört (siehe Kasten). Frankreich unterstützte die Kreuzfahrerstaaten finanziell bis 1286, und Eduard sandte Truppen, nachdem er König geworden war.

NIEDERGANG DES LATEINISCHEN ORIENTS

ARAGON UND DIE KREUZZÜGE

Die Übernahme Siziliens durch Aragon hatte bedeutende Auswirkungen auf die Kreuzzüge, da der westliche Mittelmeerraum nun zum Konfliktherd wurde. In den nächsten zwei Jahrzehnten kämpfte das Haus Anjou gegen Peter III. und seinen Nachfolger Jakob II. (1291–1327), um Sizilien wiederzuerobern. 1302 wurde Karl von Anjou von den Aragonesern gefangen genommen, im gleichen Jahr wurde der Friede von Caltabellotta geschlossen, der den Konflikt zwischen dem Haus Anjou und dem Haus Barcelona beilegte. Jakobs Bruder Friedrich wurde als König von Sizilien anerkannt. Nach dessen Tod im Jahr 1322 lehnten sich die Sizilianer gegen den Papst sowie das Haus Anjou auf und wählten Friedrichs Sohn Peter zu ihrem König.

Am 30. März, dem Ostermontag des Jahres 1282 zur Zeit der Vesper, fand eine Sizilianerin heraus, dass ihre Tochter von einem französischen Soldaten vergewaltigt worden war. Ihr lautes Wehklagen führte zu einem Aufstand der Bewohner Palermos gegen die Herrschaft Karls von Anjou. Bei dem Aufruhr, der bald die gesamte Insel erfasste und der als »Sizilianische Vesper« in die Geschichte einging, wurden viele Franzosen massakriert. Für Karl war Sizilien eine Basis für seine Interessen am Mittelmeer, wozu auch der Sieg über den byzantinischen Kaiser Michael VIII. Palaiologos zählte. Kein Wunder, dass die Byzantiner den Aufstand finanziell unterstützen.

Der Nutznießer des Aufruhrs war König Peter III. von Aragon (1276–1285), der eine erfolgreiche Invasion startete und somit Peter I. von Sizilien wurde. 1262 hatte Peter Constantia geheiratet, eine Enkeltochter des Stauferkaisers Friedrichs II. 1266 hatte Papst Urban IV. Karl von Anjou das Königreich Sizilien anvertraut. Diesen neuen Status quo hatte Peter niemals offiziell anerkannt. Seine Ankunft in Sizilien wurde von vielen Sympathisanten des Hauses Hohenstaufen bejubelt. Plötzlich war Aragon eine ernstzunehmende Streitmacht im westlichen und zentralen Mittelmeerraum.

DAS KÖNIGREICH ZYPERN

Kurz vor dem Niedergang des Lateinischen Reichs erlangte Zypern besondere Bedeutung. Die letzten beiden Könige von Jerusalem entstammten dem Haus Lusignan: Hugo I. und Heinrich I. waren gleichzeitig Könige von Zypern (als Hugo III. und Heinrich II.). Für Hugo schienen die Interessen Zyperns vorrangig zu sein, das ist nicht weiter verwunderlich, da die Barone Zyperns nur ungern für das Mutterland kämpften. Hugo hatte in Jerusalem auch keinen leichten Stand, seine Widersacher waren nicht nur die Repräsentanten seines Rivalen Karl von Anjou, sondern auch verschiedener Adelsfamilien. Er kam 1283 mit 250 Rittern in Tyros an, doch unter diesen Umständen konnten sie wenig ausrichten. Hugos Versuch, Tyros zu retten, misslang, weil er über zu wenige Soldaten verfügte und sowohl die Barone als auch die Ritterorden nicht auf seiner Seite hatte.

Nachfolger Hugos wurde 1284 sein Sohn Johann, der jedoch ein Jahr später starb. Den Thron übernahm sein Bruder Heinrich II. von Zypern (Heinrich I. von Jerusalem, 1285–1324). Es ist eine Ironie des Schicksals, dass das Reich kurz vor seinem Ende einen seiner fähigsten Herrscher bekam. Heinrich versuchte, den Streit zwischen den italienischen Stadtstaaten Genua und Venedig zu schlichten, um den Nachschub des Reichs zu sichern. Er machte seinen Bruder Amalrich zum Herrn von Tyros und schickte ihn später mit einer Einheit nach Tripoli, um die Stadt zu befreien. Er handelte einen Waffenstillstand aus, um Akkon zu schützen. Doch all diese Bemühungen konnten nicht verhindern, dass die letzte Stunde des Königreichs geschlagen hatte. Zypern blieb ein wichtiger Stützpunkt für die westliche Präsenz im Nahen Osten.

1277 hatte Maria von Antiochia (die Enkeltochter von Isabella I. und Amalrich von Lusigan; siehe Seite 94) ihren Machtanspruch in den Kreuzfahrerstaaten an Karl von Anjou verkauft. Dies führte dazu, dass es zwei Könige gab. Hugo I. (König Hugo III. von Zypern) herrschte in Tyros und Beirut, während der Vertreter Karls, Roger von San Severino, in Akkon, Sidon und Château Pélerin regierte. Hugo war von der Unterstützung der Familie Montfort abhängig, als diese 1283 ausblieb, kehrte er nach Zypern zurück.

Die Sizilianische Vesper verhinderte, dass Karl die Position Rogers im Königreich Jerusalem stärken konnte. Die Hauptleistung Rogers bestand in einem Waffenstillstandsvertrag für die Dauer von zehn Jahren, den er mit Sultan Qalawun von Ägypten (1277–1290), dem Nachfolger Baibars, schloss. Der Vertrag betraf nur Akkon, Sidon und Château Pélerin. Tyros vereinbarte 1285 einen Waffenstillstand, doch im gleichen Jahr fiel Marquab, die große Burg der Johanniter, und es wurde deutlich, dass der muslimische Vormarsch durch Friedensverträge nicht aufzuhalten war.

1285 starb Karl von Anjou, 1286 wurde Heinrich I. in Tyros zum König gekrönt. Die aufwändigen Krönungsfeierlichkeiten, die in Akkon abgehalten wurden, sollten die letzten des Reichs sein. 1287 eroberte Sultan Qalawun Laodikeia am Lykos (in der heutigen Türkei) und 1289 Tripoli.

Oben: *Karl von Anjou (1226–1285) ließ sich auf seinem Siegel als Ritter abbilden.*

Links: *Die Burg Marqab (Margat) in Syrien war der Hauptsitz der Johanniter. Sie galt als uneinnehmbar, bis sie 1285 vom Mameluckensultan Qalawun erobert wurde.*

DER FALL VON AKKON

Nach dem Fall von Tripoli erneuerte König Heinrich I. von Jerusalem den Waffenstillstandsvertrag mit Sultan Qalawun, wohl wissend, dass dieser ihn nicht lange einhalten würde. Heinrich sandte Boten aus, um Verstärkung für Akkon anzufordern, der letzten wichtigen Stadt, die in Kreuzfahrerhand war. Noch wurde der Kreuzzug von mächtigen Herrschern unterstützt, etwa von König Eduard I. von England, doch nicht einmal der Papst war willens, hier großartig zu investieren. Die Truppe, die Papst Nikolaus IV. schickte, war undiszipliniert, und ihre Übergriffe auf muslimische Kaufleute in Akkon lieferten Qalawun nur einen weiteren Grund, um den Waffenstillstand zu brechen. Die Lage war derart fatal, dass einige erwogen, sich vom Sultan freizukaufen. Doch die Bewohner der Stadt lehnten dies ab – schließlich war Akkon gut befestigt und konnte sich verteidigen. Der Tod Qalawuns im November 1290 schien ihnen recht zu geben, man erwartete nun eine Atempause. Doch die unmittelbare Nachfolge von Qalawuns Sohn al-Ashraf Khalil läutete den Untergang der Kreuzfahrerstaaten ein.

Am 6. April 1291 begann der neue Sultan mit der Belagerung Akkons. Die Verteidiger waren den muslimischen Truppen deutlich unterlegen, und am 18. Mai fiel die Stadt. Frauen, Kinder und alte Männer waren bereits nach Zypern geschafft worden, sofern sie sich

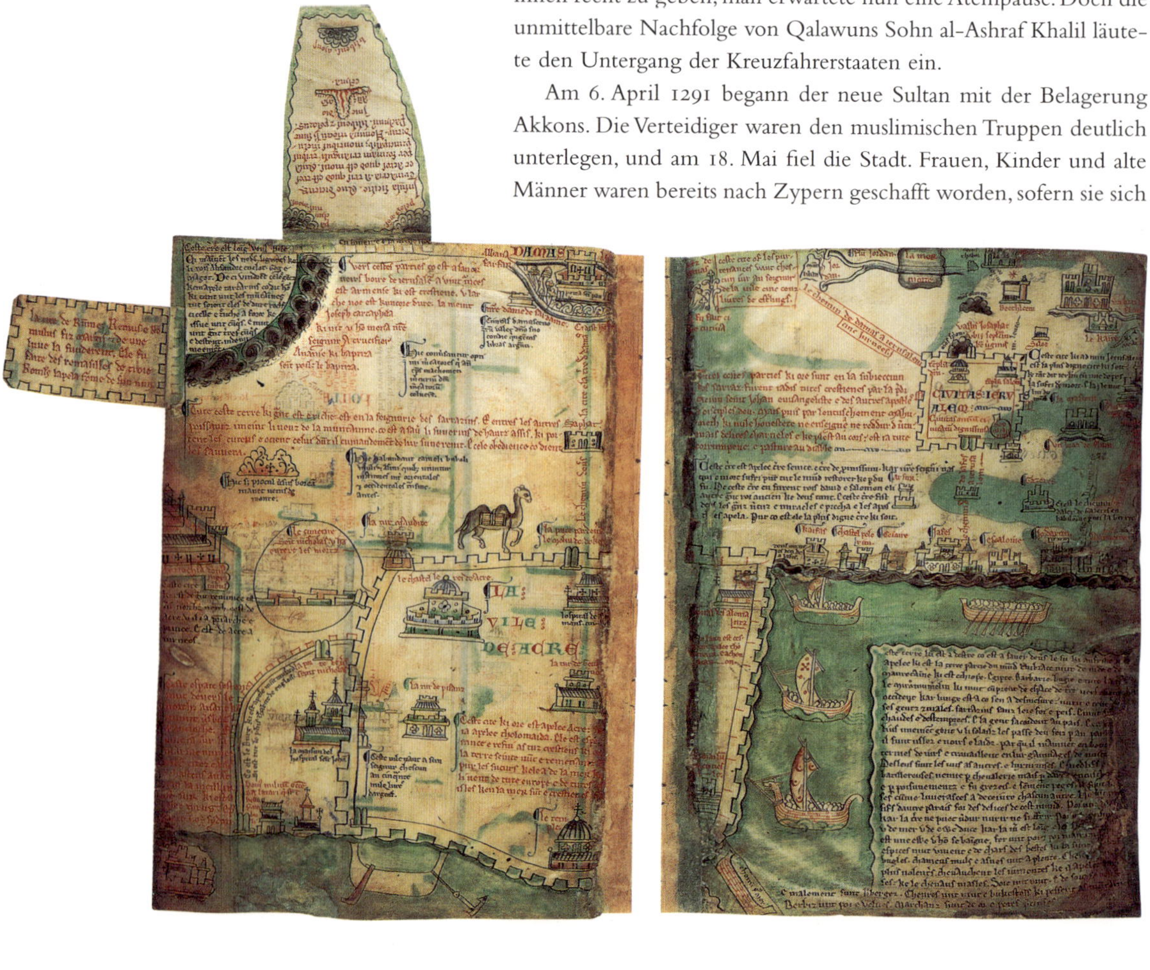

AKKON IN SCHRECKEN

Bei seinem Eroberungsfeldzug hatte Baibars niemals versucht, Akkon zu belagern. Das lag sicherlich an der Bedeutung der Stadt als Handelszentrum: Hier brachten muslimische Kaufleute ihre Waren auf den westeuropäischen Markt. Zudem verfügte Akkon über eine mächtige Festung. Von daher traf der Angriff im Jahr 1291 die Stadt völlig unvorbereitet. König Heinrichs Friedensverhandlungen konnten die Katastrophe, die sich am 18. Mai ereignete, nicht abwenden.

Offenbar suchten verschiedene Verteidiger Akkons Zuflucht in ihren eigenen Burgen und halfen einander nicht. Die einzigen, die sich diszipliniert verhielten, waren die Ritterorden. Der Chronist Templer von Tyros beschreibt, wie die Menschen vor den Muslimen zum Hafen flüchteten: »Frauen und Mädchen waren panisch vor Schrecken, sie hatten ihre Kinder im Arm und rannten durch die Straßen ... als die Sarazenen sie einholten, packte einer das Kind und ein anderer die Mutter, sie schleppten sie von Ort zu Ort und trennten sie voneinander.«

Der muslimische Geschichtsschreiber Abu al-Fida berichtet, wie Sultan al-Ashraf Khalil den verbliebenen Einwohnern befahl, herauszukommen, als die Stadt beinah in seiner Hand war. Als sie das taten, ließ er sie töten, obwohl er versprochen hatte, sie zu verschonen.

Im Hafen waren zu wenige Schiffe, um alle Flüchtlinge aufnehmen zu können. Der König, sein Bruder und einige Anführer konnten jedoch mit dem Schiff fliehen. Der lateinische Patriarch ließ zu viele Menschen auf sein Boot kommen, es sank und alle ertranken.

die Überfahrt leisten konnten. Tausende Bewohner Akkons wurden massakriert, und innerhalb kürzester Zeit befand sich die gesamte Küste Palästinas und Syriens unter mameluckischer Herrschaft.

Mit dem Fall Akkons waren die Kreuzzüge definitiv gescheitert, und die westlichen Mächte hatten praktisch nichts unternommen, um die christliche Präsenz im Heiligen Land aufrechtzuerhalten. Der Kreuzzugseifer, der 200 Jahre vorgeherrscht hatte, schien verpufft zu sein. Offenbar hatte man den Verlust des Heiligen Landes als unvermeidlich akzeptiert. Viele schrieben die Niederlage den Sünden der Christen und den Konflikten innerhalb des Christentums zu. Der Franziskaner Salimbene de Adam (1221– ca. 1288) vermutete gar, die Eroberung der heiligen Stätten sei nicht Gottes Wille, da alle Bemühungen gescheitert waren.

Wahrscheinlich sahen viele Westmächte im Fall Akkons keinen Endpunkt. Dennoch reifte im späteren 13. Jahrhundert das Bewusstsein, dass der ungeheure Aufwand, den Ludwig IX. für seinen Kreuzzug betrieben hatte, keine nennenswerten Resultate gebracht hatte. Manche Historiker stellten fest, dass die Kreuzzugsidee in jener Zeit an Kraft einbüßte. Es wurde offensichtlich, dass ein erfolgreicher Kreuzzug eine andere Strategie verlangte. Auch wenn es seinerzeit nicht so empfunden wurde, wird deutlich, dass die Eroberung Akkons eine neue Art der Kreuzzüge enstehen ließ. Der in erster Linie religiös motivierte Kreuzzugsgedanke gehörte bald der Vergangenheit an.

Gegenüber: *Die letzten Seiten eines Reisetagebuchs, das ca. 1250–1259 von dem Mönch und Geschichtsschreiber Matthäus Paris verfasst wurde. Sie zeigen eine Karte innerhalb der Stadtmauern von Akkon. Oben rechts sieht man Jerusalem, die Küstenstädte sind durch Burgen gekennzeichnet. Unter den Gebäuden innerhalb der Stadtmauern von Akkon befinden sich der Königspalast (oben links) sowie die Hauptsitze der Johanniter (ganz links), der Templer (unten) und des Deutschen Ordens (oben rechts).*

8

DIE LETZTEN KREUZZÜGE

DIE OSMANISCHE BEDROHUNG

JONATHAN HARRIS

ZUKUNFTSVISIONEN

Jakob von Molay, der letzte Großmeister des Templerordens, und Gottfried von Charney, ein Würdenträger der Templer, werden 1314 auf dem Scheiterhaufen verbrannt. Aus einer französischen Handschrift (14. Jh.). Der Orden wurde in Frankreich verfolgt und der Ketzerei bezichtigt. Ihre Führer mussten sich öffentlich schuldig bekennen. Jakob von Molay und Gottfried von Charney beteuerten bis zum Ende ihre Unschuld.

Noch lange nach dem Verlust des Heiligen Landes im Jahr 1291 träumten die Christen von der Wiedereroberung Jerusalems. Es gab zahlreiche Vorschläge, um die Vision in die Tat umzusetzen. Der französische Rechtsgelehrte Pierre Dubois erklärte etwa 1306, man solle die Kreuzzüge nicht dem Papst überlassen, der sich lieber um die Verwaltung der Kirche kümmern solle, sondern dem König von Frankreich. Nur dieser sei in der Lage, eine effektive Armee aufzustellen. Ähnlich argumentierte auch der spanische Gelehrte Ramon Lull, Hauptsache, der Anführer des Kreuzzugs sei von königlichem Geblüt und werde vom Papst und seinen Kardinälen ernannt.

Die Vorstellung von einem westlichen König, der Jerusalem wieder in christliche Hand bringt, war zwar naheliegend, blieb aber

DAS ENDE DER TEMPLER

Am 13. Oktober 1307 wurden auf geheimen Befehl König Philipps IV. alle Tempelritter in Frankreich verhaftet und der Ketzerei angeklagt. Die großzügige Anwendung der Folter entlockte den Rittern abstruse Geständnisse, und 1310 wurden 58 geständige Ordensritter als Ketzer verbrannt. Den Templern war von Anfang an bewusst, dass das unermessliche Ordensvermögen, das sich vor allem in Paris und im südlichen Frankreich ballte, die Habgier Philipps erweckt hatte. Allen Unschuldsbeteuerungen zum Trotz wurden die meisten Ritter zum Feuertod verurteilt. Der letzte Großmeister der Templer, Jakob von Molay, wurde 1314 unter qualvollen Schmerzen öffentlich verbrannt.

Die Auslöschung des Ordens begründete Philipp IV. mit dem Verdacht, die Templer hätten nach dem Verlust des Heiligen Landes Frankreich besetzen wollen. Eine päpstliche Untersuchungskommission stellte später fest, dass die Anschuldigungen zu unrecht erhoben worden waren. Die Templer in Deutschland und Italien blieben unbehelligt, in England entkamen sie schweren Strafen, wenn sie gestanden, einem ketzerischen Glauben anzuhängen, nämlich dass der Großmeister die Absolution erteilen könne. 1312 löste Papst Clemens V. den Orden offiziell auf. Die Güter der Templer verblieben im Besitz der Kirche und wurden größtenteils an die Johanniter übergeben. Einen Teil erhielten neu gegründete Orden in Spanien.

letztlich nur ein Traum. Zwar konnten sich viele Monarchen und Adlige für den Kreuzzugsgedanken begeistern, doch am Ende war kein Regent bereit, sein Reich ungeschützt hinter sich zu lassen und mit seinem Heer gen Osten zu ziehen. König Philipp IV. von Frankreich (1285–1314), der für die spektakuläre Auflösung des Templerordens sorgte (siehe Kasten), nahm 1313 das Kreuz, starb jedoch, bevor er sein Gelübde erfüllen konnte. Heinrich V. von England (1413–1422) soll vorgehabt haben, Jerusalem wieder einzunehmen. Stattdessen kämpfte er gegen christliche Feinde: die Franzosen.

Der Kern des Problems zeigte sich, als Philipp VI. von Frankreich (1328–1350) dem Papst 1332 einen genauen Kreuzzugsplan vorlegte. Der Papst war beeindruckt und ermächtigte Philipp, vom Klerus sechs Jahre lang eine zehnprozentige Steuer zu erheben. Die Steuern wurden eingetrieben, doch der Feldzug kam nie zustande. Viele sahen in der verheerenden Niederlage, die Philipp 1346 bei Crécy durch die Engländer erlitt, die Strafe Gottes dafür, dass Philipp sein Gelübde nicht erfüllt und Kreuzzugsgelder veruntreut hatte.

Während des abendländischen Schismas, bei dem von 1378 bis 1417 Rom und Avignon im Wettstreit um die päpstliche Macht lagen, war an die Organisation eines Kreuzzugs gar nicht zu denken. Der deutsche Mönch Felix Fabri von Ulm schrieb um 1480: »Wir haben das Heilige Land so endgültig verloren, dass heutzutage niemand mehr auch nur daran denkt, es wiederzuerobern. Wenn Gott kein Wunder geschehen lässt, gibt es keinen Weg dorthin.« Inzwischen waren die Christen gewahr geworden, dass es nicht länger um Eroberung ging, sondern um den Erhalt dessen, was man hatte.

PILGERFAHRTEN NACH JERUSALEM IM SPÄTMITTELALTER

Der Zustrom an Pilgern aus Westeuropa nach Jerusalem riss trotz des Verlustes der Stadt nicht ab. Die mameluckischen Herrscher ließen die Christen gewähren, schließlich brachten die Pilger der Region Einkünfte. Dennoch muss es zwischen den dortigen Muslimen und den Pilgern zu Spannungen gekommen sein. Felix Fabri von Ulm, der im späten 15. Jahrhundert zweimal nach Jerusalem reiste, berichtet, wie ein junger Muslim einem Pilger seinen Brotbeutel stahl. Nur die Vermittlung eines Fremdenführers konnte verhindern, dass es zu schweren Handgreiflichkeiten kam.

Der Anblick der heiligen Stätten war für die Pilger ein beeindruckendes Erlebnis. Eine englische Christin, Margery Kempe, war überwältigt, als sie den Kalvarienberg (bzw. die Grabeskirche) sah, und »empfand derartiges Mitleid und seinen solchen Schmerz, als sie das Leid unseres Herrn vor Augen hatte, dass sie in Tränen ausbrach und laut wehklagte, sie hätte auf der Stelle sterben können«.

DIE NEUE FRONT: ZYPERN

Eine letzte christliche Bastion im Osten war den Kreuzfahrern noch geblieben: Die Könige von Zypern aus dem Haus Lusignan, die die Insel regierten, seitdem Richard Löwenherz sie 1192 an Guido von Lusignan verkauft hatte, herrschten über ein blühendes und wohlhabendes Reich. Der Hafen von Famagusta entwickelte sich zu einer der reichsten Städte des Christentums. Da der Papst jeglichen Handel mit den Mamelucken untersagt hatte, wurde eben Zypern bedeutendes Handelszentrum. Das Haus Lusignan erhob Anspruch auf den Thron von Jerusalem, und zweimal war es ihm gelungen, Mitglieder seiner Familie zum König zu krönen. Regelmäßig wurde Schiffe ausgesandt, um die Küsten von Ägypten, Syrien und Kleinasien zu plündern. Man erbot sich auch, als Basisstützpunkt für einen neuen Kreuzzug zu fungieren. Um 1360 war die Insel vor einem Angriff durch die Mamelucken sicher, da diese mit den inneren Konflikten Ägyptens beschäftigt waren.

EINTRÄGLICHE ABLASSBRIEFE

Die Finanzierung der Kreuzzüge war auch im Spätmittelalter ein Problem. Die Päpste gingen daher dazu über, Ablassbriefe an Pfarrkirchen zu verkaufen. Die Briefe versprachen dem Käufer Sündenerlass und nach seinem Tod eine kürzere Zeit im Fegefeuer.

Als im 15. Jahrhundert der Buchdruck erfunden wurde, konnten die Ablassbriefe massenweise produziert und unters Volk gebracht werden. Den Erlös aus dem Verkauf behielten jedoch viele »Ablasskrämer« für sich selbst. Der englische Dichter Geoffrey Chaucer (1343–1400) kritisierte neben anderen dieses Verhalten. In seinen *Canterbury-Erzählungen* lässt er den Ablasskrämer sagen: »Denn – kurz und gut, auf Treu und Ehrlichkeit! – mein Grund der Predigt ist Begehrlichkeit. «

Peter I. von Zypern (1359–1369) zögerte nicht, diese Situation zu nutzen. Er besuchte die Höfe der westeuropäischen Herrscher, um Gelder und Soldaten für einen neuen Kreuzzug aufzutreiben. Er brachte tatsächlich ein Heer zusammen und segelte im Oktober 1365 gegen die ägyptische Hafenstadt Alexandria. Der Statthalter Alexandrias befand sich gerade auf Pilgerfahrt nach Mekka, und der Angriff kam für die Mamelucken völlig überraschend. Die Kreuzfahrer erstürmten die Stadt und plünderten sie ausgiebig.

Die Eroberung Alexandrias schien zunächst ein großer Triumph zu sein. Eine der größten Städte des Islam befand sich in christlicher Gewalt, und die Schiffe der Kreuzfahrer waren bis obenhin mit Beute angefüllt. Leider hatte Peter keine Pläne gemacht, was er nach der Einnahme der Stadt tun würde. Als sich am 16. Oktober ein mameluckisches Ersatzheer näherte, zogen sich die Kreuzfahrer nach Zypern zurück. Die Mamelucken waren nun entschlossen, sich für die Schmach von 1365 an den Herrschern Zyperns zu rächen.

Gelegenheit dafür bot sich in den 1420er-Jahren, als das Königreich Zypern durch den zermürbenden Krieg von 1373–1374 mit Genua stark geschwächt war. 1424 plünderte König Janus von Zypern (1398–1432) die syrische Küste. Die Mamelucken reagierten mit heftigen Angiffen auf Zypern, nahmen am 3. Juli 1426 Limassol ein und schlugen Janus' Armee wenige Tage später vernichtend bei Khirokitia. Janus wurde in Haft genommen und zusammen mit 6000 weiteren Gefangenen nach Ägypten gebracht. Erst zehn Monate später, im Mai 1427, wurde Janus gegen Zahlung eines Lösegeld in Höhe von 200 000 Dukaten wieder freigelassen. Er kehrte auf eine verwüstete und verarmte Insel zurück, die fortan eine jährliche Abgabe von 5000 Dukaten an den Mameluckensultan von Kairo entrichten musste.

Zypern sollte für die muslimische Welt nie wieder eine Bedrohung darstellen. 1489 wurde Katharina Cornaro, die Witwe von Jakob II. (1464–1473), dem letzten König aus dem Haus Lusignan, von den Venezianern zur Abdankung gezwungen. Die Venezianer herrschten bis 1571 über die Insel, dann wurde Zypern von den Osmanen erobert, die sie 1887 an England verpachten sollten.

Gegenüber: *Der Campanile di San Marco und der geflügelte Markuslöwe, die Wahrzeichen Venedigs an der Zitadelle von Famagusta auf Zypern.*

Unten: *Die St.-Nikolaus-Kathedrale in Famagusta wurde von den Venezianern erbaut, heute ist sie eine Moschee. Die Westeuropäer, die von 1191 bis 1571 über Zypern herrschten, haben untrügliche Spuren hinterlassen. Die gotischen Kathedralen von Famagusta und Nikosia stehen noch. Die Klöster Bellapais (vom Haus Lusignan errichtet) sowie Ayia Napa (venezianisch) künden vom Reichtum und der einstigen Macht der katholischen Kirche auf der vorwiegend griechisch-orthodoxen Insel. Mächtige Burgen wie die in Kantara, St. Hilarion und Buffavento sicherten die Herrschaft der westlichen Besatzer.*

DER AUFSTIEG DER OSMANEN

Das Minarett der Grünen Moschee, die im späten 14. Jahrhundert in Iznik (Türkei) erbaut wurde. Das einstige Nicäa wurde 1331 von den Osmanen erobert. Unter osmanischer Herrschaft wurde Iznik für seine prächtigen Fayencen berühmt, die noch heute viele türkische Bauwerke schmücken.

Die Kreuzzüge waren darauf ausgelegt gewesen, die Ausweitung des Islam zu bekämpfen, doch letztlich bewirkten sie das genaue Gegenteil. Im Lauf der Jahrhunderte drangen die Muslime sogar bis zu den Toren Wiens vor. Diese Entwicklung begann mit der Besetzung und Plünderung Konstaninopels 1204 beim vierten Kreuzzug. Obwohl die Stadt 1261 durch Michael VIII. Palaiologos zurückerobert wurde, war das wiederhergestellte Byzantinische Reich relativ schwach. Als der Papst von der Wiedereroberung erfuhr, predigte er umgehend den Kreuzzug gegen Byzanz und versprach den Kreuzfahrern den gleichen Sündenerlass, wie wenn sie in das Heilige Land gereist wären. Ein Kreuzzug gegen Christen wurde als gerechtfertigt empfunden, da die Spaltung zwischen orthodoxer und römisch-katholischer Kirche nach wie vor bestand. Michael VIII. Palaiologos strebte 1274 eine Einigung der beiden Kirchen an und verhinderte so geschickt einen neuen Kreuzzug. Die Union wurde auf dem Konzil von Lyon beschlossen, funktionierte aber nicht richtig, und die Idee wurde nach 1282 nicht weiter verfolgt. Michael VIII. und sein Nachfolger Andronikus II. (1282–1328) mussten ihre Truppen von der Landesgrenze im Osten nach Kleinasien verlegen, um einem drohenden Kreuzzug aus dem Westen vorzubeugen.

Das Sultanat der Rumseldschuken in Konya (Iconium) stellte zunächst keine unmittelbare Bedrohung für die byzantinische Grenze im Osten dar, da es von Machtkämpfen unter den rivalisierenden Dynastien erschüttert wurde. Um dennoch militärisch schlagkräftig zu bleiben, bedienten sich die Seldschuken türkischer Nomaden, denen sie im Gegenzug Ländereien überließen. In der Folge drängten unzählige türkische Nomaden nach Kleinasien. Die türkischen Gebiete wurden von Emiren verwaltet, die sich mit der Zeit immer mehr von der Herrschaft der Seldschuken befreiten und sich auch nicht an zwischen Byzanz und Konya geschlossene Friedensverträge hielten. Zahlreiche türkische Kleinstaaten entstanden. Ab den 1260er-Jahren fielen sie regelmäßig in byzantinisches Hoheitsgebiet ein. Dagegen konnte Byzanz wenig ausrichten, da es seine Landesverteidigung auf große Städte wie Smyrna (Izmir) and Nicäa (Iznik) konzentrierte, das Um- und Hinterland blieb ungeschützt.

Diesen Umstand nutzten die Türken, um sich dauerhaft in der Region niederzulassen. Die Städte konnte Byzanz halten, doch diese wurden zunehmend isolierter, da das Umland nicht länger unter byzantinischer Herrschaft stand. Andronikus II. unternahm einige Feldzüge nach Kleinasien, um die Situation unter Kontrolle zu brin-

Die Verteilung der osmanischen (türkischen) Emirate im frühen 14. Jahrhundert. Innerhalb von 100 Jahren stieg das osmanische Emirat, das Konstantinopel am nächsten lag, zur vorherrschenden Macht in Anatolien auf.

gen, musste aber stets zu früh abziehen, weil die Lage im Westen seine Anwesenheit in Konstantinopel erforderte. Eine byzantinische Stadt nach der anderen fiel in die Hand der Türken: Smyrna 1329, Nicäa 1331, Nikomedia 1339 und schließlich Philadelphia, das bis 1392 gehalten werden konnte.

Das einst byzantinische Kleinasien wurde nun von einer Reihe türkischer Emirate beherrscht. In der Nähe von Konya lag Karaman, das 1316 Konya einnahm und damit das Sultanat der Seldschuken beendete. Zukunftsweisend war allerdings die Entstehung eines Grenzfürstentums im Nordwesten Anatoliens unter dem ogusischen Hordenführer Ertogul, dessen Sohn Osman I. Ghasi (1258–1326) namengebend für das spätere Reich und seine Dynastie wurde.

Osman gewann nach und nach die Oberhand über die benachbarten türkischen Stämme und dehnte sein Machgebiet auf Kosten des Byzantinischen Reichs aus. 1326 eroberte er Bursa und machte es zur Hauptstadt seines Reichs. Sein Sohn Orhan (1326–1362) baute die osmanische Machtstellung in Kleinasien weiter aus, überschritt das Marmarameer und leitete somit die osmanische Expansion Richtung Europa ein. 1346 heiratete er die Tochter des byzantinischen Kaisers. Osman und Orhan gelten als Begründer des Osmanischen Reichs, das über den gesamten Balkan und den östlichen Mittelmeerraum herrschte. Ihre Grabmäler wurden im 19. Jahrhundert wieder aufgebaut und können heute in der Zitadelle, die über die Dächer von Bursa blickt, besichtigt werden.

DER VERLUST KLEINASIENS

Georgos Pachymeres, Universalgelehrter und Diakon der Hagia Sophia in Konstantinopel, verfasste ein imposantes Geschichtswerk über Byzanz. Er gibt Michael VIII. die Schuld am Verlust Kleinasiens, da der Kaiser dort zu hohe Steuern erhoben hätte: »Die dortigen Einwohner konnten das Geld für die geforderten Steuern nicht aufbringen, ließen von der vergeblichen Mühe ab und liefen nach und nach zu den Türken über, die sie für bessere Herrscher hielten als den Kaiser. Das Rinnsal der Abtrünnigen verwandelte sich in eine Flut. Die Türken setzten sie als Führer und Verbündete gegen jene ein, die dem Kaiser treu geblieben waren. Zuerst, um die Gebiete der Kaisertreuen zu plündern, doch bald, um das Land zu besiedeln, das sie erobert hatten.«

DIE MARITIME LIGA

Westeuropa versäumte es zunächst, auf die osmanische Eroberung in Kleinasien zu reagieren oder zu begreifen, welche Auswirkungen dies auf die Lage der Christen im Osten hatte. Doch als die Osmanen zu Beginn des 14. Jahrhunderts die Hafenstädte Ephesus und Smyrna einnahmen und sich so Zugang zur Ägäis verschafften, kamen sie der Handelsmacht Venedig ins Gehege. Die osmanischen Herrscher ließen sich von den Griechen Kriegsschiffe bauen, um christliche Schiffe zu überfallen. Venedigs Reichtum gründete sich unter anderem auf den Handel zwischen dem Byzantinischen und dem Heiligen Römischen Reich, und die Handelsschiffe, die in Konstantinopel an- und ablegten, waren für Piraterie besonders anfällig. Berühmt-berüchtigter Pirat wurde der türkische Emir Umur von Aydin, der 1341 über eine Flotte von 350 Schiffen und eine Armee von 15 000 Männern verfügte. Unterschlupf der Bande war eine Bucht in Smyrna, von der aus sie die gesamte Ägäis unsicher machte. Der besorgte Papst Clemens VI. (1342–1352) ließ eine maritime Liga bilden, die aus Kriegsschiffen von Venedig, Zypern und Rhodos bestand. Rhodos befand sich in der Hand der Johanniter. Das Kommando über die Flotte wurde Enrico d'Asti, dem lateinischen Patriarchen von Konstantinopel, anvertraut. Im September 1343 versammelte sich die Flotte in Negroponte auf der griechischen Insel Euböa. Anfangs scheint es einige Koordinationsprobleme gegeben zu haben, aber als die Schiffe im Oktober 1344 in Smyrna landeten, stellte sich heraus, dass Umur und seine Man-

HUMBERTS KREUZZUG

Der Feldzug unter dem französischen Adligen Humbert II., Dauphin von Viennois, wurde von einem Historiker als »das ergreifendste Kreuzzugsunternehmen jener Zeit« bezeichnet. Humbert war ein romantischer Charakter und hatte bereits seinen eigenen Ritterorden, den Orden der heiligen Katharina, gegründet. Die Wiedereroberung Smyrnas beflügelte seine Kreuzzugsphantasien ungemein, und er bat den Papst, ihm den Titel »Obergeneral des Kreuzzugs der Heiligen Römischen Kirche gegen die Türken und Ungläubige« zu verleihen. Humbert nahm das Kreuz und begab sich mit einer Einheit Freiwilliger im Herbst 1345 nach Smyrna. Dort angekommen, fand Humbert die Hitze unerträglich, er klagte, dass der Staub bis an die Knie seiner Männer reiche. Er unternahm einige Ausfälle, konnte die Türken aber nicht aus der Festung vertreiben, die hoch über der Stadt lag. Obwohl Humbert geschworen hatte, drei Jahre zu bleiben, kehrte er im November 1346 nach Frankreich zurück und verbrachte den Rest seiner Tage als Dominikanerbruder.

UMUR, »DER LÖWE ALLAHS«

Die Heldentaten von Umur, Emir von Aydin (1336–1344), wurden im 15. Jahrhundert von dem türkischen Dichter Enveri beschrieben, der Umur als den »Löwen Allahs« pries. Die Aussagen von Zeitgenossen sind allerdings weniger schmeichelhaft. Zwei Botschafter Venedigs, die den Emir 1345 in Ephesus trafen, berichteten, dass er unglaublich fett gewesen sei, mit einem Bauch »wie ein Weinfass«. Umur war in Seide gekleidet, trank Mandelmilch und verzehrte Eier, Gewürze und Reis mit einem goldenen Löffel. Trotz seines Ruhmes gelang es Umur nicht, die Christen aus Smyrna zu vertreiben, und 1348 wurde er bei einem Scharmützel getötet.

nen gerade auf Beutezug waren. Durch diesen glücklichen Umstand konnten die Christen die Hafenstadt besetzen und die vor Anker liegenden türkischen Schiffe verbrennen. Enrico d'Asti starb später bei einem Raubzug im Landesinneren.

Die Liga hatte der türkischen Piraterie in der Ägäis Einhalt geboten und den wichtigen Handelsstützpunkt Smyrna wiedererobert. Umur starb 1348, und in diesem Jahr wurde ein Vertrag mit dessen Bruder geschlossen, der zusicherte, die Flotte abzurüsten. Die christliche Liga wurde 1350 vom Papst aufgelöst. Smyrna wurde den Johannitern übergeben und blieb bis 1402 in deren Besitz. Durch den Erfolg der Liga übersahen die westeuropäischen Mächte die Bedrohung, die von den Türken über Land ausging. Von daher unternahmen sie nichts gegen die Osmanen, deren Machtbereich sich noch auf das nordwestliche Kleinasien beschränkte.

Eine venezianische Flotte belagert Chioggia, 1379. *Ausschnitt eines Gemäldes aus dem 16. Jh., Maler unbekannt. Die Kriegsschiffe aus Venedig bildeten das Herz der Seemacht, die bei der Unterstützung der Kreuzfahrerstaaten eine wichtige Rolle spielte. Mächtigster Rivale Venedigs war Genua. Die beiden Republiken führten einen jahrhundertelangen Kampf um die Handelsvorherrschaft im Mittelmeerraum.*

DIE EROBERUNG DES BALKANS

Am Bosporus, der Meerenge zwischen Europa und Kleinasien, lag Konstantinopel, und an den Dardanellen befand sich die Halbinsel Gallipoli, deren gleichnamige Stadt gut befestigt war. Diese beiden Orte bildeten Brückenköpfe nach Europa, die im frühen 14. Jahrhundert noch nicht in türkischer Hand waren. Hier kam den Osmanen ein glücklicher Zufall zuhilfe. In der Nacht des 2. März 1354 wurde Thrakien von einem schweren Erbeben erschüttert, das Gallipoli verwüstete. Noch am selben Tag überschritt Süleyman, ein Sohn von Orhan, die Dardanellen und nahm mit seiner Armee die Überreste Gallipolis ein. Ein erster Schritt in Richtung Europa.

1366 führte Amadeus VI. Graf von Savoyen einen Feldzug gegen die Osmanen an. Im selben Jahr nahm er die Stadt Anchialo ein und ordnete ihre Zerstörung an. 1367 schlug er die Türken bei Gallipoli und befreite den byzantinischen Kaiser Johannes Palaiologos, seinen Cousin, der ihn zu Hilfe gerufen hatte, aus bulgarischer Gefangenschaft. Doch die osmanische Expansion war nicht aufzuhalten. 1361 eroberten sie die byzantinische Stadt Adrianopel (heute Edirne), die neue Hauptstadt des Osmanischen Reichs, dem das Byzantinische

Die Selimiye-Moschee in Edirne wurde von dem berühmten osmanischen Architekten Mimar Sinan unter der Herrschaft von Sultan Selim II. (1566–1574) erbaut. Edirne (einst Adrianopel) ist nach Istanbul die größte türkische Stadt Europas und war von 1361 bis 1453 die Residenz des Osmanischen Reichs.

Reich tributpflichtig wurde. Die mit der Eroberung des Südbalkans einsetzende Einwanderung türkischer Nomaden führte unweigerlich zur Konfrontation mit den dort ansässigen immer noch christlichen Bauern. Die Serben setzen sich heftig zur Wehr, erlitten jedoch bei der Schlacht an der Maritza im September 1371 eine verheerende Niederlage. Ein christlicher Herrscher nach dem anderen auf dem Balkan wurde unterworfen. Die Serben wurden osmanische Vasallen, und ab etwa 1373 ereilte den bulgarischen Zaren sowie den byzantinischen Kaiser ein ähnliches Schicksal. Orhans Nachfolger Murad I. (1362–1389) legte sich den Sultanstitel zu, und die Osmanen waren die neuen Herren auf dem Balkan.

In den 1380er-Jahren verbündete sich der serbische Fürst Lazar (1371–1389) mit den Bosniern, und am 15. Juni 1389 traf seine Armee auf die von Murad I. Es kam zur Schlacht auf dem Amselfeld, die für die Serben zunächst günstig verlief, denn Sultan Murad wurde getötet. Doch sein Sohn Bajezid holte zum Gegenschlag aus, Fürst Lazar und Tausende seiner Soldaten fielen. Der siegreiche neue Sultan Bajezid I. (1389–1402) ließ einen Großteil der serbischen Gefangenen hinrichten, konnte seine Macht über Serbien festigen und belagerte 1394 Konstantinopel. Ein Kreuzzug der westlichen Mächte war das Einzige, was die Christen auf dem Balkan noch retten konnte.

KAISER DUSAN VON SERBIEN

Unter Stefan Dusan (1331–1355) hatte sich Serbien, das einst schwache Teilgebiet des Byzantinischen Reichs, zu einer ernstzunehmenden Macht entwickelt. Dusan hatte den byzantinischen Bürgerkrieg ausgenutzt, um den südlichen Balkan zu erobern. Er war damals der mächtigste Kaiser im südöstlichen Europa, seine Epoche gilt heute als Goldenes Zeitalter Serbiens. Ihm folgte sein Sohn Stefan Uros V. »der Schwache« auf den serbischen Thron, der die Invasion der Türken nicht abwehren konnte. 1459 wurde Serbien Teil des Osmanischen Reichs.

DIE JANITSCHAREN

Ein Grund für die unglaublich rasche Eroberung des Balkans durch die Osmanen lag in der Schlagkraft ihrer Armee. Die Elitetruppen der Infanterie bildeten die Janitscharen oder die »Neue Truppe« (türkisch: *Yeniçeri*). Sie entstanden zur Zeit der Eroberung von Adrianopel im Jahr 1361, unterstanden dem direkten Befehl des Sultans und stellten auch dessen Leibwache.

Die ersten Janitscharen-Einheiten umfassten noch Kriegsgefangene und Sklaven, gemäß dem Vorbild der Mamelucken. Später wurden sie systematisch zwangsrekrutiert: hauptsächlich vom Balkan, vor allem aus Serbien und Bosnien stammende Jungen wurden ausgewählt und zur Erziehung und Ausbildung in das Osmanische Reich gebracht. Die Janitscharen wurden die erste stehende Armee des Osmanischen Reichs. Ihre Ergebenheit an den Sultan und ihre Tapferkeit in der Schlacht wurden legendär. Sie nahmen an allen bedeutenden Feldzügen teil.

Ein Janitscharen-Kämpfer. Französische Illustration aus dem16. Jh. Die Janitscharen durften sich keinen Vollbart wachsen lassen, ein Schnauzer war aber erlaubt.

DIE SCHLACHT VON NIKOPOLIS

Manuel II., der hier auf einer Silbermünze abgebildet ist, herrschte über ein Byzantinisches Reich, das nur noch Konstantinopel umfasste. Nach der Niederlage in Nikopolis bereiste er hilfesuchend die Höfe Westeuropas. Er erntete viel Sympathie, bekam aber keine Unterstützung.

1394 erreichten den Westen Hilfeappelle des byzantinischen Kaisers Manuel II. Palaiologus (1391–1425) sowie des ungarischen Königs Sigismund (1387–1437). Es kursierte das Gerücht, Sultan Bajezid I. habe angekündigt, seine Truppen demnächst nach Frankreich führen zu wollen, mit Zwischenstopp in Rom, wo er sein Pferd am Altar des Petersdoms füttern wollte. Der Papst in Rom und der Gegenpapst in Avignon sprachen sich für einen Kreuzzug aus. Unter dem Banner von Johann Ohnefurcht, dem Grafen von Nevers und Sohn des Herzogs von Burgund, sammelte sich ein Kreuzzugsheer von mehr als 10 000 Mann. Trotz eines vielversprechenden Auftakts sollte die Schlacht von Nikopolis der letzte große Kreuzzug werden.

Die Kreuzfahrer Burgunds reisten in prächtiger Ausstattung, sie führten vierundzwanzig Wagenladungen kostbarer Zelte mit sich. Die Zelte waren aus grünem Samt und mit üppigen Goldstickereien versehen. Als sie im Juli 1396 in der ungarischen Hauptstadt Buda eintrafen, soll König Sigismund so beeindruckt gewesen sein, dass er ausrief, nun könne er die Türken aus Europa vertreiben, und sollte ihm der Himmel auf den Kopf fallen, so würde er ihn mit seiner Lanze aufhalten. Der Optimismus schien gerechtfertigt, und das französisch-ungarische Heer setzte sich Richtung Süden in Marsch. Zwei türkische Festungen konnten mühelos eingenommen werden. Als die Kreuzfahrer die Festung von Nikopolis (heute Nikopol, Bul-

DER HELD SKANDERBEG

Der bis heute allgegenwärtige albanische Nationalheld Skanderbeg war albanischer Fürst und erfolgreicher Anführer im Kampf gegen die Türken. Er wurde um 1405 als Georg Kastriota geboren, in jungen Jahren als Geisel an den Hof des Sultans nach Adrianopel geschickt, wo er als Angehöriger des Pagenkorps zum Islam übertrat und aufgrund seiner Tapferkeit den türkischen Namen Iskender Beg (Gebieter Alexander) erhielt, nach Alexander dem Großen. Nachdem er mit Auszeichnung einige Jahre in der Armee des Sultans gedient hatte, floh er 1444 aus Adrianopel, kehrte in seine Heimat zurück und schwor dem Islam ab. Er zettelte einen Aufstand gegen die türkische Herrschaft an. Über zwanzig Jahre lang konnte Skanderbeg mit geschickter Guerillataktik in zahlreichen Schlachten die türkischen Truppen in Albanien immer wieder vernichtend schlagen und das Land so vor der Besatzung retten.

Dabei erhielt er aus dem Westen wenig Hilfe. Als er 1466–1467 nach Rom reiste, um den Papst um finanzielle Unterstützung zu bitten, gab ihm dieser so wenig Geld, dass Skanderbeg gerade die Herbergsrechnung begleichen konnte. Als Skanderbeg im Januar 1468 starb, endete auch der Widerstand der Albaner gegen die Türken. Die meisten konvertierten zum Islam und fügten sich der türkischen Herrschaft. Dennoch ist Skanderbeg bis heute ein hochverehrter Nationalheld.

garien) belagerten, glaubte man an einen raschen Sieg, nach dem man sich der Befreiung Konstantinopels zuwenden könne.

Doch die Kreuzfahrer hatten die militärischen Fähigkeiten von Sultan Bajezid I. unterschätzt. Sobald er von dem neuen Kreuzzug erfuhr, brach er die Belagerung Konstantinopels ab und erreichte mit seiner gesamten Armee in weniger als drei Wochen Nikopolis – dieses Kunststück brachte ihm den Spitznamen Yilderim (»Blitz«) ein. Seine Ankunft kam für die Kreuzfahrer völlig überraschend: Sie saßen gerade beim Abendessen, als ein Bote mit der schlechten Nachricht hereinstürzte.

Am 25. September 1396 standen sich die beiden etwa gleich starken Armeen gegenüber. Die Franzosen bestanden auf ihrem Vorkampfrecht und lehnten die Ungarn als Vorhut ab. Die Ritter preschten gegen die türkische Spitze vor, die ungarische Infanterie versuchte zu folgen. Doch plötzlich standen die Franzosen vor einem tiefen Graben, der mit spitzen Holzpfählen befestigt war. Im gleichen Moment wurden sie von Bajezids schwerer Reiterei angegriffen, die im Hinterhalt gelauert hatte. Die französischen Ritter wurden niedergemacht, während die Ungarn das ganze Gewicht der vorrückenden osmanischen Armee zu spüren bekamen. Sigismund konnte im Schlachtgetümmel entkommen, doch Johann Ohnefurcht und unzählige französische Adlige wurden gefangen genommen. Viele ertranken bei dem Versuch, zu den in der Donau verankerten Schiffen zu schwimmen: Die Schiffe waren bereits so hoffnungslos überfüllt, dass die Flüchtenden von der Besatzung in die Fluten zurückgestoßen wurden.

Als Paris von der Niederlage erfuhr, »wurden alle Herzen von bitterer Verzweiflung und Gram ergriffen«, so ein Chronist. Kreuzzüge waren zwar weiterhin ein Thema, doch ein groß angelegter Feldzug gegen die Türken wurde nie wieder ins Auge gefasst, schon gar nicht von einem Land wie Frankreich, das von den Osmanen nicht unmittelbar bedroht war. Das Kämpfen gegen Muslime überließ man jetzt den christlichen Ländern, die an islamisches Herrschaftsgebiet grenzten.

Die Armee von Sultan Bajezid I., genannt »der Blitz«, vernichtet 1396 das Heer der Kreuzfahrer in der Schlacht von Nikopolis. Bajezid ist in der Mitte des Bildes sichtbar, er trägt einen großen weißen Turban. Miniatur aus dem Buch der Fertigkeiten, *das 1588 von dem osmanisch-türkischen Historiker Seyyid Loqman vollendet wurde. Es beschreibt die Geschichte der osmanischen Sultane bis zu Süleyman dem Prächtigen.*

NIEDERLAGE IN WARNA

Gegenüber: *Das Grabmal von Timur Lang (»der Lahme«, 1336–1405) in Samarkand. Der Mongolenherrscher führte von Samarkand aus skrupellose Eroberungsfeldzüge gegen Kleinasien und Indien. Nach seinem Tod zerfiel sein Reich.*

Unten: *Das Heer Timurs in der Schlacht. Persische Miniatur, 16. Jh. Timur besiegte 1402 die Osmanen und verzögerte so deren Eroberung von Konstantinopel um ein halbes Jahrhundert.*

Die Christen hatten 1396 in Nikopolis eine verheerende Niederlage erlitten, doch das Blatt wendete sich unerwartet zu ihren Gunsten, als Sultan Bajezid I. in einen Krieg mit dem gefürchteten Mongolenführer Timur-e Lang oder Tamerlan verwickelt wurde. Die Armee Bajezids wurde am 28. Juli 1402 in Ankara geschlagen. Der nahezu erblindete Sultan wurde gefangen genommen, in einen Eisenkäfig gesteckt und starb ein Jahr später. Die Belagerung Konstantinopels wurde aufgehoben, da das Osmanische Reich im Bürgerkrieg versank: Die zahlreichen Söhne Bajezids bekämpften einander um den Sultanstitel.

Aber Byzanz war nur eine kurze Ruhepause vergönnt. Nach zwanzig Jahren stand wieder ein unumstrittener Herrscher an der Spitze eines geeinten Osmanischen Reichs. Sultan Murad II. (1421–1451) belagerte 1422 Konstaninopel und nahm 1430 die byzantinische Stadt Selanik in Thessaloniki ein. Kaiser Johannes VIII. Palaiologus (1425–1448) appellierte wieder an den Papst und bat um die Sendung von Truppen, um Konstantinopel vor den Türken zu bewahren. Erneut verlieh er dem Wunsch Ausdruck, eine Einigung der orthodoxen mit der römisch-katholischen Kirche zu erzielen. 1438 nahm er mit einer großen Delegation am Konzil von Florenz teil und stimmte weitreichenden Forderungen nach Übernahme westlicher Bräuche und Glaubenslehren zu. Am 6. Juli 1439 erfolgte in der Hauptkirche von Florenz der feierliche Abschluss der Union.

Im Gegenzug wurde Johannes militärische Hilfe zugesagt. Der Papst sandte Kardinal Giuliano Cesarini als Legaten nach Ungarn, um ein Heer zu rekrutieren. Es bestand in erster Linie aus Ungarn und Polen unter König Ladislaus III. (1434–1444) sowie Serben unter Durad Brankovic (1427–1456). Westeuropa schickte keine Truppen, obwohl der Papst, der Herzog von Burgund und Venedig Unterstützung durch Kriegsschiffe versprachen.

Im Juni 1443 setzte sich eine 25 000 Mann starke Armee von Serbien aus in Bewegung, um die Türken anzugreifen. Sofia konnte ohne großen Widerstand eingenommen werden. Das Kreuzzugsheer marschierte weiter in Richtung Adrianopel, doch inzwischen war es Winter geworden, und das Heer musste jenseits der Donau das Lager aufschlagen. Ladislaus und Brankovic bezweifelten offensichtlich, die Türken wirklich schlagen zu können, und schickten 1444 einen Gesandten an den Hof Murads II., um einen Friedensvertrag für die Dauer von zehn Jahren auszuhandeln. Brankovic und die Serben zogen ab. Ladislaus war dem Zorn des Papstes allein ausge-

liefert. Cesarini warf ihm Verrat am Kreuzzug vor und drängte ihn, den Friedensvertrag zu brechen, ein Abkommen mit Ungläubigen sei ohnehin nicht gültig. Ladislaus gab widerstrebend nach und marschierte im September 1444 mit seinem Soldatenkontingent in osmanisches Hoheitsgebiet ein.

Der Sultan war über den Wortbruch der Christen entsetzt und eilte ihnen wutentbrannt entgegen. Die venezianische Flotte konnte das Übersetzen türkischer Verstärkungen aus Kleinasien nicht verhindern. Murad II. soll den Friedensvertrag an seine Standarte geheftet und ausgerufen haben: »Christus, wenn du Gott bist, wie deine Anhänger behaupten, bestrafe sie für ihre Niedertracht.« Als die Armeen in Warna am Schwarzen Meer aufeinandertrafen, standen den Christen dreimal so viele Osmanen gegenüber. Ein erbitterter Kampf setzte ein, und nach drei Tagen war das Schicksal des Kreuzzugsheeres besiegelt. Es wurde nahezu vollständig aufgerieben, Ladislaus und Cesarini kamen zu Tode. In Ungarn und Polen hielt sich hartnäckig die Legende, der erst zwanzigjährige Ladislaus habe die Schlacht überlebt und wäre bis ans Ende seiner Tage als wandernder Einsiedler umhergezogen, um seinen Wortbruch zu sühnen, der derart schreckliche Konsequenzen nach sich zog.

IBN CHALDUNS »NEUE WELT«

Die christliche Wiedereroberung Spaniens, der Aufstieg der Osmanen und die erfolgreichen Feldzüge Timurs beeinflussten die Universalgeschichte des bedeutenden islamischen Historikers Ibn Chaldun (1332–1406) aus Tunis. Sein Hauptwerk besteht aus sieben Bänden, wobei der erste, die *Muqaddima,* als eigenständiges Buch gilt. Darin argumentiert er, eine sesshafte Zivilisation sei unweigerlich dem Verfall ausgesetzt und würde durch aufstrebende Nomadenvölker ersetzt werden, deren Glauben stärker gefestigt sei. Dieser Kreislauf sei unabwendbar. Chaldun stützte seine Theorien auf den Untergang dekadenter, muslimischer Dynastien, die von dynamischeren Rivalen abgelöst worden waren. Chaldun war Diplomat in Kastilien und auch bei Timur. Er wusste, dass turbulente Zeiten eine neue Weltordnung nach sich ziehen. Er wird oft als Gründungsvater der Geschichtswissenschaft, der Soziologie und der Politikwissenschaft bezeichnet.

DER FALL VON KONSTANTINOPEL

Die Union zwischen der Ost- und Westkirche, die 1438 auf dem Konzil von Florenz besiegelt worden war, stieß beim byzantinischen Volk auf wenig Gegenliebe. Erzbischof Markus von Ephesus organisierte den kirchlichen Widerstand gegen die aufgezwungene Union und verweigerte seine erforderliche Unterschrift. Das Bündnis zwischen Byzanz und dem Westen, das viele Byzantiner als Verrat am orthodoxen Glauben empfanden, stand auf sehr unsicheren Beinen.

Der neue osmanische Sultan Mehmed II. (1451–1481) wollte das Werk Sultan Bajezids vollenden und belagerte im April 1453 Konstantinopel. Im Gegensatz zu Bajezid verfügte Mehmed jedoch über etwa 69 Kanonen, mit denen er die alten Statdmauern bombardierte. Der byzantinische Kaiser Konstantin XI. Palaiologus (1449–1453) schickte einen verzweifelten Hilferuf nach Rom. Papst Nikolaus V. (1447–1455) reagierte, indem er die Kirchenunion sofort wieder löste. Ein byzantinischer Chronist bemerkte bitter: »Rom hat uns genauso viel Hilfe gewährt wie der [Mamelucken] Sultan [von Ägypten].«

Dieses Wandgemälde aus dem 16. Jahrhundert im orthodoxen Kloster Moldovita in Rumänien zeigt die Belagerung Konstantinopels. Die massiven Stadtmauern aus römischer Zeit hatten jeglichen Angriffen über 1000 Jahre lang standgehalten (die Kreuzfahrer waren 1204 über die Hafenmauer am Goldenen Horn eingedrungen). 1453 wurden sie jedoch mit Kanonen beschossen, eine technische Neuerung, die die Schlagkraft der christlichen und muslimischen Armeen verstärkte.

Gegen die riesige Armee Mehmeds konnten die Byzantiner und ihre Verbündeten Venedig sowie Genua nur wenig ausrichten. In den Morgenstunden des 29. Mai 1453 brachen die Janitscharen durch eine Mauerbresche, die durch das Bombardement verursacht worden war, und gegen Mittag war alles vorüber. Kaiser Konstantin war tot, und die Stadt, die seinen Namen trug, war in türkischer Hand. Mehmed ritt auf einem weißen Pferd in die Hagia Sophia ein und erklärte die Kirche zur Moschee.

Die Kunde vom Fall Konstantinopels löste in Westeuropa Entsetzen aus. Der Papst rief umgehend zum Kreuzzug auf. Einer der Ersten, der dem Ruf folgte, war Philipp der Gute, Herzog von Burgund (1419–1467). Ohne den König von Frankreich oder einen anderen mächtigen Herrscher wollte er das Wagnis aber nicht eingehen. Am Ende fand sich kein Monarch, der sein Reich ungeschützt hinter sich lassen wollte, und der Feldzug Philipps kam nie zustande.

Bis zum Pontifikat von Pius II. (1458–1464) wurde kein ernsthafter Versuch unternommen, zum Gegenschlag auszuholen. Der betagte Pius konnte keinen weltlichen Herrscher zum Kreuzzug bewegen und versammelte daher in Ancona eine eigene Flotte. Im Juni 1464 nahm er im Petersdom das Kreuz und segelte dann gen Konstantinopel. Bei der Ankunft war er so schwach, dass er getragen werden musste, kurz darauf starb er. Seine Flotte, die den Enthusiasmus des Papstes für das Unterfangen nicht teilte, trat die Heimreise an. Konstantinopel, einst die größte Stadt des Christentums, verblieb in türkischer Hand und wurde wenige Jahre nach der Eroberung neue Hauptstadt des Osmanischen Reichs.

DIE BELAGERUNG BELGRADS

Militärische Auseinandersetzungen zwischen Christen und Osmanen endeten nicht immer in katastrophalen Niederlagen wie in Nikopolis, Warna und vor allem in Konstantinopel. Im Juli 1456 belagerten die Türken Belgrad, das damals zum Königreich Ungarn gehörte. Der ungarische Adlige Janos Hunyadi und Krieger walachisch-serbischer Herkunft führten die Verteidigung an. Der Franziskanermönch Giovanni da Capistrano predigte so wirksam für einen Kreuzzug, dass er Hunyadis Armee um Tausende von kriegsbegeisterten Bauern verstärken konnte. Hunyadi zerstörte die türkische Flotte, und die Belagerer wurden aus Belgrad vertrieben. Auf türkischer Seite gab es mehr als 13 000 Todesopfer.

DER LETZTE KAISER VON BYZANZ

Der byzantinische Historiker Doukas beschreibt die letzten Stunden von Konstantin IX., als die Türken am Morgen des 29. Mai 1453 in Konstantinopel einfielen: »Er stand verzweifelt auf den Mauern, Schwert und Schild in seiner Hand und rief laut: ‚Gibt es keinen Christenmenschen, der mir den Kopf abschlägt?' Er war einsam und verlassen. Dann verwundete ihn einer der Türken mit einem flachen Schwerthieb, daraufhin erwiderte er den Schlag. Ein zweiter Türke versetzte ihm von hinten einen tödlichen Hieb, und der Kaiser fiel zu Boden. Sie metzelten ihn wie einen gewöhnlichen Soldaten nieder, da sie nicht wussten, dass er der Kaiser war.«

Der letzte Kaiser des Byzantinischen Reichs war tot. Durch seinen heldenhaften Widerstand wurde er in den folgenden Jahrhunderten zu einer Art griechischem Volksheld, um ihn ranken sich viele Legenden. Etwa jene, dass Konstantin gar nicht gestorben sei, im letzten Augenblick sei ein Eingel niedergefahren, habe ihn in eine Marmorsäule verwandelt und diese in einer Höhle nahe der Stadtmauern versteckt. Eines Tages würde der Engel zurückkehren, die Säule wieder in den Kaiser verwandeln und ihm das Schwert in die Hand drücken, das er in seiner letzten Schlacht schwang. Dann würde der Kaiser die Türken aus Konstantinopel vertreiben.

RITTER DES MITTELMEERS

Der Ritterorden der Johanniter erlebte ein anderes Schicksal als die Templer (siehe Seite 175). Nach dem Abzug aus dem Heiligen Land verlegten die Johanniter ihren Sitz zunächst nach Zypern, doch als sie 1306 die Insel Rhodos vom Byzantinischen Reich eroberten, hatten sie eine neue Basis. Sie befestigten die Hauptstadt und den Hafen, bauten überall auf der Insel Burgen und hatten zudem Außenposten in Symrna (bis 1402) und in Bodrum (bis 1523). Anstelle der Wiedereroberung Jerusalems trat als neue Aufgabe des Ordens die Verteidigung des Mittelmeers gegen islamische Truppen. Die Johanniter bauten eine starke Galeerenflotte auf, die ein bedeutender Machtfaktor im östlichen Mittelmeerraum war.

Anfangs schenkten die Osmanen Rhodos wenig Aufmerksamkeit, da sie die Insel für einen unbedeutenden christlichen Außenposten hielten. Doch in den 1470er-Jahren wurde deutlich, dass die Türken einen Angriff planten. Großmeister Fulko de Villaret ließ Vorräte anlegen, um für eine Belagerung gerüstet zu sein. Im Frühling 1480 landete Sultan Mehmed II. mit einer Streitmacht von 15 000 Mann auf der Insel. Die Verteidiger verfügten nur über 3500 Mann, davon waren nur ein paar Hundert aktive Ordensritter. Die Stadtmauern von Rhodos waren heftigem Bombardement ausgesetzt. Trotzdem gelang es den Türken nicht, die Insel einzunehmen. Die erfolgreiche Verteidigung von Rhodos erhöhte das Prestige der Johanniter im Westen wie nie zuvor.

JEAN DE LA VALLETTE

Die erfolgreiche Verteidigung Maltas im Jahr 1565 war größtenteils das Verdienst von Jean de la Vallette (1494–1568, oben), einem Großmeister des Johanniterordens. Er stammte aus der Provence und war im Alter von zwanzig Jahren dem Johanniterorden beigetreten, der damals noch in Rhodos ansässig war. Er bereitete Malta so perfekt auf den Angriff der Türken vor, dass kein Soldat auf der notorisch an Wassermangel leidenden Insel hungern oder dursten musste. Vallettes taktisches Geschick und seine militärische Erfahrung verhinderten die Einnahme der Insel durch die Türken. Die Hauptstadt Valetta, die nach der Belagerung gegründet wurde, erhielt ihm zu Ehren seinen Namen. Sein Grab befindet sich in der Kathedrale der Stadt.

DIE TÜRKEN IN ITALIEN: OTRANTO

Zur Zeit der ersten Belagerung von Rhodos schien eine osmanische Invasion in Westeuropa zu drohen. Vorausgegangen war ein Raubzug einer päpstlichen Flotte in Kleinasien, daraufhin besetzte im August 1480 eine türkische Streitmacht Otranto, eine Hafenstadt am Stiefelabsatz Italiens. Die Einwohner wurden zusammengetrieben und in die Sklaverei verkauft. Erzbischof Stefano Pendinelli und viele Geistliche seines Gefolges wurden getötet. Die Gerüchte aus Otranto waren so schrecklich, dass der Papst erwog, nach Frankreich zu fliehen. Die Gefahr konnte jedoch rasch gebannt werden. Die Armee des Königs von Neapel und eine Flotte, die der Papst geschickt hatte, belagerten die türkische Garnison in Otranto, und am 10. September 1481 mussten die Osmanen kapitulieren.

Ein neuer osmanischer Übergriff war jedoch nur eine Frage der Zeit, und als im Juli 1522 türkische Schiffe vor Rhodos auftauchten, waren die Verteidigungsstreitmächte wesentlich größer als 1480. Sie umfassten etwa 7000 Truppen. Doch dieses Mal waren die Türken entschlossen, so lange zu bleiben, bis die Insel kapitulieren musste, was der Großmeister schließlich auch tat. Der Sultan gewährte den Rittern freien Abzug, und am 1. Januar 1523 segelten sie nach Westeuropa. Die Johanniter hatten mehr als zwei Jahrhunderte über Rhodos geherrscht.

1530 wurde den Johannitern vom Heiligen Römischen Kaiser Malta als Sitz zugewiesen – worüber sie nicht besonders begeistert waren, da die Insel karg und arm war. Sie war auch nicht leicht zu verteidigen, was sich im Frühjahr 1565 zeigte, als sich Malta gegen eine dritte Belagerung durch die Osmanen zur Wehr setzen musste. Großmeister Jean de la Vallette sorgte für eine heroische Verteidigung, bis rettende spanische Truppen aus Sizilien eintrafen.

Die Johanniter hatten wieder freie Hand, um die Schifffahrt der muslimischen Staaten am Mittelmeer erfolgreich zu attackieren und in osmanische Gebiete in Griechenland und auf Zypern einzudringen. Ihre Präsenz auf Malta wurde aber nicht durch die Türken beendet, sondern durch Napoleon Bonaparte, der die Insel 1798 als Basis für seine eigenen Operationen im Mittelmeerraum eroberte. In den darauffolgenden Jahrhunderten widmete sich der Orden wieder seiner eigentlichen Bestimmung: der Pflege der Kranken und Schwachen. Heute sichtbarer Zweig der Johanniter sind die Rettungswagen, die auf der ganzen Welt zum Einsatz kommen.

Oben: *Bei der erfolgreichen Verteidigung von Malta im Jahr 1565 spielte das Fort St. Elmo, das sich am Großen Hafen von Valetta befindet, eine wichtige Rolle. Die heutige Befestigung des Hafens (oben) wurde nach der Belagerung errichtet.*

Gegenüber: *Jean de la Vallette, Großmeister des Johanniterordens. Spätes Porträt von François-Xavier Dupré (1803–1871).*

DIE REFORMATION

Anfang des 16. Jahrhunderts wurde die Stellung der katholischen Kirche durch ein Ereignis erschüttert, das auch für den Kreuzzugsethos weitreichende Konsequenzen haben sollte. 1517 prangerte der Augustinermönch Martin Luther (1483–1546) den Ablasshandel der Kirche an, der unter anderem für die Finanzierung der Kreuzzüge genutzt wurde. Luther warf der Kirche vor, etwas zu verkaufen, was Gottesgeschenk war. Der Tauschhandel Sündenerlass gegen Geld oder Kriegsdienst sei kein menschenmögliches Werk. Gottes ewige Gerechtigkeit sei eine reine Gnade, die dem Menschen nur durch den Glauben an Jesus Christus zuteil werden könne.

Die Kritik an der kirchlichen Finanzpolitik wurde bald zu einem Generalangriff auf das Papsttum, das von Luther und seinen Anhängern als Teufelsinstrument angesehen wurde, um Christen vom rechten Weg abzubringen. Die nachfolgende Entwicklung führte

WERTVOLLES ALAUN

Nicht nur der Verkauf von Ablassbriefen wurde als Einnahmequelle der Kirche genutzt, um etwaige Kreuzzüge zu finanzieren: Ab Mitte des 15. Jahrhunderts kam der einträchtige Handel mit Alaun hinzu. Der sogenannte Alaunstein ist ein natürlich vorkommendes Mineral, das zum Färben und Gerben von Stoffen, also für die Tuchherstelllung, gebraucht wurde. Dieses Mineral wurde im Norden von Symrna (Izmir) in Kleinasien abgebaut und war wertvolle Handelsware der Türken. 1461 entdeckte man im italienischen Tolfa reiche Alaunvorkommen. Tolfa gehörte seinerzeit zum Kirchenstaat.

Zusammen mit der Familie Medici betrieb die Kirche das erste europäische Alaunwerk. Das päpstliche Monopol auf den Alaunhandel war extrem lukrativ.

zur Auflösung der Einheit der lateinischen Kirche und zur Herausbildung eigenständiger protestantischer Kirchen in England, Schottland und Norddeutschland. Diese Kirchen weigerten sich, den Papst als Oberhaupt ihrer Gemeinschaft anzuerkennen.

Für die Protestanten war der Kreuzzug nur eine weitere Irrlehre, die vom Papst verbreitet wurde. »Welch Schande«, schrieb Luther, »dass uns der Papst so lange Zeit mit dem Krieg gegen die Türken geködert hat, unser Geld nahm, so viele Christenmenschen zerstört und so viel Unheil angerichtet hat!« Seiner Ansicht nach hatte Gott die Türken instrumentalisiert, um die Christen, insbesondere das Papsttum, für begangene Sünden zu bestrafen. Zum Beweis führte Luther die verheerende Niederlage von Warna im Jahr 1444 und andere gescheiterte Kreuzzüge an.

Fortan wurde die Verteidigung des Christentums gegen die Türken, bei der der Papst stets eine tragende Rolle gespielt hatte, von protestantischen Ländern anders aufgefasst. Der englische Domherr John Foxe war sich unsicher, ob der Sultan oder der Papst »der blutigere und bösartige Feind Christi« sei. Ein englischer Bischof schrieb 1571, wenn die Osmanen in Italien einmarschierten, dann würden sie wenigstens »die Grausamkeit des Antichristen [der Papst] im Zaum halten«.

Als die Türken 1529 vor Wien lagerten, änderte auch Luther seine Ansichten. In *Eine Heerpredigt wider den Türken* (1529) fordert er, den Kampf gegen die »Geißel Gottes« unvermindert fortzusetzen, allerdings nicht durch den Papst, sondern durch einen weltlichen Herrscher. Der berühmte Humanist Erasmus von Rotterdam (um 1469–1536) appellierte hingegen für Frieden: Ein Krieg gegen die Türken solle nur im äußersten Notfall erfolgen, um christliche Länder zu verteidigen. In seiner Schrift *Süß scheint der Krieg den Unerfahrenen* (1515) heißt es: »Es ist jetzt schon soweit gekommen, dass man den Krieg allgemein für eine annehmbare Sache hält und sich wundert, dass es Menschen gibt, denen er nicht gefällt.«

Das Modell eines geeinten Christentums, das sich dem muslimischen Feind entgegenstellt, starb jedoch nie völlig aus. Als die Nachricht über den Sieg des katholischen Don Juan de Austria bei der Seeschlacht von Lepanto gegen die Türken 1571 das protestantische England erreichte, machte sich großer Jubel breit. Kirchenglocken wurden geläutet, Freudenfeuer entzündet, Festbankette veranstaltet. Der calvinistische König Jakob VI. von Schottland (der spätere König Jakob I. von England) feierte den Sieg von Lepanto, indem er ein episches Gedicht verfasste. Hauptaussage des Werks: Wenn Gott falschen Christen einen solchen Sieg schenkt, wie viel gnadenreicher wäre er doch gegenüber echten Gläubigen.

Gegenüber: *Dämonen krönen den Gegenpapst, aus einer Handschrift des 14. Jahrhunderts. Luthers Angriff auf das Papsttum griff die Forderung nach einer Kirchenreform wieder auf, die in der Zeit des abendländischen Schisma laut geworden war.*

Unten: Bildnis des schreibenden Erasmus von Rotterdam, *Hans Holbein der Jüngere (1497–1543). In seinem* Ausz rathschlage Herren Erasmi von Rotterdam die Türcken zu bekriegen *(1530) weist der bedeutende Humanist und Philosoph auf zwei Fehleinschätzungen hin. Die erste sei, die Türken als wilde Barbaren hinzustellen, da Christen häufig weitaus schlimmere Gräueltaten begingen. Die zweite sei, tatenlos zuzusehen, wie die Osmanen Osteuropa überrollen und »unsere Brüder einer Knechtschaft ausliefern, die sie nicht verdient haben«.*

DIE SCHLACHT VON LEPANTO

Der Heilige Römische Kaiser Karl V. (1519–1556) herrschte über halb Europa. Im Alter von sechs Jahren erbte er von seinem Vater Belgien, die Niederlande und den nördlichen Teil des Herzogtums Burgund. Ein Großvater vermachte ihm die Königreiche Spanien und Neapel, ein anderer das Reich der Habsburger. Die spanischen Kolonien in Amerika versorgten das riesige Reich mit Gold im Überfluss. Karls einzige Konkurrenten im Kampf um die Vorherrschaft Europas waren der König von Frankreich und der Sultan des Osmanischen Reichs. Sultan Selim I. (1512–1520) eroberte Syrien und Ägypten, somit wurde Jerusalem Teil des Osmanischen Reichs. Süleyman der Prächtige (1520–1566) nahm 1522 Rhodos ein und siegte 1526 in der Schlacht von Mohács über Ludwig II. von Ungarn. Damit stand er vor den Grenzen der Länder Habsburgs.

Doch die weitaus größere Bedrohung stellten die Türken im Mittelmeerraum dar. 1529 erkannten die Korsaren, die berühmt-berüchtigten Piraten der nordafrikanischen Küste, den türkischen Sultan als Oberherrn an und wurden dessen Verbündete. 1569 entrissen die Türken den Venezianern das Königreich Zypern. Die christlichen Mächte entschlossen sich, die direkte Konfrontation mit der osmanischen Flotte zu suchen. Die Republik Venedig und Spa-

Die Schlacht von Lepanto, 1571, *Bild (16. Jh.) eines unbekannten venezianischen Malers. In Lepanto fand die größte Seeschlacht der damaligen Zeit statt. Dabei standen 275 osmanische Schiffe 209 christlichen gegenüber, an den Kampfhandlungen müssen mindestens 100 000 Männer teilgenommen haben. 117 türkische Schiffe wurden versenkt und 80 gekapert. Etwa 30 000 Türken fielen oder wurden gefangen genommen, auf christlicher Seite waren 8000 Todesopfer zu beklagen.*

nien einigten sich, eine gemeinsame Flotte in das östliche Mittelmeer zu entsenden. Oberbefehlshaber war Don Juan de Austria, ein Halbbruder des spanischen Königs Philipp II. und unehelicher Sohn von Karl V. Am 7. Oktober 1571 trafen die Schiffe der Heiligen Liga vor der Meerenge von Lepanto in Südgriechenland auf die türkische Flotte. Die größte Seeschlacht der damaligen Zeit dauerte nur einen Tag. Obwohl die Türken über mehr Schiffe verfügten, unterlagen sie der Heiligen Liga, die besser bewaffnet war. Mit diesem Sieg wurde der Mythos der Unbesiegbarkeit der Osmanen gebrochen. Er war deshalb psychologisch sehr wichtig, konnte aber nicht gewinnbringend genutzt werden, da kein ausreichendes Landheer zur Verfügung stand.

Sultan Selim II. (1566–1574), war über die Niederlage so wütend, dass er drei Tage und Nächte lang kein Auge zutat, bemerkte jedoch: »Ihr Ungläubigen habt meinen Bart nur versengt. Er wird wieder nachwachsen.» Die osmanische Flotte erholte sich rasch von dem Verlust, die Schiffswerften in Konstantinopel arbeiteten ohne Unterlass, um die einstige Stärke der Flotte wiederherzustellen. Kurz nach der Schlacht von Lepanto setzten sich die Türken endgültig auf Zypern fest. Die Heilige Liga wurde wieder aufgelöst. 1574 gelang es den Türken, die Spanier von ihrem Außenposten in Tunis zu vertreiben. Der osmanische Traum von einer Weltmacht zur See sollte sich trotzdem nicht erfüllen.

Hutschmuck, der für Don Juan de Austria gefertigt wurde, den Sieger der Seeschlacht gegen die Türken bei Lepanto.

DIE KORSAREN

Die osmanische Seemacht wurde durch die Allianz mit den Korsaren beträchtlich verstärkt. Die Korsaren waren Piraten an der nordafrikanischen Küste, ihre Zentren waren die Barbareskenstaaten Algier, Tripoli und Tunis. 1518 verbündete sich der Korsar Khair ad-Din Barbarossa mit dem osmanischen Sultan, um Algier in seine Gewalt zu bringen, was auch gelang.

Khair ad-Din wurde Herr von Algier und 1532 zum Oberbefehlshaber der osmanischen Mittelmeermarine ernannt. Der Westen nannte ihn den »Schrecken der christlichen Seefahrt«. Nach 1587 wurden die Korsaren zunehmend unabhängig. Sie überfielen nicht nur Schiffe, sondern auch an der Küste gelegene Dörfer und Städte, deren Einwohner in die Sklaverei verschleppt wurden. Nicht alle Korsaren waren Muslime (sie rekrutierten viele Christen), und ihre Aktivitäten beschränkten sich nicht nur auf den Mittelmeerraum. Im 17. Jahrhundert lebten die Bewohner der Südküsten Irlands und Englands in ständiger Angst vor Angriffen der Korsaren. Selbst als die Kriegsflotten Englands und Frankreichs die Gefahr von ihren Ländern abgewendet hatten, überfielen die Korsaren bis ins 18. und 19. Jahrhundert hinein Schiffe anderer Nationen. Dies führte unter anderem zum ersten Krieg (1801–1805) der jungen Vereinigten Staaten und brachte der amerikanischen Flotte einen entscheidenden Sieg über die Barbareskenstaaten ein, der indirekt die Gründung des United States Marine Corps zur Folge hatte. Die Eroberung Algeriens durch Frankreich im Jahr 1830 besiegelte endgültig den Niedergang des Korsarentums.

DIE HOCHKULTUR DER OSMANEN

Zentrales Anliegen des Osmanischen Reichs war keineswegs nur die Kriegsführung. Jeder mächtige Sultan war gleichzeitig ein Förderer der schönen Künste und der Architektur und stiftete den Bau einer Großmoschee, die neben dem überkuppelten Gebetsraum eine Bibliothek, ein Bad (Hamam), ein Hospiz sowie Schulen umfasste. Dort wurden Studien aller Art betrieben, manche Moscheen hatten auch ein Observatorium.

Bei ihrer Schirmherrschaft der Kunst waren die Sultane sehr wählerisch: Sie beschäftigten die besten Handwerker und Baumeister der Völker, die sie erobert hatten. Die beiden bedeutendsten osmanischen Architekten, Christodoulos und Mimar Sinan, waren Griechen. Die Sultane importierten auch Luxusgüter aus anderen Reichen, vor allem chinesisches Porzellan, das die osmanische Keramikkunst stark beeinflusste. Die Verschmelzung von islamischer, byzantinischer und klassisch antiker Kultur im Osmanischen Reich führte zu einer unglaublichen Kunstfertigkeit, die man heute noch besonders in der Architektur bewundern kann. Die Innenaustattung der Prachtbauten, etwa des Topkapi-Palastes in Istanbul, zeugt vom erlesenen Geschmack der damaligen Sultane.

Beeindruckendes Vermächtnis des Osmanischen Reichs ist die Süleymaniye-Moschee in Istanbul, die 1550–1557 für Süleyman den Prächtigen erbaut wurde. Sie gilt als Meisterstück des Architekten Sinan. Die Hauptkuppel ist von 400 kleineren Kuppeln umgeben, die ein Krankenhaus, eine Armenküche, eine Bibliothek, ein Badehaus, ein Hospiz, eine Koranschule und Süleymans Grabmal beherbergen. Zwischen den Gebäuden befinden sich Gärten mit Springbrunnen. Der riesige Komplex spiegelt nicht nur die osmanische Macht und Herrlichkeit wider, er ist auch Ausdruck der Menschenfreundlichkeit, die im Koran gepredigt wird.

Die Fayencen und Kacheln, die im späteren 15. Jahrhundert in Nicäa (Iznik) hergestellt wurden, weisen eine Farbenpracht und Mustervielfalt auf, die bis heute unerreicht ist. Damit wurden die Innenwände der Moscheen in Konstantinopel verkleidet. Die Blaue Moschee von Sultan Ahmed I. (1603–1617) hat

ihren Namen von den blau-weißen Fliesen aus Iznik, die die Kuppel und den oberen Teil der Mauern zieren. Auch der Topkapi-Palast und die Moschee von Rustem Pasa sind mit wunderbaren Iznik-Fliesen ausgeschmückt.

Eine weitere osmanische Kunst überflügelte die bis dahin bekannte islamische Tradition: die Buchillustration. Die Sultane beauftragten versierte Maler, um Miniaturen für ihre Handschriften und Chroniken anzufertigen. Die Illustrationen aus jener Zeit weisen eine unübertroffene Farbenpracht auf. Das *Buch der Glückseligkeit*, das von Sultan Murad III. (1594–1595) in Auftrag gegeben wurde, markiert die Blütezeit der osmanischen Buchkunst. Es beschreibt die zwölf Sternzeichen und enthält unvergleichliche Malereien sowie Miniaturen.

Oben: *Die Süleymaniye-Moschee in Istanbul wurde in den 1550er-Jahren im Auftrag von Süleyman dem Prächtigen (1520–1566) von Mimar Sinan erbaut. Unter der Herrschaft von Süleyman dem Prächtigen befand sich das Osmanische Reich im Zenit seiner Macht. Der griechische Architekt Sinan sollte sein bedeutendster Baumeister werden.*
Gegenüber: *Tanzende Derwische. Das schnelle Drehen ist Ausdruck religiöser Hingabe. Türkische Miniatur.*
Links: *Innenraum des Vierten Hofes des Topkapi-Palastes in Istanbul, der jahrhundertelangen Residenz der osmanischen Sultane.*

DAS ENDE DER KREUZZÜGE

Im Juli 1683 fiel der osmanische Großwesir Kara Mustafa Pascha mit einer riesigen Armee in die Länder der Habsburger ein und belagerte Wien. Die Stadt war nach der ersten Belagerung durch die Osmanen im Jahr 1529 zu einer Artilleriefestung ausgebaut worden, und die Wiener konnten bis zum 11. September standhalten, als ein Entsatzheer unter König Johann III. Sobieski von Polen eintraf. Die gesamte christliche Streitmacht ging zum Generalangriff über. Auch die Wiener begannen mit einem Ausfall, als sie sahen, dass die Schlacht am Kahlenberg zugunsten der Christen ausging, und stürmten die Laufgräben der Türken. Die osmanischen Befehlshaber konnten sich über eine Taktik für einen Zweifrontenkrieg nicht einigen. Das Türkenheer flüchtete überstürzt.

Angesichts der permanenten türkischen Bedrohung hatte die katholische Kirche den Kreuzzugsgedanken aufrechterhalten. 1684 gelang es Papst Innozenz XI., den polnischen König Johann Sobieski und den Heiligen Römischen Kaiser Leopold I. zu einem Defensivbündnis zu überreden. Innozenz XI. unterstützte das Bündnis und den Kampf gegen die Türken mit 1,5 Millionen Gulden. Auch Venedig sowie Tausende Freiwillige schlossen sich dem Bündnis an.

Zwischen 1684 und 1697 gelang es dem Defensivbündnis immer wieder, die Türken zurückzuschlagen. Das lag teils daran, dass die westlichen Streitkräfte über eine modernere Ausrüstung als die Osmanen verfügten. Die Janitscharen, einst der Schlüssel zum Erfolg des türkischen Heeres, beharrten auf ihrer bewährten Kampftechnik und wehrten sich gegen technische Neuerungen im Kriegswesen. Nach dem Frieden von Karlowitz, der im Januar 1699 geschlossen wurde, musste der Sultan ganz Ungarn an Österreich abtreten, auch Venedig, Polen und Russland erhielten Gebiete zurück. Die Türkengefahr, die seit dem Fall Konstantinopels 1453 und der Niederlage von Nikopolis 1396 Europa in Bann gehalten hatte, war endgültig vorbei. Das Osmanische Reich trat in die lange Phase seines Niedergangs ein, die 1923 mit seiner Auflösung endete.

Doch auch die Zeit der Kreuzzüge war vorüber. Philosophen wie John Locke (1632–1704), David Hume (1711–1776) sowie Voltaire (1694–1778) argumentierten, Religion beschränke sich auf die persönliche Überzeugung des Einzelnen, in die sich Staat oder Kirche tunlichst nicht einzumischen hätten, geschweige denn, sie als Vorwand für Feldzüge gegen Andersgläubige zu nutzen. Kreuzzüge galten nicht länger als heroische Verteidigung eines bedrohten Christentums, sondern als grausames Phänomen des finsteren Mit-

DAS OSMANISCHE REICH AUS DIPLOMATISCHER SICHT

Sir Paul Rycaut (1628–1700) wurde 1660 zum englischen Botschaftssekretär in Konstantinopel ernannt. Er verfasste ein Werk über die Geschichte der Türken und deren Reich. Seine Beschreibung fiel sehr negativ aus, und zwar nicht, weil die Türken keine Christen waren, sondern weil ihre Regierungsform auf »Sklaverei« basierte, die von »Härte, Gewalt und Grausamkeit« gekennzeichnet war. Rycaut beschreibt eine absolutistische Herrschaft, bei der das Volk der Willkür des Sultans schutzlos ausgeliefert ist. Doch seiner Ansicht nach entsprach diese Lebensform dem Naturell der Türken, genau so, wie die Engländer naturgemäß unter dem Schutz des Gesetzes standen, gegen das selbst der König machtlos war. Die Sichtweise Rycauts entspricht der westeuropäischen Auffassung der damaligen Zeit: Die »Orientalen« galten zwar als faszinierend und exotisch, aber gleichzeitig als äußerst verdorben und grausam.

telalters. Hume beschrieb die Kreuzzüge als »das beachtlichste und dauerhafteste Monument menschlichen Irrsinns, das jemals von einem Zeitalter oder von einer Nation hervorgebracht wurde«. Große Denker wie Hume oder Voltaire waren keineswegs Verehrer der Osmanen, deren Herrschaftssystem sie für rückständig hielten. Doch als Vertreter der europäischen Aufklärung verlangten sie eine Abkehr von der christlich-mittelalterlichen Lebenshaltung. Nur die Vernunft, nicht der Glaube, sei imstande, die Wahrheit ans Licht zu bringen. Als eine der wichtigsten Errungenschaften der Aufklärung gilt die Verabschiedung der ersten demokratischen Verfassungen der Neuzeit sowie die Niederschrift unveräußerlicher Menschenrechte.

Die Beziehung zwischen Westeuropa und dem Osmanischen Reich sollte sich später auf wirtschaftliche und strategische Belange begründen. Während des Krimkrieges (1854–1856) verbündeten sich England und Frankreich sogar mit den Türken gegen Russland.

Die Belagerung Wiens, 1683, *Bild eines unbekannten Künstlers aus dem 17. Jahrhundert. Nur das beherzte Eingreifen von König Johann III. Sobieski von Polen verhinderte, dass die Stadt von den Truppen Kara Mustafas erobert wurde. Der rasche Abzug der Türken hätte einen entscheidenden Sieg der Österreicher nach sich ziehen können, doch das Volk weigerte sich, dem polnischen König zu dienen, der sich daraufhin über die Undankbarkeit jener beschwerte, die er gerettet hatte. Kara Mustafa wurde kurze Zeit später auf Befehl des Sultans von den Janitscharen ermordet.*

9

VERMÄCHTNIS DER KREUZZÜGE

CAROLE HILLENBRAND

KREUZZUGS-LEGENDEN

Heimkehrender Kreuzfahrer, *Gemälde von Carl Friedrich Lessing (1808–1880). Der müde alte Mann trägt das Banner und die Abzeichen des Deutschen Ritterordens. Der Orden war zur Zeit des dritten Kreuzzugs am Ende des 12. Jahrhunderts im Heiligen Land gegründet worden. Er besteht bis heute. Die zahlreichen Heldentaten des Ritterordens inspirierten viele deutsche Künstler der Romantik, auch Lessing, der als Landschafts- und Historienmaler berühmt wurde.*

Das Bild des Orients, respektive der muslimischen Welt, das in Westeuropa vorherrschte, wurde auch von den Kreuzzügen geprägt. Das wiederaufflammende Interesse des Westens für den Orient wurde maßgeblich durch den Ägyptenfeldzug Napoleons im Jahr 1798 ausgelöst. Erst danach begann man sich ernsthaft mit der wissenschaftlichen Erforschung der Kreuzzüge auseinanderzusetzen. Zwischen 1841 und 1906 erschien in Frankreich eine sechzehnbändige Ausgabe über die Geschichte der Kreuzzüge mit dem Titel *Recueil des historiens des Croisades,* herausgegeben von der Pariser Akademie der Inschriften und schönen Künste. Im Gegensatz zu den Denkern der Aufklärung, die Kreuzzüge als irrationalen Fanatismus dargestellt hatten, erschienen die Ereignisse nun in positiverem Licht.

Lange Zeit war die Dichtung einflussreicher als die Erforschung historischer Quellen, wenn es um die Kreuzzüge ging. Das Stanzen-Epos von Torquato Tasso etwa, *Das befreite Jerusalem* (1581), das ein fiktives Gefecht zwischen Christen und Muslimen am Ende des ersten Kreuzzuges während der Belagerung von Jerusalem beschreibt, diente vielen Künstlern des 19. Jahrhunderts als Inspirationsquelle. Die Ritterromantik löste die Entstehung von unzähligen Lyrik- und Prosawerken, Gemälden, Liedern und Opernlibretti aus. Der Ritter war nicht nur Inbegriff des edlen Helden, er war auch Verfechter eines aufrechten Christentums, das sich gegen die Expansion der Muslime zur Wehr setzen musste.

Benjamin Disraeli (1804–1881), der britische Premierminister und Autor, besuchte 1831 die Gräber der Könige der Kreuzfahrerstaaten, und mehrere seiner Romane spielen im Nahen Osten. Maler wie David Roberts (siehe Gemälde gegenüber), Edward Lear und Jean-Léon Gérome stellten Landschaften des Heiligen Landes dar. Rossini, Verdi und andere Komponisten schrieben Opern, deren Handlung an Schauplätzen der Kreuzzüge angesiedelt war. Romantische Gedichte der Franzosen Alphonse de Lamartine und Gérard de Nerval beschworen Bilder des Orients herauf. Der englische Poet William Wordsworth schrieb vier Sonnette über die Kreuzzüge.

In diesem Zusammenhang verdient Sir Walter Scott (1771–1832) besondere Aufmerksamkeit, da seine Ritterromane unglaublich populär waren. Er nahm 1818 in einem Essay über das Rittertum zwar eine kritische Haltung ein, insgesamt scheint er die Thematik jedoch romantisch betrachtet zu haben. Sein Werk trug enorm zur

Verklärung der Kreuzzüge bei. *Der Talisman* (1825), eine Erzählung aus der Zeit der Kreuzfahrer, war besonders beliebt. Darin wird Sultan Saladin als nobler Heide geschildert; hier folgt Scott den Legenden, die bereits im Mittelalter über Saladin kursierten. Doch Scott geht noch einen Schritt weiter: Saladins Widersacher Richard Löwenherz weist »alle Grausamkeiten eines östlichen [Herrschers] auf«, während Saladin »die tiefe Anständigkeit und Klugheit eines europäischen Herrschers verkörpert«.

Doch wahrscheinlich wirkte sich die Malerei noch stärker als die Literatur auf die Vorstellungen aus, die sich die Menschen im viktorianischen Zeitalter vom Orient und den Kreuzzügen machten. Denn farbenprächtige Gemälde schilderten, wie das Kreuz zu den Heiden gebracht wurde, wie mächtige Christen ferne Länder für sich beanspruchten, sie erzählten vom Zauber des Fremden und der tiefen Mystik des Mittelalters. Sie spiegelten den aufkeimenden Nationalstolz der viktorianischen Ära wider, der die englische Gesellschaft im 19. Jahrhundert prägte und bis heute überdauert hat. Die Malerei sprach das Unterbewusstsein der Menschen an und hatte von daher eine tiefere Auswirkung als jede wissenschaftlich fundierte Schilderung der Kreuzzüge.

Für die Muslime des 19. Jahrhunderts war Königin Viktoria der Inbegriff des westlichen Herrschers. Der Imperialismus Englands, Frankreichs und Deutschlands in nicht christlichen Ländern war zwangsläufig mit christlicher Mission verbunden. Das zeigt sich auch an dem Titel *Eroberungen des Kreuzes,* unter dem eine Reihe höchst erfolgreicher Bücher erschien. Letztlich war es Patriotismus,

Das Damaskustor in Jerusalem, *Gemälde von David Roberts (1839). Die Kreuzzüge passten gut in das Orientbild, das im 19. Jahrhundert in Europa vorherrschte. Der israelische Literaturwissenschaftler Edward Said (1935–2003), der einen Großteil seines Lebens im Libanon verbrachte, nannte den Orient »einen Ort voller Romantik, exotischer Wesen, unvergesslicher Erinnerungen und Landschaften«.*

»FEIND DER ZIVILISATION«

Der französische Schriftsteller François-René de Chateaubriand (1768–1848) reiste 1806 nach Palästina und wurde zum päpstlichen Ritter der Grabeskirche ernannt. Sein Reisetagebuch *Itinéraire de Paris à Jérusalem et de Jérusalem à Paris* (1811) schildert die Kreuzzüge als Konflikt zwischen dem Islam und der »Zivilisation«:

»Bei den Kreuzzügen ging es nicht vorrangig um die Befreiung der Grabeskirche, sondern darum, was sich langfristig durchsetzen würde: eine Religion [Islam], die der Feind der Zivilisation war und die Unwissen, Despotismus und Sklaverei begünstigte, oder eine Religion, die den Genius einer altehrwürdigen Weisheit im Menschen erweckt hatte und die die Knechtschaft abgeschafft hatte.«

DER ERSTE WELTKRIEG: »EIN WICHTIGER KREUZZUG«

Manche sprachen vom Ersten Weltkrieg als »Krieg, der allen Kriegen ein Ende setzt«, als Kampf der Kulturen, der ausgefochten werde, um die Militärmacht Deutschlands zu erhalten. Einige Geistliche sahen im Weltkrieg einen Kreuzzug zur Verteidigung der Freiheit und zur Befreiung der heiligen Stätten aus der Hand der deutschen Verbündeten, dem Osmanischen Reich. Der britische Vikar Basil Bourchier schrieb: »Das ist nicht nur ein Heiliger Krieg. Es ist der Heiligste, der jemals geführt wurde … [Der Heidengott] Odin stellt sich gegen Christus. Berlin will seine Oberhoheit über Bethlehem beweisen.« Der britische Premierminister David L. George erklärte 1916 : »Junge Männer aus dem ganzen Land strömten unter dem Banner des internationalen Rechts zusammen, wie bei einem großen Kreuzzug.« Als Jerusalem 1917 von den Engländern erobert wurde, veröffentlichte das *Punch*-Magazin einen Cartoon. Richard Löwenherz blickt auf Jerusalem herab und sagt: »Endlich wird mein Traum wahr.«

der Kreuzzugshelden wie Ludwig IX. in Frankreich, Richard Löwenherz in England und Friedrich Barbarossa in Deutschland hervorgebracht hatte. Belgien, das erst 1830 entstand, erinnerte sich stolz an Geoffroi von Bouillon.

Das Ansehen einer Adelsfamilie hing davon ab, ob einer ihrer Vorfahren an den Kreuzzügen teilgenommen hatte. Nur wessen Familienbanner tatsächlich bis nach Palästina getragen worden war, konnte von sich behaupten, von »echtem« Adel zu sein. Im 19. Jahrhundert versuchte man, den Templerorden wiederzubeleben. Der Aufruf an die Johanniter, sich auf ihr ritterliches Erbe zu besinnen und das Heilige Land von den Osmanen zurückzuerobern, verhallte allerdings ungehört. Der Orden widmete sich, wie zur Zeit seiner Gründung, der Pflege der Kranken und Bedürftigen.

Der Kreuzzugsbegriff wurde auch auf militärische Aktionen übertragen, die nichts mit der ursprünglichen Idee zu tun hatten. So wurde etwa der Krimkrieg (1854–1856) als eine Art Kreuzzug für die Erhaltung der heiligen Stätten gesehen, obwohl sich Frankreich und England mit dem Osmanischen Reich gegen Russland verbündeten. Der deutsche Kaiser Wilhelm II. (1888–1918) reiste 1898 in den Nahen Osten und legte in Damaskus auf dem Grab Saladins einen Bronzekranz nieder. Der Kranz, der mit arabischen Schriftzeichen versehen ist, wurde im Ersten Weltkrieg von T. E. Lawrence, »Lawrence von Arabien«, erbeutet und ist heute in London.

MARK TWAIN IM HEILIGEN LAND

Die Idealisierung der Kreuzzüge spielte in den Vereinigten Staaten keine wesentliche Rolle. Wahrscheinlich auch deshalb, weil die junge Nation davor zurückschreckte, etwas zu verherrlichen, was mit der Alten Welt in Verbindung stand. Kreuzzüge standen auch für den katholischen Glauben, den man im 19. Jahrhundert als unamerikanisch ablehnte. Begriffe wie Adel, Feudalismus und Religionskriege waren seinerzeit in den Vereinigten Staaten stark umstritten.

Der amerikanische Schriftsteller Mark Twain bereiste 1867 Europa und das Heilige Land. Seine Beobachtungen hielt er in *Die Arglosen im Ausland* (1869) fest, seinem erfolgreichsten Werk zu Lebzeiten. Mit feiner Ironie beschreibt er die angeblichen heiligen Reliquien, die von katholischen Mönchen in der Grabeskirche gehütet werden. Mehr als alle christlichen Reliquien hat ihn offenbar das Schwert von Geoffroi von Bouillon beeindruckt:

»Keine christliche Klinge strahlt einen derartigen Zauber aus – keine Klinge unter all jenen, die in den Ahnengalerien Europas vor sich hin rosten, vermag es, beim Betrachter solch romantische Phantasien zu erwecken, kein Schwert schwafelt so viel von ritterlichen Taten oder beschwört solche Heldengeschichten der alten kriegerischen Zeit … Es erzählt von Balduin, Tankred, dem edlen Saladin und dem großartigen Richard Löwenherz. Mit solchen Klingen haben diese romantischen Helden einst Männer gespalten und seine eine Hälfte sozusagen hierhin, die andere dorthin fallen lassen.«

Zahlreiche Kriege im 20. Jahrhundert wurden als Kreuzzug bezeichnet, zum Beispiel der Spanische Bürgerkrieg und die Landung der Alliierten während des Zweiten Weltkriegs. Am 6. Juni 1944 erklärte General Dwight D. Eisenhower seinen Soldaten, sie würden sich nun auf einen bedeutenden Kreuzzug begeben.

Der symbolhafte Charakter der Kreuzzüge war und ist vielseitig einsetzbar. Für die Maler und Dichter der Romantik stellten die Kreuzzüge eine schier nicht versiegen wollende Inspirationsquelle dar. Sie verkörperten einen »gerechten Krieg« gegen den fremdartigen Osten. Für Nationalisten aller Herren (westlicher) Länder sind sie grundsätzlich ein Feldzug gegen feindliche Mächte, und viele heutige militärische Angriffe werden im Namen eines Kreuzzugs geführt.

Doch die Kreuzzüge erwecken nicht nur Gedanken an Ritterromantik. Sie haben Abertausende unschuldige Menschenleben gekostet, ganze Landstriche verwüstet und viele unermessliche Kulturgüter für immer zerstört. Manche Christen wurden von Schuldgefühlen ergriffen, der britische Historiker Sir Steven Runciman beschrieb die Kreuzzüge »als tragische und zerstörerische Affäre«. Anlässlich des 900. Jahrestags des Massakers von Jerusalem wurde 1999 von Christen folgendes Statement verfasst: »Wir bedauern zutiefst die Gräueltaten, die im Namen Christi von unseren Vorfahren begangen wurden.«

Die Einnahme Jerusalems durch die Kreuzfahrer am 15. Juli 1099, *von Emile Signol (1804–1892). Die Franzosen waren sich über ihre tragende Rolle bei den Kreuzzügen durchaus bewusst. In den 1830er-Jahren wetteiferten französische Adelsfamilien darum, ihr Wappen im Salles des Croisades in Versailles unterzubringen, den der König eigens für verdienstvolle Kreuzzugsteilnehmer eingerichtet hatte.*

ISLAMISCHE REAKTION AUF DEN WESTEN

Die islamische Welt reagierte auf den westlichen Imperialismus unterschiedlich. Der ägyptische Gelehrte Abd al-Rahman al-Jabarti (1754–1825) verfasste zwei Berichte über den Ägyptenfeldzug Napoleons im Jahr 1798. Er warf den Franzosen vor, ihre Revolution aus rein materiellen Gründen angezettelt zu haben. Doch als die Franzosen von den Osmanen vertrieben wurden, verlieh er seiner Bewunderung für die europäischen Wissenschaften Ausdruck und kritisierte das muslimische Gesellschaftswesen.

Die muslimische geistige Elite des 19. Jahrhunderts lässt sich in zwei Gruppen aufteilen: Eine war offen für westliche Einflüsse und Erkenntnisse. Zu ihr gehört zum Beispiel der Inder und Muslim Sir Sayyid Ahmad Khan (1817–1898), der den westlichen Fortschritt und das Bildungsniveau Europas in den Islam integrieren wollte. Die Traditionalisten hingegen verlangten eine Rückkehr zu den ursprünglichen Werten des frühen Islam, zu einer Gesellschaft, die von äußeren Einflüssen noch unberührt war, vor allem von europäischen. Sie wollten die Prinzipien des Koran erhalten.

Als die Vereinigten Staaten im 19. Jahrhundert zur Großmacht aufstiegen, behielten die Traditionalisten ihre Position umso mehr bei. Gruppierungen wie die Muslimische Bruderschaft in Ägypten bekämpften korrupte islamische Machthaber, um einen geeinten Muslimstaat auf Erden errichten zu können. Ihr Anführer Sayyid Qutb (1906–1966), der von Präsident Nasser wegen Hochverrats hingerichtet wurde, sprach von dem uralten Konflikt zwischen dem Islam und den »Ungläubigen«, dazu zählte er Christen, Hindus und Kommunisten.

Qutb war stark von dem ideenreichen indischen Autor Sayyid Abu'l A'la Mawdudi (1903–1979) beeinflusst, der sich für eine reine Lehre des Islam stark machte. Seine Schriften waren für viele radikale Muslime bahnbrechend, die in den Koranschulen Pakistans ausgebildet wurden, vor allem für die Taliban in Afghanistan. Der *Dschihad* spielt in den Theorien Mawdudis eine zentrale Rolle, und sein Buch *Dschihad im Islam* erfuhr unzählige Auflagen. Mawdudi betonte stets den universellen Charakter des Islam – es geht nicht um das Wohl einer einzelnen Nation oder eines Landes, sondern um das Schicksal der gesamten islamischen Welt.

Der Begriff *Dschihad* ist in jüngster Zeit im Westen ein wenig überstrapaziert worden und unterstellt dem Islam, grundsätzlich eine aggressive Religion zu sein. Tatsächlich gibt es weltweit fundamentalistische Gruppen, die dem christlichen Westen einen blutigen

PANARABISMUS UND DIE MACHT DER KREUZZUGS-METAPHER

Ein Jahr nach der Suezkrise von 1956, als der Versuch Großbritanniens, Frankreichs und Israels, den Suezkanal zu besetzen, von den Ägyptern erfolgreich abgewehrt worden war, schrieb der ägyptische Historiker Mohammed Kamal Husayn: »Der Kampf, den die Führer der arabischen Befreiungsbewegung heute führen, ist der gleiche, der in der Vergangenheit von den Ayyubiden und Mamelucken gegen die Kreuzfahrer geführt wurde. Die Araber waren damals siegreich, und sie werden es auch heute sein.«

Bei solchen Aussagen scheint es wenig zu stören, dass die Ayyubiden (auch Saladin) von den Kurden abstammten und dass die Mamelucken ein Türkenvolk waren. Im Vordergrund steht der Sieg der Araber über westliche Aggressoren (die Kreuzzüge).

Napoleon Bonaparte reitet in die Große Moschee von Kairo ein, *Gemälde von Henri Lévy (1841–1904). Der zeitgenössiche ägyptische Gelehrte Abd al-Rahman al-Jabarti kritisierte Napoleons Besetzung von 1798. Er nannte die Franzosen »Materialisten, die jegliche Gottesgaben verleugnen, das Jenseits und die Wiederauferstehung und die das Prophetentum ablehnen«. Gleichzeitig beeindruckte ihn das Heer an Gelehrten, das Napoleon mitbrachte, um die Flora, Fauna sowie die Baukunst Ägyptens zu erforschen.*

Kampf ansagen, doch diese Haltung wird natürlich nicht von der gesamten islamischen Glaubensgemeinschaft geteilt. Die wörtliche Übersetzung des arabischen Worts *Dschihad* bedeutet »Bemühen« und bezeichnet den allumfassenden Einsatz für die Sache Allahs, der, falls erforderlich, auch einen Krieg gegen erklärte Feinde des Islam beinhalten kann, aber nicht muss. Seit den 1970er-Jahren verwenden islamistische terroristische Gruppierungen den Begriff in ihrem Namen, zum Beispiel die palästinensische Untergrundorganisation, die damit ihre Bereitschaft zu Terroranschlägen anzeigt.

Die Kreuzzüge und vor allem das Massaker in Jerusalem im Jahr 1099, bei dem die Christen Muslime in ihrer heiligsten Moschee, der al-Aksa-Moschee niedermetzelten, wurden von den Muslimen natürlich als westliche Aggression ausgelegt. Dementsprechend

Gegenüber oben: *Diese irakische Gedenk-Briefmarke erinnert an den »Jerusalem-Tag« von 1988. Präsident Saddam Hussein ließ sich zusammen mit Sultan Saladin abbilden, da er sich als »zweiter Saladin« begriff.*

Gegenüber unten: *Diese saudiarabische Briefmarke erschien anlässlich des 800. Jahrestages von Saladins Sieg über die Kreuzfahrer bei Hattin 1187. In der Mitte steht der Felsendom, der schemenhafte Reiter mit dem Schwert ist Saladin.*

Unten: *Monumentalstatue von Saladin, flankiert von einem Kämpfer. Sie steht vor der aus dem Mittelalter stammenden Zitadelle von Damaskus, der Hauptstadt Syriens. Hinter der Statue befindet sich Saladins Grabmal. Am rechten unteren Ende der Statue sieht man zwei besiegte Franken: König Guido von Jerusalem, der eine Tasche mit Lösegeld trägt, und Rainald von Chatillon, dessen Blick verrät, dass er nicht damit rechnet, zu überleben.*

wird der Kreuzzugsbegriff auch von manchen modernen islamischen Politikern eingesetzt. Demnach waren die Kreuzfahrerstaaten »Urkolonien«, Vorläufer der Einnahme Ägyptens durch Napoleon und des Mandats nach 1918, als Großbritannien und Frankreich arabische Gebiete des einstigen Osmanischen Reichs besetzten und unter das Mandat des Völkerbunds stellten. Dies führte schließlich 1948 zur Gründung des Staates Israel, ein Ereignis, das viele arabische Bewegungen dazu veranlasste, die ruhmreiche Vergangenheit heraufzubeschwören, als sich im 12. und 13. Jahrhundert mächtige muslimische Herrscher erfolgreich gegen die Franken zur Wehr setzten.

Für manche Muslime ist der Kampf gegen die Kreuzfahrer auch heute noch nicht vorüber, Qutb etwa sprach vom »internationalen Kreuzfahrerwesen« und meinte damit den westlichen Machtanspruch auf nicht christliche Gebiete. Die Tatsache, dass sich in Jerusalem die heiligsten Stätten dreier großer Weltreligionen befinden, erleichtert den Konflikt nicht gerade, da jede Partei die andere beschuldigt, ihre Stätten zu entweihen. Der Türke Mehmet Ali Agca, der 1981 ein Attentat auf den Papst verübte, schrieb: »Ich habe beschlossen, Papst Johannes Paul II. zu töten, den Oberbefehlshaber der Kreuzzüge.«

Manche Muslime setzten das lateinische Königreich von Jerusalem mit dem Staat Israel gleich. Der Umstand, dass das Königreich christlich war und Israel jüdisch ist, scheint nicht weiter ins Gewicht zu fallen, es geht wohl grundsätzlich darum, dass Ungläubige muslimische Gebiete besetzt halten. Gruppierungen wie die Hamas (Islamische Widerstandsbewegung) und die Hisbollah (Partei Gottes) kämpfen unter einer religiösen (islamischen) Flagge um die Befreiung Palästinas aus den Händen Israels sowie gegen die westliche Intervention der »Kreuzfahrer«, die Israel unterstützen.

Obwohl die meisten Muslime solche extremen Ansichten nicht teilen, ist unbestritten, dass Jerusalem für viele Muslime nach wie vor Brennpunkt ist, wie nach 1099, als die Heilige Stadt von den Franken besetzt wurde, bis sie von Saladin 1187 zurückerobert wurde. Ein ähnlich schwerer Schlag für die muslimische Welt war der Verlust Jerusalems beim Sechstagekrieg 1967. Der Verlust war umso schmerzlicher, weil im gleichen Jahr von einem australischen (christlichen) Glaubensfanatiker ein Brandanschlag auf die al-Aksa-Moschee verübt wurde. Bei dem Anschlag wurde die schöne Kanzel zerstört, die Nur ad-Din in Auftrag gegeben hatte und die 1187 unter Saladin in die Moschee gebracht worden war.

Der Begründer der Islamischen Republik Iran, Ayatollah Khomeini, unterstützte den anti-zionistischen Kampf um die Befreiung Jerusalems. Während des Iran-Irak-Krieges in den 1980er-Jahren erhielten iranische Soldaten Karten, auf denen ihre Route vom Irak nach Jerusalem verzeichnet war. Khomeini erklärte den letzten Freitag des Ramadan zum »Jerusalem-Tag«. Eine iranische Briefmarke von 1980, die an den »Universellen Jerusalem-Tag« erinnert, hat als Aufschrift den Satz: »Lasst uns Jerusalem befreien«, und zwar in arabisch, persisch und englisch. In der gesamten muslimischen Welt sind Briefmarken mit dem »Jerusalem-Tag« verbreitet, auf manchen ist der Felsendom oder Saladin zu Pferde abgebildet, der zurückkehrt, um die Stadt wiederzuerobern.

Der sagenumwobene Sultan Saladin, der die Christen so erfolgreich zurückschlug, wurde von vielen modernen islamischen Machthabern als historisches Vorbild genutzt. Gamal Abdel Nasser in Ägypten und Saddam Hussein im Irak strebten danach, ein »zweiter Saladin« zu werden. Obwohl Saladin kurdischer Abstammung war, wurde die Heldenfigur von Arabern und militanten islamischen Gruppen vereinnahmt, die darauf aus sind, die »Kreuzfahrer«, die *Salibiyyun* (Träger des Kreuzes), aus dem Westen zu bekämpfen. Für viele verkörpert Saladin den heroischen Geist des arabischen Volks; für andere steht er für die Vereinigung des Nahen Osten unter der Flagge des Islam.

SADDAM, DER »ZWEITE SALADIN«

Der Diktator Saddam Hussein stellte sich gerne als zweiter Saladin dar und berief sich auf den Fakt, dass sowohl er als auch Saladin aus Tikrit stammten. Saddam soll sogar sein Geburtsdatum geändert haben, damit es auf den gleichen Tag wie Saladins fällt. Im Juli 1987, dem 800. Jahrestag von Saladins Sieg über die Kreuzfahrer bei Hattin (siehe Seiten 74–75), wurde in Tikrit eine Jubiläumskonferenz abgehalten, die »Die Befreiungsschlacht: von Saladin bis Saddam Hussein« hieß. Im gleichen Jahr erschien ein Kinderbuch mit dem Titel *Saladin der Held*; den Umschlag zierte ein Foto von Saddam. Das Buch schilderte die Heldentaten von Saddam, dem »zweiten Saladin«. Ironischerweise ließ Saddam Tausende kurdischer Landsleute Saladins ermorden, und im Gegensatz zu seinem Vorbild war der Diktator weder für seine Weisheit noch für seine Milde berühmt.

AUFEINANDERPRALLEN VON KULTUREN?

SCHMERZLICHE ERINNERUNG

Der palästinensische Dichter Mahmud Darwish (geboren 1941) schildert in seinem Buch *Ein Gedächtnis für das Vergessen* eindrucksvoll, wie die Israelis 1982 in den Libanon einmarschierten. Dabei vergleicht er die Bombardierung Beiruts auch mit der Besetzung des Heiligen Landes durch die Kreuzfahrer. Das Vermächtnis der Kreuzzüge scheint nicht ausgelöscht werden zu können. Doch Darwish wird vor allem dafür verehrt, dem kollektiven Schmerz über Vertreibung und Exil und der unsterblichen Liebe zu einer verlorenen Heimat ergreifend Ausdruck verliehen zu haben. Seine Werke sind in mehr als 20 Sprachen übersetzt worden, und er wurde vielfach ausgezeichnet.

Der Historiker Bernard Lewis war der Erste, der den Begriff »Aufeinanderprallen von Kulturen« benutzte, um 1990 die »vielleicht irrationale, aber sicherlich historisch begründete Reaktion eines uralten Rivalen [Islam] auf unser jüdisch-christliches Erbe« zu beschreiben. Seine These wurde von dem amerikanischen Politikwissenschaftler und damaligen Berater des US-Außenministeriums, Samuel Huntington, aufgegriffen. Huntingtons *Kampf der Kulturen*, das 1996 herauskam, wurde kontrovers diskutiert, wohl auch deshalb, weil er die westliche und die islamische Welt stark polarisierte.

Huntington geht von einer Verlagerung des Konfliktes zwischen Ideologien, die die nationalstaatlich verfassten Bündnisse geprägt hatten, zu einem Konflikt zwischen Zivilisationen aus, weil diese bei der Eindämmung der westlichen Dominanz mit ihrer Geschichte, ihren Sprachen, ihren Wertvorstellungen und ihren Religionen die höchste sinnstiftende Einheit geworden seien. Die Auffassung, eine ökonomische Modernisierung bringe gleichzeitig auch den Durchbruch westlicher Werte mit sich, hält Huntington für falsch. Er fordert eine Geopolitik der Macht, angeführt von den USA, und regt zudem die Stärkung der westlichen Identität nach Außen und Innen

an. Man solle die »blutigen Grenzen« zwischen dem Islam und dem Westen nicht unterschätzen.

Viele hielten Huntingtons Sicht für zu stark vereinfachend, die er im übrigen inzwischen auch wieder revidiert hat. Dennoch war sein Buch sehr einflussreich. Der palästinensische Literaturwissenschaftler Edward W. Said (1935–2003) warf Lewis und Huntington vor, eine comic-hafte Welt darzustellen, »in der Popeye und Pluto gnadenlos aufeinander eindreschen«, die innere Dynamik und Vielfalt einer Zivilisation werde überhaupt nicht berücksichtigt. Wie jede andere Weltreligion sei auch der Islam keine untrennbare Einheit, man dürfe nicht glauben, ein persisch sprechender Schiit aus dem Iran sei das Gleiche wie ein arabisch sprechender Sunnit aus Saudi-Arabien, nur weil beide Muslime seien. Man dürfe auch nicht davon ausgehen, dass indonesische und türkische Muslime große Sympathie füreinander hegten. Und wie passen arabische Christen in Huntingtons Modell? Sie fühlten sich sowohl mit ihrer arabischen Herkunft als auch mit ihrem Glauben verbunden.

Dass die Videobotschaften von Usama bin Laden nach dem Terroranschlag vom 11. September derart viel Aufmerksamkeit bekommen, hilft der Mehrheit der Muslime, die betont, Islam und Terrorismus seien unvereinbar, wenig. Die Dämonisierung des Islam und die Angst vor Muslimen greifen immer weiter um sich. Dafür sorgen natürlich auch die Kampfansagen von Usama gegen die »globalen Kreuzfahrer« (die Vereinigten Staaten und ihre Verbündeten).

Und wie steht es mit der westlichen Seite dieses Aufeinanderprallens? Nach dem 11. September sagte Präsident George W. Bush: »Dieser Kreuzzug, dieser Kampf gegen den Terrorismus, wird einige Zeit dauern.« Seine Berater versicherten rasch, er hätte das nicht wortwörtlich gemeint, trotzdem ging ein Sturm der Entrüstung durch die islamische Welt. Man darf bezweifeln, ob den westlichen Politikern bewusst ist, dass sich der Begriff »Kreuzzug« vom lateinischen *crux* (Kreuz) ableitet. Die Araber benutzen für Kreuzzug kein einzelnes Wort,sondern bezeichnen ihn als *harb al-salib* (Krieg des Kreuzes), *harb salibiyya* (Kreuzkrieg) oder *hamla salibiyya* (Angriff des Kreuzes). Es ist kein Wunder, dass Muslime auf diesen Ausdruck empfindlich reagieren.

Es wäre wünschenswert, wenn die Propagandamaschinerie in West und Ost mit den Begriffen Kreuzzug und *Dschihad* etwas vorsichtiger umginge. Jene, die von einem »Kreuzzug« sprechen, vergessen gerne, dass die Kreuzzüge auch gegen Christen geführt wurden. Christen haben sich mit Muslimen verbündet. Und jene, die über Saladins Eroberung von Jerusalem jubeln, vergessen, dass seine Nachfahren die Stadt 39 Jahre später an die Franken zurückgaben.

Oben: *Die jahrhundertelangen Feindseligkeiten zwischen Christentum und Islam sollten durch eine Annäherung der Oberhäupter der beiden Glaubensgemeinschaften abgemildert werden. Als erster Papst in der Geschichte betrat Papst Johannes Paul II. am 6. Mai 2001 eine Moschee. Er wurde von Sheikh Ahmad Kuftaro, dem Großmufti von Syrien, in der Moschee in Damaskus willkommen geheißen. Die Moschee wurde im 8. Jahrhundert von den Umayyaden erbaut.*

Gegenüber: *Die während des Bosnienkriegs schwer beschädigte Stadt Mostar in Bosnien-Herzegowina. Das Wahrzeichen Mostars ist die »Alte Brücke« oder Stari Most über die Neretva, die von 1556 bis 1566 von dem osmanischen Architekten Mimar Hajrudin erbaut wurde. Die Brücke wurde am 9. November 1993 durch massiven Beschuss von kroatischer Seite zerstört und später völlig neu errichtet.*

WEITERFÜHRENDE LITERATUR

Allgemein

Angenendt, Arnold. *Toleranz und Gewalt. Das Christentum zwischen Bibel und Schwert.* Münster, 2008.

Barth, Reinhard, et al. *Chronik der Kreuzzüge.* Gütersloh, 2005.

Borst, Arno. *Lebensformen im Mittelalter.* Berlin, 2004.

Cole, Penny J. *The Preaching of the Crusades to the Holy Land, 1095–1270.* Medieval Academy of America: Cambridge, Massachusetts, 1991.

Ellenblum, Ronnie. *Frankish Rural Settlement in the Latin Kingdom of Jerusalem.* Cambridge University Press (CUP): Cambridge und New York, 1998.

Folda, Jaroslav. *The Art of the Crusaders in the Holy Land, 1098–1187.* CUP: Cambridge und New York, 1995.

Harris, Jonathan. *Byzantium and the Crusades.* Hambledon Press: London und New York, 2003.

Hillenbrand, Carole. *The Crusades: Islamic Perspectives.* Edinburgh University Press: Edinburgh, 1999.

Jaspert, Nikolas. *Die Kreuzzüge.* Darmstadt, 2006.

Kedar, Benjamin Z. *Crusade and Mission: European Approaches toward the Muslims.* Princeton University Press (PUP): Princeton, 1984.

Kirstein, Klaus-Peter. *Die lateinischen Patriarchen von Jerusalem. Von der Eroberung der Heiligen Stadt durch die Kreuzfahrer 1099 bis zum Ende der Kreuzfahrerstaaten 1291.* Berlin, 2002.

Maalouf, Amin. *Der heilige Krieg der Barbaren. Die Kreuzzüge aus der Sicht der Araber.* München, 2003.

Marshall, Christopher. *Warfare in the Latin East, 1192–1291.* CUP: Cambridge und New York, 1992.

Mayer, Hans Eberhard. *Geschichte der Kreuzzüge.* Stuttgart, 1995.

Phillips, Jonathan. *Defenders of the Holy Land: Relations between the Latin East and the West, 1119–1187.* Clarendon Press: Oxford und New York, 1996.

Pernoud, Régine. *Die Kreuzzüge in Augenzeugenberichten.* München, 1971.

Prawer, Joshua. *Die Welt der Kreuzfahrer.* Leipzig, 1994.

Richard, Jean. *The Latin Kingdom of Jerusalem.* (Trans. Janet Shirley.) North Holland: New York, 1979.

Riley-Smith, Jonathan. (Herausgeber) *Die Kreuzzüge: Kriege im Namen Gottes.* Freiburg, Basel, Wien, 1999.

Riley-Smith, Jonathan. (Herausgeber) *Die Illustrierte Geschichte der Kreuzzüge.* Frankfurt, 1999.

Riley-Smith, Jonathan. *Wozu heilige Kriege? Anlässe und Motive der Kreuzzüge.* Berlin, 2003.

Runciman, Steven R. *Die Geschichte der Kreuzzüge.* München, 2006.

Smail, R. C. *Crusading Warfare, 1097–1193.* 2. Auflage. CUP: Cambridge und New York, 1995.

Staehle, Ernst. *Die Geschichte der Johanniter und Malteser: Die Hospitaliter im Königreich Jerusalem.* Gnas, 2002.

Thorau, Peter. *Die Kreuzzüge.* München, 2007.

Veyne, Paul. *Als unsere Welt christlich wurde. Aufstieg einer Sekte zur Weltmacht.* München, 2008.

Kapitel 1

Aslan, Reza. *Der Glaube der Muslime von Muhammad bis zur Gegenwart.* München, 2006.

Blumenthal, Uta-Renate. *Gregor VII. Papst zwischen Canossa und Kirchenreform.* Darmstadt, 2001.

Brown, Peter. *Die Entstehung des christlichen Europa.* München, 1999.

Der Koran. *Erschlossen und kommentiert von Adel Theodor Khoury.* Düsseldorf, 2005.

Haehling, Raban von. (Herausgeber) *Rom und das himmlische Jerusalem. Die frühen Christen zwischen Anpassung und Ablehnung.* Darmstadt, 2000.

Halm, Heinz. *Der Islam. Geschichte und Gegenwart.* München, 2004.

Ostrogorsky, Georg. *Byzantinische Geschichte 324–1453.* München, 2006.

Kapitel 2

Angold, M. *The Byzantine Empire 1025–1204.* Longman: London, 1984.

Breuers, Dieter. *Sterben für Jerusalem. Ritter, Mönche, Muselmanen und der Erste Kreuzzug.* Bergisch Gladbach, 2000.

Demurger, Alain. *Die Ritter des Herrn. Geschichte der geistlichen Ritterorden.* München, 2003.

Köbel, Christian David. *Die Rolle Bohemunds von Tarent bei der Belagerung von Antiochia.* (Studienarbeit) München und Ravensburg, 2006.

Lobrichon, Guy. *Die Eroberung Jerusalems im Jahre 1099.* Stuttgart, 2001.

Pernoud, Régine. *Die Kreuzzüge in Augenzeugenberichten.* München, 1971.

Kapitel 3

Demurger, Alain. *Die Templer. Aufstieg und Untergang 1120–1340.* München, 2004.

Hamilton, B. *The Leper King and his Heirs: Baldwin IV and the Crusader Kingdom of Jerusalem.* CUP: Cambridge, 2000.

Kennedy, Hugh. *Crusader Castles.* CUP: Cambridge, 1994.

Möhring, Hannes. *Saladin. Der Sultan und seine Zeit 1138–1193.* München, 2005.

Phillips, J.P. *Defenders of the Holy Land: Relations between the Latin East and the West 1119–1187.* OUP: Oxford, 1996.

Riley-Smith, Jonathan. (Herausgeber) *Die Illustrierte Geschichte der Kreuzzüge.* Frankfurt, 1999.

Wieczorek, A., Fansa, M., Meller, H. *Saladin und die Kreuzfahrer.* Mainz, 2005.

Kapitel 4

Bühler, Arnold. *Der Kreuzzug Friedrich Barbarossas.* Stuttgart, 2005.

Edbury, Peter W. »*The Templars in Cyprus*« in *The Military Orders: Fighting for the Faith and Caring for the Sick* von Malcolm Barber (Hrsg.). Variorum: Aldershot, 1994, pp. 189–195.

Fischer, Robert-Tarek. *Richard I. Löwenherz 1120–1340. Mythos und Realität.* Wien, 2006.

Jakobi, Rainer M. *Die Belagerung von Akkon (1189–90).* Heidelberg, 2006.

Möhring, Hannes. *Saladin und der Dritte Kreuzzug. Ayyubidische Strategie und Diplomatie im Vergleich vornehmlich der arabischen mit den lateinischen Quellen.* Wiesbaden, 1980.

Nicholson, Helen J. *Chronicle of the Third Crusade: a Translation of the* »Itinerarium peregrinorum et gesta Regis Ricardi«. Ashgate: Aldershot, Hampshire und Brookfield, Vermont, 1997.

Rogers, Randall. *Latin Siege Warfare in the Twelfth Century.* Clarendon Press: Oxford, 1992.

Westphal, Wilfried. *Richard Löwenherz und Saladin. Der Dritte Kreuzzug.* Ostfildern, 2006.

Kapitel 5

Andrea, Alfred J. *Contemporary Sources for the Fourth Crusade.* E.J. Brill: Leiden, 2000.

Angold, Michael. *The Fourth Crusade: Event and Context.* Longman: London und New York, 2003.

Feldbauer, Peter u. Morrissey, John. *Weltmacht mit Ruder und Segel. Geschichte der Republik Venedig 800–1600.* Essen, 2004.

Lilie, Ralph-Johannes. *Byzanz und die Kreuzzüge.* Stuttgart, 2004.

Lock, Peter. *The Franks in the Aegean, 1204–1500.* Longman: London und New York, 1995.

Necker, Karl-Hartmann. *Dandolo. Venedigs kühnster Doge.* Wien, 1998.

Runciman, Steve. *Die Eroberung von Konstantinopel 1453.* München, 2005.

Kapitel 6

Blanco del Pinal, Isabel. *Maurenland, Christenland. Ein Ritter, ein König und ein Poet: drei Jahrhunderte spanische Reconquista.* München, 2008.

Christiansen, Eric. *The Northern Crusades: The Baltic and the Catholic Frontier, 1100–1525.* Penguin: London, 1997.

Lambert, Malcolm. *Häresie im Mittelalter. Von den Katharern bis zu den Hussiten.* Darmstadt, 2001.

Militzer, Klaus. *Die Geschichte des Deutschen Ordens.* Stuttgart, 2005.

Oberste, Jörg. *Der Kreuzzug gegen die Albigenser. Ketzerei und Machtpolitik im Mittelalter.* Darmstadt, 2003.

Ritter, Thomas. *Im Namen des Herrn. Der Kreuzzug der ungeliebten Kinder.* Greiz, 2006.

Kapitel 7

Brandes, Jörg-Dieter. *Die Mamluken.* Stuttgart, 1998.

Fansa, Mamoun u. Ermete, Karen. *Kaiser Friedrich II. 1194–1250. Welt und Kultur des Mittelmeerraums.* Mainz, 2008.

Kedar, Benjamin Z. *Crusade and Mission: European Approaches toward the Muslims.* PUP: Princeton, 1984.

Le Goff, Jaques. *Ludwig der Heilige.* Stuttgart, 2000.

Lilie, Ralph-Johannes. *Byzanz und die Kreuzzüge.* Stuttgart, 2004.

Maier, Christoph. *Preaching the Crusades: Mendicant Friars and the Cross in the Thirteenth Century.* CUP: Cambridge, 1994.

Reitz, Dirk. *Die Kreuzzüge Ludwig IX. von Frankreich 1248/1270.* Münster, 2005.

Van Eickels, Klaus u. Brüsch, Tania. *Kaiser Friedrich II. Leben und Persönlichkeit in Quellen des Mittelalters.* Düsseldorf, 2006.

Kapitel 8

Bicheno, Hugh. *The Cross and the Crescent: The Battle of Lepanto 1571.* Weidenfeld and Nicolson: London, 2003.

Edbury, Peter W. *The Kingdom of Cyprus and the Crusades, 1191–1374.* CUP: Cambridge, 1991.

Faroqhi, Suraiya. *Kultur und Alltag im Osmanischen Reich. Vom Mittelalter bis zum Anfang des 20. Jahrhunderts.* München, 1995.

Freller, Thomas. *Die Geschichte Maltas. Eine Insel zwischen Orient und Okzident.* Stuttgart, 2008.

Housley, Norman. *Documents on the Later Crusades, 1274–1580.* Palgrave Macmillan: London und New York, 1996.

Klueting, Harm. *Das Konfessionelle Zeitalter. Europa zwischen Mittelalter und Moderne.* Darmstadt, 2007.

Logan, Donald F. *Geschichte der Kirche im Mittelalter.* Darmstadt, 2005.

Losse, Michael. *Die Kreuzritter von Rhodos.* Stuttgart, 2008.

Matuz, Josef. *Das Osmanische Reich. Grundlinien seiner Geschichte.* Darmstadt, 2005.

Nicolle, David. *Nicopolis 1396: The Last Crusade.* Osprey: Oxford, 1999.

Norwich, John J. *Byzanz. Verfall und Untergang 1072–1453.* München, 1996.

Sierszyn, Armin. *Zweitausend Jahre Kirchengeschichte. Bd. 3. Reformation und Gegenreformation.* Holzgerlingen, 2004.

Stoye, John W. *Wien 1683 oder Die Rettung des Abendlands.* München, 1967.

Vaughan, Dorothy M. *Europe and the Turk: A Pattern of Alliances, 1350–1700.* Liverpool University Press: Liverpool, 1954.

Waissenburger, Robert. *Die Türken vor Wien. Europa und die Entscheidung an der Donau 1683.* Wien, 1992.

Wiemer, Hans-Ulrich. *Krieg, Handel und Piraterie. Untersuchung zur Geschichte des hellenistischen Rhodos.* Berlin, 2003.

Kapitel 9

Darwish, Mahmud. *Ein Gedächtnis für das Vergessen. Beirut, August 1982.* Basel, 2001.

Hillenbrand, Carole. *The Crusades: Islamic Perspectives.* Edinburgh University Press: Edinburgh, 1999, S. 589–616.

Maalouf, Amin. *Der heilige Krieg der Barbaren. Die Kreuzzüge aus der Sicht der Araber.* München, 2003.

Riley-Smith, Jonathan. (Herausgeber) *Die Illustrierte Geschichte der Kreuzzüge.* Frankfurt, 1999, S. 365–391.

Siberry, Elizabeth. *The New Crusades. Images of the Crusades in the 19th and early 20th centuries.* Ashgate: Aldershot, 2000.

Schneiders, Werner. *Das Zeitalter der Aufklärung.* München, 2001.

ZEITTAFEL

395 Nach der Teilung des römischen Imperiums gehört Palästina zum Oströmischen Reich.
634–644 Die Armeen des Kalifen Umar erobern Ägypten, Syrien und das Heilige Land vom Byzantinischen Reich.
711–716 Muslime besetzen große Teile Spaniens.
756 Das Kalifat von Córdoba wird errichtet.
844 Ramiro I. von Asturien besiegt die Streitmacht des Emirs Abd ar-Rahman II. bei der Schlacht von Clavijo.
969 Antiochia wird von den Byzantinern zurückerobert; die Fatimiden nehmen Kairo ein.
1000 Jerusalem-Wallfahrten werden immer beliebter. Bis 1078 haben christliche Pilger uneingeschränkten Zutritt zu den heiligen Stätten in Jerusalem.
1009 Die Fatimiden zerstören die Grabeskirche in Jerusalem.
1051 Das Kalifat von Córdoba zerfällt.
1055 Türkische Seldschuken erobern Bagdad.
1071 Schlacht von Manzikert, die türkischen Seldschuken besiegen die Byzantiner und nehmen Anatolien, Antiochia sowie Jerusalem ein.
1092 Tod des Seldschuken-Sultans Malik Shah; das Reich der Seldschuken ist stark geschwächt.
1095 *März*: Konzil von Piacenza; Hilfegesuch der Gesandten des byzantinischen Kaisers Alexios I. Komnenos.
November: Papst Urban II. ruft auf dem Konzil von Clermont die abendländische Ritterschaft zum ersten Kreuzzug in das Heilige Land auf. Den Teilnehmern wird Sündenerlass versprochen.

1096–1099 **Erster Kreuzzug**
1096 Aufbruch der Kreuzfahrer. Volkskreuzzug: Ungeordnete Kreuzfahrergruppen begehen schwere Pogrome an der jüdischen Bevölkerung. Die Kreuzfahrer unter Peter dem Einsiedler werden in Kleinasien vernichtend geschlagen.
1097 Das Kreuzfahrerheer unter den Fürsten siegt bei Dorylaion.
1098 *März*: Balduin von Boulogne gründet in Edessa den ersten Kreuzfahrerstaat.
November: Die Kreuzfahrer erobern Antiochia.
1099 Die Kreuzfahrer nehmen Jerusalem ein und richten ein entsetzliches Blutbad an (Massaker von Jerusalem); Gottfried von Bouillon wird der erste Herrscher des Königreichs Jerusalem.
1100–1101 Ein nachfolgender Kreuzzug in Kleinasien wird von den Türken zurückgeschlagen.
1109 Gründung der Grafschaft Tripoli.
1107–1110 König Sigurd von Norwegen sendet Truppen in das Heilige Land.
1112 Der Johanniterorden wird vom Papst anerkannt und unter dessen Schutz gestellt.
1120 Gründung des Templerordens.
1123–1124 Venedig unternimmt einen Feldzug in das Heilige Land.
1139 Der Johanniterorden wird zum militärischen Orden und setzt sich auf der Burg Bethgibelin bei Askalon fest.
1144 Zangi, der Emir von Mosul und Aleppo, besetzt Edessa.
1146 Zangi wird bei einem Attentat getötet. Nur ad-Din tritt seine Nachfolge an.
1147 Papst Eugen III. ruft zum zweiten Kreuzzug auf. Der Kreuzzug gegen die Wenden beginnt.

1148–1149 **Zweiter Kreuzzug**
1149 Die Belagerung von Damaskus scheitert; König Ludwig VII. von Frankreich und der deutsche König Konrad III. kehren erfolglos in die Heimat zurück.
1153 Truppen von König Balduin III. von Jerusalem erobern Askalon.
1154 Nur ad-Din besetzt Damaskus.
1166–1169 Beginn der Kriege Amalrichs I. von Jerusalem gegen Ägypten.
1169 Saladin wird Wesir von Ägypten und ruft dort das Abassidenkalifat aus.
1174 Tod Nur ad-Dins; Saladin besetzt Damaskus.
1187 *Juli*: Saladin fügt dem Heer unter Guido von Jerusalem bei Hattin eine vernichtende Niederlage zu.
2. Oktober: Saladin nimmt Jerusalem ein.
29. Oktober: Papst Gregor VIII. ruft mit der Bulle *Audita tremendi* zum dritten Kreuzzug auf.
November: Richard Löwenherz nimmt das Kreuz.

1189–1192 **Dritter Kreuzzug**
1190 Kaiser Friedrich Barbarossa ertrinkt nach dem Sieg bei Iconium im Fluss Saleph.
1191 *Juni*: Richard Löwenherz erobert Zypern.
Juli: Akkon fällt an Richard Löwenherz und Philipp II.
1192 Vertrag von Jaffa; Ende des dritten Kreuzzugs.
1193 *März*: Tod Saladins.
1197–1198 Deutsche Ritter erobern einige Gebiete zurück. In Akkon entsteht der Deutsche Orden.

1201–1205 **Vierter Kreuzzug**
1204 Die Kreuzfahrer plündern Konstantinopel und gründen das Lateinische Reich.
1209–1129 Kreuzzug gegen die Albigenser in Frankreich.
1212 Kinderkreuzzug.
1215 Viertes Laterankonzil.
1216 Papst Honorius III. wird Nachfolger von Innozenz III.

1217–1229 **Fünfter Kreuzzug**
1218 Das Kreuzzugsheer unter König Andreas II. von Ungarn und Herzog Leopold VI. von Österreich landet vor Damiette in Ägypten.
1219 *August*: Franz von Assisi predigt vor den Kreuzfahrern und besucht Sultan al-Kamil.
November: Die Kreuzfahrer erobern Damiette.
1221 Die Kreuzfahrer werden von Sultan al-Kamil bei Mansurah geschlagen.
1225–1230 Der Deutsche Orden besetzt Gebiete Preußens.
1225 Kaiser Friedrich II. schwört, sich am 31. August 1227 auf Kreuzzug zu begeben und heiratet Isabella, die Thronanwärterin Jerusalems.
1227 *September*: Friedrich II. muss seinen Aufbruch zum Kreuzzug wegen einer grassierenden Seuche verschieben und wird daraufhin von Papst Gregor IX. exkommuniziert.
1228 Friedrich II. bricht zum Kreuzzug auf.

1229 Vertrag von Jaffa zwischen Friedrich II. und Sultan al-Kamil. Die Christen erhalten Jerusalem, Bethlehem, Nazareth samt der Verbindung zur Küste für zehn Jahre zurück. Ende des fünften Kreuzzugs.
1230 Friedrichs Kirchenbann wird aufgehoben.
1236 Ferdinand III. von Kastilien erobert Córdoba.
1239–1241 Kreuzzüge von Theobald IV. von Champagne und Richard von Cornwall.
1239 Papst Gregor IX. ruft einen Kreuzzug gegen Kaiser Friedrich II. aus. Die Schweden ziehen in Kreuzzüge gegen die Finnen.
1241 Gregor IX. stirbt.
1243 Innozenz IV. wird zum Papst gewählt.
1244 Jerusalem fällt an die Tartaren.
1244 Eine Streitmacht von Franken und Syrern wird von den Ägyptern bei Gaza geschlagen.
1248–1249 Erster Kreuzzug von König Ludwig IX. dem Heiligen. Er erobert Damiette.
1250 Niederlage bei al-Mansurah und Gefangennahme Ludwigs. Gegen Zahlung eines hohen Lösegelds wird Ludwig freigelassen. Bis 1254 übt er faktisch die Herrschaft über das Heilige Land aus.
1250 Die Mamelucken ergreifen in Ägypten die Macht.
1254 Ludwig IX. kehrt von Akkon nach Frankreich zurück.
1258 Die Mongolen plündern Bagdad und ermorden den letzten Kalifen der Abbasiden.
1260 Sultan Baibars besiegt die Mongolen bei Ain Jalut.
1261 Michael Palaiologos vetreibt die Lateiner aus Konstantinopel und wird als Michael VIII. byzantinischer Kaiser.
1268 Baibars erobert Antiochia.
1270 Ludwigs IX. stirbt in Tunis. Sein zweiter Kreuzzug wird abgebrochen.
1270–1272 Kreuzzug von Lord Eduard.
1277 Karl von Anjou kauft die Krone des Königreichs Jerusalem.
1277 Sultan Baibars stirbt.
1282 Sizilianische Vesper: Karl von Anjou verliert Sizilien an König Peter III. von Aragon, der damit König Peter I. von Sizilien wird.
1289 Mamelucken erobern Tripoli.
1291 Mamelucken erobern Akkon, die letzte Bastion der Franken. Der Rest Palästinas wird von den Christen kampflos geräumt.
1306 Die Johanniter verlegen ihren Hauptsitz nach Rhodos.
1307 Die Templer werden in Frankreich verfolgt.
1309 Der Deutsche Orden verlegt seinen Hauptsitz nach Marienburg in Westpreußen.
1312 Der Templerorden wird aufgelöst.
1344 Die maritime Liga erobert Smyrna.
1354 Osmanische Türken errichten in Gallipoli ihren ersten europäischen Stützpunkt.
1365 Zypern nimmt Alexandria ein und zieht sich dann wieder zurück.
1389 Osmanen schlagen die Serben in Polje.
1396 Gescheiterter Kreuzzug von Nikopolis.
1410 Der Deutsche Orden wird bei Tannenberg geschlagen.
1420–1431 Hussitenkreuzzüge.
1426 Mamelucken besetzen Zypern.
1444 Schlacht von Warna. Polnische und ungarische Kreuzfahrer werden von den Osmanen besiegt.
1478 Zypern fällt an Venedig.
1453 Osmanen besetzen Konstantinopel.
1523 Osmanen vertreiben die Johanniter von Rhodos.
1529 Osmanen belagern Wien.
1530 Neuer Sitz der Johanniter auf Malta.
1571 *August:* Osmanen entreißen Venedig die Macht über Zypern.
September: Don Juan de Austria siegt in der Seeschlacht von Lepanto über die Osmanen.
1683 Niederlage der Türken vor Wien.
1699 Vertrag von Karlowitz: Zum ersten Mal müssen die Osmanen Gebiete abtreten.
1798 Napoleon erobert Malta und vertreibt die Johanniter von der Insel.

REGISTER

Kursiv gesetzte Seitenzahlen beziehen sich auf Bildunterschriften oder Abbildungen, kursiv gesetzte Buch-, Bild- und Texttitel geben den Originaltitel wieder.

A

B

C

D

E

L

M

N

O

P

Q

R

Bildunterschriften der Kapitelaufmacher

Kapitel 1: *Jerusalem. Kolorierter Holzschnitt aus der* Weltchronik *von Hartmann Schedel, ca. 1493. Die Grabeskirche in der Mitte wird fälschlicherweise als »Tempel Salomons« bezeichnet, so nannten die Kreuzfahrer die al-Aksa-Moschee. Während der christlichen Besatzung Jerusalems (1099–1187) war die Moschee eine Kirche und Hauptsitz der Templer.*

Kapitel 2: *Angriff der Kreuzfahrer auf Antiochia im Juni 1098. Aus* Geschichte der Kreuzfahrerstaaten *von Bischof Wilhelm von Tyros, ca. 1185.*

Kapitel 3: *Die Belagerung von Damaskus im Jahr 1148. Aus einer französischen Handschrift aus dem 15. Jahrhundert von Sébastien Mamerots* Passages Faitz Outre Mer par les Français.

Kapitel 4: *Die Festung St. Hilarion auf Zypern. Sie wurde 1191 von Richard I. Löwenherz erobert, der auf seinem Weg in den dritten Kreuzzug Zypern einnahm. Die Festung war der militärische Stützpunkt der Könige Zyperns aus dem Haus Lusignan.*

Kapitel 5: *Christus als Weltenrichter. Mosaik (14. Jh.) in der Chora-Kirche in Istanbul. Die Kirche wurde im 6. Jahrhundert errichtet. Theodoros Metochites, der Kanzler und erste Schatzmeister unter dem byzantinischen Kaiser Andronikos II. Palaiologos, ließ in den Jahren 1315 bis 1321 die in Verfall begriffene Kirche von Grund auf restaurieren und mit umfangreichen Bilderzyklen ausschmücken. Nach der osmanischen Eroberung wurde die Kirche in eine Moschee umgewandelt, heute ist sie ein Museum.*

Kapitel 6: *Das Innere der Mezquita, der Kathedrale von Córdoba. Die Mezquita war ursprünglich eine Moschee und wurde im 8. Jahrhundert unter dem Kalifen von Córdoba erbaut. Sie ist die größte ehemalige Moschee Europas. Als die Mauren über große Teile Spaniens herrschten (756–1031) war Córdoba ein bedeutendes kulturelles Zentrum, in dem Künste und Wissenschaften eine Blütezeit erfuhren. Ähnlich herausragende Städte waren damals nur Konstantinopel und Bagdad.*

Kapitel 7: *Kampfszene zwischen Kreuzfahrern und Sarazenen in Damiette beim fünften Kreuzzug. Aus der* Chronica Maiora *des Geschichtsschreibers Matthäus Paris (ca. 1200–1259).*

Kapitel 8: *Die Ungarn müssen Belgrad 1521 an die Osmanen übergeben. Miniatur aus dem* Buch der Fertigkeiten *(1588) von Loqman, einem osmanisch-türkischen Historiker, der die Feldzüge von Sultan Süleyman dem Prächtigen (1520–1566) schilderte.*

Kapitel 9: Die Schlacht zwischen König Richard I. und Saladin, *Gemälde von Philippe Jacques de Loutherbourg (1740–1812), einem englischen Maler französischer Herkunft. Das Bild schildert eine Legende: In Wirklichkeit sind sich die beiden Herrscher niemals begegnet, weder auf dem Schlachtfeld noch auf neutralem Terrain.*

BILDNACHWEIS

Der Verlag dankt den folgenden Museen und Fotoagenturen für ihre freundliche Abdruckgenehmigung. Wir haben uns bemüht, den jeweiligen Rechteinhaber herauszufinden, sollte uns dennoch jemand entgangen sein, bitten wir um Nachsicht und Benachrichtigung, damit wir den Rechteinhaber bei zukünftigen Ausgaben berücksichtigen können.

Abkürzungen

AA The Art Archive, London
AKG A.K.G.-images, London
BAL Bridgeman Art Library, London
BL British Library, London
BM British Museum, London
Corbis Corbis, London
RHPL Robert Harding Picture Library, London
SHP Sonia Halliday Photographs, Buckinghamshire, England

o oben; **u** unten; **l** links; **r** rechts

Seite 1 Werner Forman Archive, London; **2** Basilica di San Marco, Venedig/BAL; **6** Sonia Halliday und Laura Lushington/SHP; **9o** Denys Pringle, Cardiff; **9u** Trinity College, Cambridge/AA; **10** F.H.C. Birch/SHP; **11** Archive der Stadt Ravenna; **12–13** AKG; **15** Dagli Orti/AA; **16** Louvre, Paris/BAL; **17** Erich Lessing/AA; **18** Turkish and Islamic Art Museum, Istanbul/HarperCollins Publishers/AA; **19** Turkish and Islamic Art Museum, Istanbul/Dagli Orti/AA; **21** Dagli Orti/AA; **23o** Anxo Iglesias/Turismo de Santiago, Santiago de Compostela Tourist Office; **23u** Turkish and Islamic Art Museum, Istanbul/Dagli Orti/AA; **24** BM; **25o** Erich Lessing/AKG; **25u** Erich Lessing/AKG; **27** Louvre, Paris/Réunion des Musées Nationaux; **28** Scala, Florenz; **29** Ancient Art & Architecture, Middlesex, England; **31** Bayerische Staatsbibliothek, München (Lat. 4456, fol. 11r); **32–33** Bibliothèque Nationale, Paris/SHP; **35** A.F. Kersting, London; **36** Bibliothèque Nationale, Paris/BAL; **37** Castello della Manta, Saluzzo/BAL; **38** BL/AKG; **40** Bibliothèque Nationale, Paris/SHP; **41** BM; **43** Erich Lessing/AKG; **44** Nik Wheeler/Corbis; **45** Bibliothèque Nationale, Paris/AKG; **46** Koninklijke Bibliotheek, Den Haag(Ms 76 F5 fol.1r); **49o** A.F. Kersting, London; **49u** Bibliothèque Nationale, Paris/BAL; **50** BL/AKG; **51** Bryan Knox/SHP; **52** Bodleian Library, Oxford (Ms Ashmole 813, fols.3c–4r); **53** Cathedral Museum, Cuenca/Album/Joseph Martin/ AA; **54** BL/BAL; **56** Christopher Rennie/RHPL; **57o** A.F. Kersting, London; **57u** Christopher Rennie/RHPL; **58–59** Bibliothèque Nationale, Paris/AKG; **60** Bodleian Library, Oxford (MS Laud Misc. 385 fol.41v)/AA; **62** Micheline Pelletier/Corbis Sygma; **63** Museum für Angewandte Kunst, Wien/Erich Lessing/AKG; **65** A.F. Kersting, London; **66** Eitan Simanor/RHPL; **67o** Richard T. Nowitz/Corbis; **67u** A.F. Kersting, London; **69** Bibliothèque Nationale, Paris/SHP; **70** und **71** BM; **72** Erich Lessing/AKG; **73** BM; **74** Master and Fellows von Corpus Christi College, Cambridge (CCC Ms 26. fol.140r); **75** Erich Lessing/AKG; **76** BL (Yates Thompson 12 fol.161); **77** BL (Royal 10 E. IV, fol.19); **78–79** Christopher Rennie/RHPL; **80** Jean-François Amelot/AKG; **81** Landesbibliothek, Fulda/Alinari/BAL; **82** Biblioteca Monasterio del Escorial, Madrid/BAL; **84** AKG; **85** Romanische katholische Pfarrkirche, Cappenburg, Deutschland/AKG; **86** BL/Scala, Florenz; **87** SHP; **88o** Fitzwilliam Museum, University of Cambridge/BAL; **88u** Biblioteca Nazionale Marciana, Venedig/Erich Lessing/AKG; **89** Victoria and Albert Museum, London; **91** Richard T. Nowitz/ Corbis; **92** Pierpont Morgan Library, New York/BAL; **93** BL/BAL; **95** BL/AKG; **96** Bürgerbibliothek, Bern/AKG; **97** BM; **98–99** Dagli Orti/AA; **100** Kloster Sacro Speco, Subiaco, Italien/HarperCollins Publishers/AA; **102** Bodleian Library, Oxford (MS Bodley 264 fol. 218r)/AA; **103** Palazzo Ducale, Venedig/Cameraphoto/AKG; **105** Private Collection/Dagli Orti/AA; **106** Palazzo Ducale, Venedig/Cameraphoto/AKG; **107l** Archive der Stadt Ravenna; **107r** Archive der Stadt Ravenna; **108** Bodleian Library, Oxford (MS Laud Misc 587, fol.1)/AA; **111o** University Library, Istanbul/ SHP; **110–111u** BL/AKG; **112** and **113** Archive der Stadt Ravenna; **114** Bibliothèque Nationale, Paris/BAL; **115** Erich Lessing/ AKG; **116o** Schatzkammer von San Marco, Venice/BAL; **116u** Museo Marciano, Basilica di San Marco, Venedig/Cameraphoto Arte Venice/ BAL; **117** Schatzkammer von San Marco, Venedig/BAL; **118–119** A.F. Kersting, London; **120–121** Institut Amatller d'Art Hispanic, Barcelona; **122o** Paul Almasy/Corbis; **122u** Sheldan Collins/Corbis; **124** Hans Georg Roth/Corbis; **125o** Science Museum, London/Science and Society Picture Library, London; **125u** Bodleian Library, Oxford (MS Laud Or. 234 fol. 83V); **126** Paul Almasy/Corbis; **127** ZEFA visual media, London; **129** Universitätsbibliothek, Heidelberg/AKG; **130** Stefan Arczynski/AKG; **131** Geheimes Staatsarchiv, Berlin/AKG; **133** Dagli Orti/AA; **134** Louvre, Paris/Dagli Orti/AA; **135** und **136** BL/AKG; **137** Ruggero Vanni/Corbis; **138** Palatin-Kapelle, Palermo, Sizilien/ Dagli Orti/AA; **140** Národní Muzeum, Prague/AKG; **141** Erich Lessing/AKG; **142–143** Master and Fellows of Corpus Christi College, Cambridge (CCC Ms 16, fol.54v); **144** Scala, Florenz; **145** Bargello, Florenz/Alinari/BAL; **146** Hanan Isachar/Corbis; **149** Corpus Christi College, Cambridge/BAL; **150** Bibliothèque de la Sorbonne, Paris/Archives Charmet/BAL; **151** Louvre, Paris/Peter Willi/BAL; **152** Santa Croce, Florenz/AKG; **153o** Bodleian Library, Oxford (MS Douce 180 fol.38r)/AA; **153u** BL/BAL; **154** AKG; **155** BL (MS Add. 24189, fol. 8); **156** BL (MS Royal 2A XXII fol.220)/AKG; **157** BL (Seal. XXXVI. 215); **158** Cabinet des Dessins, Louvre, Paris/Erich Lessing/AKG; **159** Bibliothèque Nationale, Paris/ AKG; **161** BL/AKG; **163** and **164** A.F. Kersting, London; **165** Eitan Simanor/RHPL; **166** BL (Royal 16 G.VI, fol.440v); **169l** A.F. Kersting, London; **169r** Château-Musée de Cagnes-sur-Mer/BAL; **170** BL (Royal 14.cVII fol.4v2–5); **172–173** Topkapi-Museum, Istanbul/Dagli Orti/AA; **174** BL/BAL; **176** Rolf Richardson/RHPL; **177** Rolf Richardson/RHPL; **179** SHP; **181** Museo Correr, Venedig/Dagli Orti/AA; **182** Gian Berto Vanni/Corbis; **183** Bibliothèque Nationale, Paris/BAL; **184** Barber Institute of Fine Arts, Birmingham, England/Werner Forman Archive, London; **185** Jerome Wheelock Fund/Worcester Art Museum, Massachusetts/BAL; **186** BL/ BAL; **187** Nevada Wier/Corbis; **188** Kloster Moldovita, Rumänien/ Dagli Orti/AA; **190** Château de Versailles/BAL; **191** Charles & Josette Lenars/Corbis; **192** Biblioteca Nazionale Marciana, Venedig/Dagli Orti/AA; **193** Louvre, Paris/BAL; **194** Museo Correr, Venedig/Dagli Orti/AA; **195** BM/BAL; **196** Archivio Iconografico, S.A./Corbis; **196–197** Yann Arthus-Bertrand/Corbis; **197** Robert Francis/RHPL; **199** Wien Museum/Dagli Orti/AA; **200–201** New Walk Museum, Leicester City Museum Service/BAL; **202** Rheinisches Landesmuseum, Bonn/Dagli Orti/AA; **203** Eileen Tweedy/AA; **205** Château de Versailles/BAL; **207** Musée des Beaux-Arts, Mulhouse/BAL; **208** Michael Nicholson/Corbis; **209o** and **209u** Magan Stamps, Co. Durham; **210** Nigel Chandler/Corbis Sygma; **211** SANA/Associated Press Ltd, London.